# 幼児期における空想世界に対する認識の発達

## 富 田 昌 平 著

### 風 間 書 房

# 目　　次

第1章　問題の所在と課題の明確化　…………………………………　1

　第1節　子どもの遊びと幼児教育・保育　………………………　2

　第2節　想像的探険遊びと空想世界　……………………………　12

　第3節　本研究の問題の所在と課題　……………………………　20


第2章　子どもの空想世界とその認識発達　……………………………　23

　第1節　空想世界の意味　…………………………………………　24

　第2節　子どもの空想世界に関する発達研究の概観　…………　31

　第3節　本研究の目的と内容構成　………………………………　74


第3章　空想と現実との区別の認識の発達　……………………………　81

　第1節　絵本の中の出来事に対する認識の発達　………………　82

　第2節　空想的な将来の夢に対する認識の発達　………………　90

　第3節　空想上の存在に対する認識の発達　……………………　101

　第4節　サンタクロースの実在世界に対する認識の発達　……　120


第4章　想像と現実との境界の揺らぎの発生とその要因　………　141

　第1節　想像の現実性判断における状況の迫真性，実在性認識，

　　　　　感情喚起との関連　………………………………………　142

　第2節　想像の現実性判断における空想と現実との区別の

　　　　　認識との関連　……………………………………………　165

ii

第5章　空想世界を楽しむ心理の発達　……………………………　183
　第1節　不思議を楽しむ心理の発達　…………………………　184
　第2節　怖いもの見たさの心理の発達　………………………　199

第6章　子どもの日常生活における空想とその役割　……………　219
　第1節　幼児期の空想の友達とその周辺現象　………………　220
　第2節　空想の友達に対する親の態度　………………………　235
　第3節　児童期以降の空想の友達　……………………………　251

第7章　総合的考察　………………………………………………　265
　第1節　本研究の知見の総括と発達モデルの提起　………………　266
　第2節　幼児教育・保育実践への提言　………………………　283
　第3節　今後の研究課題と展望　………………………………　295

引用文献　………………………………………………………………　297
初出一覧　………………………………………………………………　309
あとがき　………………………………………………………………　311

# 第1章　問題の所在と課題の明確化

**概　要**

　本章では，本研究における問題の所在を明らかにし，課題を明確化した。

　第1節では，子どもの遊びと環境の変化に関するいくつかの論考を整理し，子どもの遊びの充実を図ることが喫緊の課題であることを論じた。また，遊びの定義と分類，意義，指導・援助について整理し，遊びの面白さの追究を遊びの指導・援助の中核に据えるという観点から，子どもによる遊びの主体性や自発性を保障する遊びとして想像的探険遊びに注目することの意義を指摘した。

　第2節では，『エルマーになった子どもたち』『ボクらはへなそうる探険隊』をはじめとする想像的探険遊びの概要と特徴を整理した。そして，空想上の存在の実在性に対する疑いと信じ込みという2つの態度間の揺らぎを動機づけとして探索・探究が展開されるという点に，この遊びの特徴を見出せることを論じた。また，その遊びを通して作り出される子どもの空想世界の意味として，世界の多様性の認識と身近な現実世界に対する親和性の獲得，科学的世界観の感性的な土台の形成，仲間への信頼感や自己肯定感の醸成の3点を指摘した。

　第3節では，以上を踏まえ，想像的探険遊びに関連する諸問題と本研究の検討課題を整理し，本研究の問題の所在と課題を明確にした。具体的には，①空想と現実との区別に関する認識の発達を探る，②想像と現実との境界の揺らぎの発生とその要因を探る，③空想世界を楽しむ心理の発達を探る，④子どもの日常生活における空想とその役割を探る，という4点を明示した。

# 第1節　子どもの遊びと幼児教育・保育

## Ⅰ．子どもの遊びと環境の変化

　遊びが子どもの発達にとって重要な意味を持つことは，多くの人々が認めるところである（河崎，1983）。遊びは子どもの身体運動，認知，コミュニケーション，社会性，感情・情緒，自己など，様々な機能の発達を促す（丸山，2003；斎藤，1989）。1989年の『幼稚園教育要領』の改訂，並びに1990年の『保育所保育指針』の改定では，「保育者中心主義」から「子ども中心主義」への転換を合言葉に，環境と主体的にかかわって活動を生み出していくとする子ども観が改めて確認され，それに基づいて遊びを中心とした保育が展開されていった。活動の主体は子どもであり，保育者にはその活動を予想し，相応しい環境構成や援助を行うことが求められるようになった（加藤，2008；瀧川，2005）。こうした幼児教育・保育観は1998，1999年，そして2008年の要領の改訂及び指針の改定でも継続され，現在に至っている。

　『幼稚園教育要領』では，「幼児の自発的な活動としての遊びは，心身の調和のとれた発達の基礎を培う重要な学習である」ことを踏まえ，「遊びを通しての指導を中心として」の幼児教育が謳われている（文部科学省，2008）。また，『保育所保育指針』では，「子どもの主体的活動の中心となるのは遊び」であり，「遊びによって発達が刺激され，助長される」ことから，「乳幼児期にふさわしい体験が得られるように，生活や遊びを通して総合的に保育すること」の必要性が述べられている（厚生労働省，2008）。

　このように1990年代以降，乳幼児期の発達における遊びの意味や価値が見直され，注目される一方で，「子どもの遊びが変わった」「遊びが衰退した」という幼児教育・保育現場からの声は後を絶たない。子どもの「遊びの衰退」が声高に言われるようになったのはずいぶん古く，1970年代のことであ

る。1960年代から70年代前半にかけての高度経済成長期を転換期として，我が国の社会は大きく構造変容し，それ以降，子どもの生活環境や社会環境も劇的な変化を遂げた。

　藤田（1991）は，時代とともに変化していく子どもの遊びの様態を「原っぱ」「道路」「家の中」の３つの遊び空間に類型化し，子どもの遊びが高度経済成長期の以前と以後とで「原っぱ」「道路」から「家の中」へと移行したと指摘している。藤田によると，「原っぱ」は，人々の多くがまだ農業に従事していた頃の子どもの遊び場であり，それは地域共同体と同じ拡がりを持っていたという。空間はいまだ機能的に分化されておらず，人々の生活の場であり，生産の場である空間が，同時に子どもの遊び場でもあった。他方，「道路」は，人々の多くが都市部に住むようになった頃の子どもの遊び場であり，「原っぱ」のように地域共同体と連続しておらず，人々の生活の場からも生産の場からも部分的に隔絶されていた。しかし，それでも小規模ながら，都市部における仲間集団の「たまり場」としての機能は果たしていた。「原っぱ」と「道路」は，子どもにとっての「たまり場」であり，そこにはいつも，ガキ大将を中心とした異年齢からなる仲間集団が群れて，伝承遊び（かくれんぼ遊びなど）や近代的な遊び（ボール遊びなど）から，大人によって禁じられた賭け事（メンコなど）に至るまで，多種多様な遊びが行われていたのである。

　しかし，高度経済成長期を境にして，産業化と都市化に伴う地域社会の崩壊とともに，ガキ大将に率いられた異年齢の仲間集団は次第に衰退していった。中井（1998）によると，地域社会の崩壊後，地域共同体という基盤を失った家族は，核家族として再編され，都市部を中心に発達していった。核家族化により，親達は以前ほど近隣社会との交流を持たなくなったため，必然的に子ども同士の交流も減少し，仲間集団も以前のように形成され難くなった。核家族化は少子化へとつながり，家族ごとの子どもの数の平均が50年代には3.6人，60年代には3.2人であったのが，70年代には2.7人にまで減少

した。それにより，かつてはごく自然に見られたきょうだい間，異年齢間の濃密な触れ合いも減少した。

　加えて，この時代，都市部では重化学工業の進展に伴い，光化学スモッグや排気ガスによる大気汚染が起こり，子どもの健康面に甚大な影響を与えた。広場や空き地などの遊び場は，資材置き場や駐車場へと変貌し，道路は車の往来が激しく危険な場所となっていった。こうした生活環境の著しい悪化は，親達の安全志向を強め，子どもに対する規制を増やす結果へと繋がったと考えられる。そのため，子どもは狭く閉ざされた空間，すなわち「家の中」で，親の監視のもとプラスチック製の玩具や人形などを相手に，一人で遊ぶことが多くなった。また，児童公園や近くの広場で遊ぶ時でも，家からそこへ行くまでの道路が危険であることから，親に付き添われて行くことが多くなり，親から遊びの内容を規制されるだけでなく，遊ぶ時間もまた親の都合によって左右され，そのため子どもは十分に遊び込む経験を得ることができなくなっていった。

　馬場（1988）は，高度経済成長という時代は，子どもに多くのものを与えるのと引き換えに，多くのものを奪っていったと指摘する。奪われたものは「自然」「労働」「仲間」であり，与えられたものは「物質的豊かさ」「大衆娯楽型情報」「生きる目的としての受験」である。彼は，奪われたものはいずれも人間存在にとって根源的な要素であるのに対して，与えられたものは全て人間存在にとってしばしば過剰であり，それ故に有害なものであると述べている。また，子どもの遊びの必要条件として「時間」「仲間」「空間」の「3つの間」がしばしば指摘されるが，1978年の『子ども白書』では，これら「3つの間」が子どもを取り巻く社会において急激に失われつつあるとされている（日本子どもを守る会，1978）。

　建築学者の仙田（1984, 1992）は，子どもの遊び場を「自然スペース」「道スペース」「オープンスペース」「アナーキースペース」「アジトスペース」「道具スペース」に分類し，1974年以降のそれらの変容を分析した。その結

果，遊び場が減少し，子どもの生活圏から遠い位置にあることを明らかにしている。地理学者の寺本（1988, 1994）は，子どもが描いた絵地図を分析し，実際に子どもの遊び場所を追跡調査した。その結果，子どもが日々の生活の中で独自に作り出していく空間として，「秘密基地」「子ども道」「お化け屋敷」「子どもの地名」の４つを見出している。中でも，秘密基地や隠れ家と呼ばれる遊び場所の特徴として，①概して人目につきにくく，狭い場所が多い，②平均して自宅から150メートル以内の近いところに建設されやすい，③「隠れる」「隠す」といった機能を持つ，④基地内部において日常生活を模倣した行動が行えるような，「家」としての機能を持つ，⑤仲間との待ち合わせ・情報交換の場としての機能を持つ，などを挙げている。そして，こうした子どもが独自に作り出す遊び場が，近年減少してきていることを危惧している。

　以上，高度経済成長期を転換期として，それ以降の子どもの遊びの著しい衰退の実態を確認してきた。1960年代から70年代前半にかけての高度経済成長期における子どもの遊びの衰退は，異年齢仲間集団による自由奔放な群れ遊びの消失と，それが形成してきた自由空間の消失に集約できるが，こうした遊びの衰退傾向は，現在もなお続いており，1980年代以降のコンピューター・ゲームの普及，1990年代半ば以降のインターネット及び携帯型端末の普及は，これに拍車をかけたと言えよう（ニューズウィーク，2005）。

　遊びが子どもの発達にとって重要な意味を持つことは，間違いのないところである。遊びは子どもの身体運動，認知，コミュニケーション，社会性，感情・情緒，自己など，様々な機能の発達を促す（丸山，2003；斎藤，1989）。また，子どもの現在の生活を憧れと喜びに満ちた豊かなものにする（河崎，2008）。しかし，高度経済成長期を経て高度情報化社会と呼ばれる現代，かつて原っぱや道路で見られたような異年齢による遊び集団は姿を消し，自由に遊びを謳歌できる空間はなくなり，子どもは家の中で一人コンピューター・ゲームやインターネットなどに興じる時間が多くなった。幼児

6

期においても例外ではなく，子どもの遊びの充実を図ることは，幼児教育・保育分野における喫緊の課題であると言えよう。

　従って，以下では，子どもの遊びの充実を図っていく上で鍵となる用語や視点のいくつかを整理し，本研究が取り組む問題を明確にする。

## Ⅱ．遊びを通しての学び

### 1．遊びの定義と分類

　生まれて間もない子どもが最初に体験する遊びとは，いったい何であろうか。いくつか存在するが，その中の1つに「いないいないばあ遊び」や「くすぐり遊び」がある。これらは一見すると何の変哲もない遊びであるが，その遊びの背後には，子どもの発達にとって大切な意味が隠されている。乳児期の子どもが獲得すべき重要な要素として，人間や世界に対する基本的信頼感が挙げられる（Erickson, 1950）。生まれて間もない乳児は，いないいないばあのような「緊張−弛緩」の繰り返しを伴う遊びを通して，「この世界は万事うまくいく」という感覚を獲得すると考えられる（Singer & Singer, 1990）。はっと驚いた後にほっとする喜びが待ち受ける。これこそが遊びの原点である。

　「遊びとは何か」。この問題について，これまで数多くの研究者が取り組んできた。とりわけ19世紀後半から20世紀初頭にかけての初期の研究者達にとって，最大の関心は「人間はなぜ遊ぶのか」という点にあった（Ellis, 1973）。例えば，Spencer は，人間は有り余るエネルギーを消費するために遊ぶのだとして「余剰エネルギー説」を唱えた。Patrick は，人間は労働後の元気回復のために遊ぶのだとして「気晴らし説」を唱えた。James は，遊びは人間の遊ぼうとする本能的欲求から生じるとして「本能説」を唱えた。Groos は，子どもの遊びは将来の成人生活の準備のためにあるとして「準備説」を唱えた。Freud は，人間は過去の不快な経験や抑圧を遊びの中で加工し制御することで，心の平静を取り戻すとして「精神分析説」を唱え

た。このように初期の研究では，「人間はなぜ遊ぶのか」という動機の解明から遊ぶことの意味に迫ろうとするものが多く見られたが，いずれも「遊びそのもの」に真正面から取り組んだものでなく，「遊びとは何か」という問いに十分に答えるものではなかった。

「遊びとは何か」という問題に，初めて正面から取り組んだのは Huizinga (1938) である。彼は，遊びは人間の文化以前にあり，遊びにおいて人間文化は発展してきたと述べた。人間は「遊ぶ人（ホモ・ルーデンス）」であり，裁判も祭礼も，競技も戦争も哲学も芸術も，すべて文化現象は遊びの中で発生し，遊ぶことを通して形成され，発展してきたと主張した。彼はその具体例を細かに分析する上で，「遊び」をひとまず次のように定義した。「遊びは自発的な行為もしくは業務であって，それはあるきちんと決まった時間と場所の限界の中で，自ら進んで受け入れ，かつ絶対的に義務づけられた規則に従って遂行され，そのこと自体に目的を持ち，緊張と歓喜の感情に満たされ，しかも『ありきたりの生活』とは『違うものである』という意識を伴っている」(56-57頁)。ここで彼が指摘した遊びの基本的特徴としての「自発性」「主体性」「非拘束性」「情動性」「虚構性」は，現在でも広く受け入れられている。

Huizinga の遊び論は，人間の歴史・文化において「遊び」が果たしてきた役割の重要性を論じるものであり，「遊び」の地位を飛躍的に高めたという点で，その功績は甚大であった。しかし，遊びそのものが持つ面白さ，すなわち，「なぜ人間はこんなにも遊びに夢中になるのか」という問いに答えるものではなかった。

Caillois (1958) は，Huizinga が示した遊びの定義に沿いながらも，遊びの面白さを捉えるために，①競争（アゴーン），②偶然（アレア），③模擬（ミミクリー），④眩暈（イリンクス）という４つの基本カテゴリーを提示した。競争し合うこと，偶然に身を任せること，虚構世界で戯れること，そして，心地よいパニックに陥ることの面白さをそれぞれ言い表したものであり，遊

ぶ主体の側から見た遊びの本質を捉えたものであると言えよう。

森（1996）は，HuizingaやCailloisを始めとした遊びに関する先行研究を整理した結果，遊びの特徴を次のようにまとめ，定義している。「①遊びは自由な活動である。②遊びは自発的な活動である。③遊びは自己目的的な活動である。④遊びは楽しさや緊張感を伴う活動である」（7頁）。

以下，本研究ではこれらの遊びの定義をもとに論を進めていくこととする。

## 2．遊びの意義

遊びは，子どもの発達や教育においても重要な意味を持つと考えられてきた。例えば，Parten（1932）は，社会性の発達との関連から，遊びを，①ぼんやりしている（特に何かで遊ぶでもない），②傍観（他児が遊んでいるのを見ている），③一人遊び（他児とかかわりを持たず，一人で遊んでいる），④平行遊び（自分だけで遊んでいるが，他児と同じ場所で同じような遊びをしている），⑤連合遊び（他児と一緒に遊んでやりとりもしているが，同じ目的を共有していない），⑥協同遊び（他児と一緒に共通の目的のもと，協力し合って遊んでいる）の6つに分類した。そして，ぼんやりしている，傍観，一人遊び，平行遊びは3歳までの子どもに中心的に見られ，連合遊び，協同遊びは4歳以降の子どもに中心的に見られるとした。

Piaget（1967）は，知的機能の発達との関連から，遊びを，①機能遊び（感覚や運動機能を使い，機能の快を求めて繰り返し行う），②象徴遊び（象徴機能を使って，あるモノを他のモノに見立てて，虚構世界を楽しむ），③規則遊び（参加者が平等に守るべきルールに従って，勝負や成功失敗，優劣，技能などを競う）の3つに分類した。そして，機能遊びは0歳から2歳，象徴遊びは2歳から7歳，規則遊びは7歳以降において中心的に見られるとした。

Vygotsky（1989）は，「発達の最近接領域（zone of proximal development）」の考えに基づいて，遊びは子どもの発達を主導すると指摘した。発達の最近

接領域とは，子どもが何かを習得しようとするとき，そこには子どもが現在独力でできる水準と，現在は他者の助けを借りないとできないが，近い将来には独力でできる水準とが存在し，Vygotsky はこの 2 つの水準間のずれを発達の最近接領域と呼んだ。そして，真に意味のある教育とは子どもの発達の最近接領域を見極め，そこに働きかけ発達を促す教育であると主張した。彼はこの考えを遊びと教育の関係においても援用し，子どもは遊びを通して，①目の前にあるモノや場面に束縛されずに思考することを学び，②ルールを自律的に守り，衝動を制御することを学び，③学習や仕事に自ら意欲を持って真剣に参加するための基本的な心理的構えを学ぶのだと論じた。

　遊びの発達的意義は，こうした心理学界の研究成果を背景として，我が国の幼児教育・保育にも広く浸透していった。例えば，斉藤（1989）は，子どもの発達における遊びの機能として，①身体運動，②認知，③コミュニケーション，④社会性，⑤情緒感情，⑥自己，の 6 つの側面を挙げており，丸山（2003）は，これに⑦想像力を加えている。また，藤﨑・村田（1998）は，遊びを通して学ぶことについて，①科学的知識を学ぶ，②社会的知識を学ぶ，③コミュニケーションを学ぶ，④想像を通して学ぶ，⑤自分について学ぶ，⑥メディアを通して学ぶ，の 6 つを挙げている。さらに，山田（1999）は，子どもの個性的な全面発達を保障する保育・教育に重要な視点として，①言葉の教育の視点，②自然についての教育の視点，③道徳教育の視点，④健康教育の視点，⑤美的教育の視点，⑥情緒・情操教育の視点，⑦社会性の教育の視点，の 7 つを挙げた上で，「遊びは幼い子どもの全面発達に不可欠な多くの側面の価値を，子どもたちが求めている自然な活動の中で身につけさせてくれる」（46-47頁）と述べている。『保育所保育指針』や『幼稚園教育要領』において，「遊びを通して」の保育や教育の重要性が繰り返し述べられていることからも分かるように，今や「遊び」は「学び」と切り離せない関係にある。幼児の生活にとって，全ては遊びであり，その遊びに学びがあるのである（無藤，2001）。

こうした遊びの意義自体は何ら否定し得るものではないが，一方で，遊びの意義が教育的文脈においてのみ捉えられがちな風潮に対しては，否定的な意見も見られる。河崎（1993）は，遊びの教育的意義を認めた上で，「それらの発達に遊びの意義をおしとどめると，どうも遊びが教育の手段とのみ化してしまいがちである。教育する側が有意義な活動として遊びを子どもに『強制』してしまうのである。これでは遊びが遊びでなくなってしまう，子どもにとってちっとも楽しい遊びではなくなってしまうということがよく聞かれる」（21頁）と述べている。この河崎の指摘にもあるように，遊びの中で，遊びを通して個人や集団の能力を発達させていこうとすればするほど，遊び本来の主体性や自発性は見失われ，遊びそのものの面白さを追求しようとする視点が置き去りにされてしまう危険性があるのも事実であろう。遊ぶ主体を育てようと躍起になって，遊びを計画し，計画通りに遊ばせようとすればするほど，「遊ぶ子ども」ではなく「遊ばせられる子ども」「大人の手がないと遊べない子ども」を育ててしまうという矛盾に陥る危険性があるのである。

## 3．遊びの指導・援助

　子どもの遊びの主体性や自発性を保障しつつ，同時に大人による教育的意図を含んだ「遊びを通しての学び」を実現するためには，どうすればよいのであろうか。解決法の1つとして，遊びが本来持つ「面白さ」に今一度注目し，その面白さを追究していくことが挙げられる。例えば，Henriot（1986）は，「遊びは何よりも，まず，遊び手とその遊びとの間に存在する遊びによって成立する」と述べた。つまり，遊び手と遊びとの間に生じる遊戯的な意識や態度にこそ，遊びの本質があると考えたのである。また，山田（1999）は，「遊びは主体の意識と離れて客観的に存在するものではなく，それは主体の意識と共に揺らぎ，遊びに『なる』という性格をもった活動もしくは状態を指す」（22頁）と述べている。つまり，遊びは遊ぶ主体の意識に

よって遊びに「なる」こともあれば，遊びで「なくなる」こともあり，その意味において，主体の意識とともに「生成」されるものだと考えたのである。さらに，西村（1989）は，「いまか・いまか」「もうちょっと・もうちょっと」と相手の思いを宙づりにしたまま，気をもたせてははぐらかす，この遊び手と遊び相手との間のつかず離れずの同調された遊動の中に，遊びの本質的な骨格を見出せると指摘した。これもまた，遊ぶ主体の意識や態度を問題にしていると考えられよう。

　以上を踏まえて，河崎（1994a，1997）や加用（1990，1994）は，遊びの面白さに迫るには，今まさに遊んでいる当人の，遊びつつ揺れ動く意識や態度に迫ることが重要であると考えた。つまり，遊ぶ主体にとって，なぜその遊びが面白いのか，その心の奥底にある内実に迫り，子どもとともに遊びを通して揺れ動く中で，その面白さの核心に迫るのである。多種多様な遊びの面白さの核心を捉えた上で，その核心の渦の中で遊ぶとき，遊びの主体性や自発性は自ずと保障され，結果的に，遊びの発達的・教育的意義も保障されるのではないかと考えたのである。河崎（1993）は，「遊ぶ当人は遊びの発達的意義などで遊ぶのではない。遊びは面白い－面白くないで評価されるものである。この『面白さに心が躍動する世界』を深く捉えていくこと」（21頁）が重要であると述べている。そして，遊びの面白さの追究に際して，自然や社会の環境，子どもの生活の時間や空間が子どもの遊びにとって極めて悪化している現在の状況を事実として受け止めた上で，主体性や自発性の名のもとに，親や保育者などの大人による干渉を子どもの遊びから遠ざけるのではなく，子どもの遊びの多様性や流動性に対応する形で，大人の指導や援助の在り方についても多様に考えていく必要があると論じている。遊びの面白さに改めて目を向け，その面白さを保育者と子ども，子ども同士，保育者同士がともに笑い合い，面白がる中で追究していく時にこそ，幼児教育・保育における遊びの可能性は拓かれるのである。

　本研究では，こうした視点から，河崎や加用が1980年代から現在にかけ

て，幼児教育・保育の実践者とともに取り組んできた「想像的探険遊び」と呼ばれる遊びに焦点を当てる。想像的探険遊びとは，藤野（2008）によると，保育者が子どもに内緒で架空の想像物の実現可能性を示唆するような仕掛けを用意し，探険に対する興味や推論の楽しさを喚起しながら，保育者自身も子どもと同じ立場でその過程を共有していくという形態をとる遊びを指す。この種の遊び実践を数多く紹介している河崎はこの遊びを「探険遊び」と呼び，加用は「ほんと？遊び」と呼んでいるが，ともに類似した遊びを展開しているため，ここでは藤野による定義に基づいて，「想像的探険遊び」という名称に統一する。

　絵本や紙芝居に登場する架空の想像物が森や川，散歩道などの身近な環境に実在しているのではないか，という空想と現実との境界の揺らぎを子ども自身が心地よく感じながら，自然の中を仲間とともに探索し，対話し，問題を解決し，遊びの主体者として生き生きと面白さの渦に身を委ねて遊ぶ。数ある遊びの中でも，この遊びは幼児教育・保育実践の１つの到達点として，４，５歳児の保育によく取り入れられる遊びであり，想像や空想の機能を豊かにする遊びである。かつ，加藤（2005）も指摘するように，想像や空想を主題としながらも，協同的な学びの中で幼児の対話的人格を育てることが期待される遊びであると言えよう。

　次節では，想像的探険遊びの概要と特徴を整理した上で，その遊びを通して作り出される空想世界の意味について考察し，本研究で取り組む問題を明確にする。

## 第２節　想像的探険遊びと空想世界

### Ⅰ．想像的探険遊びの概要と特徴

　想像的探険遊びとは，保育者が子どもに内緒で架空の想像物の実現可能性

を示唆するような仕掛けを用意し，探険に対する興味や推論の楽しさを喚起しながら，保育者自身も子どもと同じ立場でその過程を共有していくという形態をとる遊びを指す。より具体的に，藤野（2008）は，①文化的資源が意図的に用いられ，特定のテーマが共有される，②比較的長期にわたって継続される，③大人も遊びに参加する，④クラスや園の子どもたち全員の参加が期待される，といった「文化的共同遊び」の特徴を備え，なおかつそれに加えて，「近辺の自然環境の探索」と「物語に代表されるナラティブ性の高い文化的資源の活用」という独自の特徴を持つと指摘している。以下では，その中でも特に著名な実践である『エルマーになった子どもたち』（岩附・河崎，1987）と『ボクらはへなそうる探険隊』（斎藤・河崎，1991）という２つの実践記録を概観した上で，この種の遊びの特徴を整理する。

## 1．『エルマーになった子どもたち』

　『エルマーになった子どもたち』は，三重県の津市立橋南保育所の５歳児クラスで1984年に行われた実践を元にした記録書である。以下では，加用（1990）による要約を参考に，実践内容と展開過程を概観する。

　この実践は，保育者による児童書の読み聞かせをきっかけとして始まる。遠足まであと２日と迫ったある日，保育者が５歳児達に『エルマーのぼうけん』（ガネット作・絵・渡辺茂男訳）（福音館書店）を読み聞かせ，「エルマーとりゅうは，誰が何と言おうと，動物島なんかに戻るものかと思いました」という最後の文章に続けて，「その後のエルマーとりゅうの行方は誰も知りません。どこへ行ったのでしょう。みんなのそばにひょっとするとエルマーとりゅうは隠れているかもしれませんね」と付け加えて読んでみたのである。すると，子ども達の間でざわめきが起こり，「りゅうはどこへ行ったんやろ」という声が上がる。これに対して，保育者が「昔，おじいさんが片田の山へ出かけて行った時，洞穴の中でりゅうのしっぽをチラッと見たことあるって聞いたことあるよ」と持ちかけると，「へえー，あさって遠足に行く片田の

貯水池にりゅうがおるの？」「ぼくたち本当に探険に行くの？」「そんならエルマーと一緒やな，ぼくたちも探険に行くんや」「スゴイゾ！」と一気に子ども達の気分は盛り上がり，本来ならただの遠足であったものが，本気の探険遊びへと進化してしまったということである。

　子ども達はあたかも物語世界に入り込んでしまったかのように，もしも蛇が出てきたらどうするか，もしも猿が出てきたらどうするかなど色々と想像し，対策を立てる。歩く時は誰が先頭を歩くか，探険に必要な持ち物は何かなど活発な議論をした後，いよいよ遠足当日を迎える。遠足当日，先頭と最後尾の隊長は，手にゆで卵をしっかりと握りしめて山道を登る。このゆで卵は，もしも蛇や猿が出た場合にはそれを放り投げ，彼らがそれを食べているうちに逃げようという子ども達なりのアイデアである。子ども達は「大きな蛇の穴があったぞ！」「さっきの山にはりゅうはおらへんみたいや」など大騒ぎしながら山道を突き進んで行く。

　そうこうしているうちに帰宅の時間が迫って来て，焦ったのは保育者である。そもそもはりゅうを探しに来たのに，このまま帰ってしまっていいものかどうか。しかし，だからと言って，本当にりゅうが出てくるはずもない。そこで一計を案じた保育者が「あっ！　りゅうのしっぽが見えた！」と，実際には見えてもいないのに叫んでみせる。すると，「どこに，どこに」「何にも見えへん」「女の子がキャアキャア騒ぐもんで，りゅうがびっくりして逃げてしもうたんや」と，子ども達は大騒ぎに。しかし，当然のことながら保育者以外に見た者は誰もおらず，子ども達はがっかりしながら帰り支度を始める。

　遠足からの帰り，その日のりゅう探しの余韻からか，次第に子ども達の口調が変わってくる。実際にはりゅうの音を聞いていないし，りゅうの姿を見てもいないのに，「ガサガサいう音がした」「僕はチラッとしっぽが見えたような気がする」などと言い始める。帰りのバスになると，「りゅうが見られてよかったなあ」になり，さらに数日たって保育者が「この前，りゅうを見

た人」と尋ねると，男の子たち全員が「ハーイ」と手を挙げるまでになったとのことである。

　その後，子ども達はりゅうを題材にして劇遊びに取り組んだり，絵本作りに取り組んだりして活動の幅を拡げていく。世界地図で動物島を探したり，恐竜図鑑でりゅうを探したりする。「あれでもない，これでもない」と探した挙げ句，相応しい恐竜が見つけられず，ついには「そやけどエルマーのりゅうは図鑑にはのっとらんと思うな。りゅうのこと知っとるのはガネットさん（作者），渡辺さん（訳者）とエルマーとさくら組だけやろ」という意見で落ち着く。「それにしても，エルマーはこの話を秘密にしといたのに，どうしてガネットさんが知ったんやろ？」「秘密にしといたのに渡辺さんが日本語に直したのがよくない！」など，その後も様々な議論が飛び交ったそうである。

## 2．『ボクらはへなそうる探険隊』

　『ボクらはへなそうる探険隊』は，岩手県の北上市立南保育園の5歳児クラスで1985年に行われた実践を元にした記録書である。以下では，河崎（1994a）による要約を参考に，実践内容と展開過程を概観する。

　この実践もまた，保育者による児童書の読み聞かせをきっかけとして始まる。へなそうるとは，『もりのへなそうる』（渡辺茂男作・山脇百合子絵）（福音館書店）に登場する奇妙なりゅうのことをいう。何回かの読み聞かせで5歳児クラスの子ども達はすっかりへなそうるのことが大好きになる。そんなある日，園の近くの林に散歩に出かけた後，ある男児が「へなそうるを見た」と言い始める。「先生，ぼくね，へなそうる見たったよ」「あそこ（林の中を指さす），へびと戦ってたっけ」「へびに負けそうで弱ってたった」と一生懸命に保育者に話すのである。

　園に戻ってからクラスの皆にその話をすると，誰1人として「そんなこと嘘だー」と言わず，真剣な顔で聞き入り，目撃者である男児に次々と質問を

投げかける。「本当にへなそうるだった？　赤と黄色のしましま模様だった？」「そうだったよ」「どのくらいの大きさだっけ？」「うーんと大きいけよ」などと話が盛り上がる。午睡が終わり、おやつの後に外に出ると、別の子が「先生、ウヘン、ウヘンって声するよ」と言い出す。それに応じてまた別の子が「そうだ、林の方かもしれないよ、みんなで行ってみるんべ」と走り出す。「あっ！　へなそうるの形の雲だよ」「林の方に向かってるよ、やっぱり」「あのポツポツの雲は何だべ？」「へなそうるからのメッセージだよ」「なんていうメッセージかな？」「はやく、みんな、おいでよーって言ってるんだよ、きっと」など、言葉が行き交う。その1つ1つの言葉に皆うなずき、疑う子など1人もいなかったそうである。

　その後、子ども達はへなそうるを探して暗い森や林を探険する。へなそうるのために、おにぎりやみそパンや風邪薬を置いてあげたり、手紙をやりとりしたり、蛇をやっつける眠り薬を作っておいたりする。探険地図を作り、蛇よけのゼッケンを作り、ついには3，4歳児まで巻き込んで大探険隊を繰り出していく。へなそうるが捕まっていたと思われるロープや、傷ついたへなそうるの血が松の木に付いているのを発見したりする。こうして毎日のように、へなそうるに会いたい一心での探険が繰り返されたそうである。

　一方、保育園の室内では、お話作り、紙芝居作り、劇遊び、へなそうるの歌作り、紙版画作りなど、様々な表現活動に熱中し、取り組んでいく。雪が積もればへなそうるの雪像作りが自然と起こり、へなそうるへの想いを綴った手紙まで書いたりする。保育園の職員や父母達の他、多くの地域の大人達に見守られながら、その遊びは様々な活動へと展開していったそうである。

## 3．想像的探険遊びの特徴

　想像的探険遊びの実践はその他にもこれまでに数多く報告されており、やまんば（岩附，1999），ねずみばあさん（久賀谷，1994），河童（安曇・吉田・伊野，2003），忍者（加用，1994），黒マント（森長・黒田，1994），ミスターX（宮

里・北島，1986），ガリバー（吉田，1997），ウヒアハ（白井，1992），歴史上の人物の末裔（池村・河崎，1998）など，多様で豊富な空想上の存在が登場している。

　森でりゅうやへなそうるを探す「想像的探険遊び」と室内でする「探険ごっこ」とは，何がどのように異なるのであろうか。河崎（1994b）は次のように説明している。例えば，夜遅く家に帰った時，暗がりの中で何か物体のようなものを目にして一瞬恐怖に駆られることがある。しかし，それは一瞬のことであり，電気をつけてよく見ると壁にかけた自分のコートだったりする。これは「見間違い」の例であり，それに気付くまでは「現実ではないこと」について想像していることになるが，それは本人にとって現実についての感情であり認識である。一方，本を読んだり映画を見たりしている時，私達はその芸術的ともいうべき空想のイメージに魅了され，まるで現実であるかのような感情や認識を引き起こすことがある。しかし，この場合，私達は通常それが「虚構」であることを知っており，それを承知の上で作品に共感しているのである。つまり，前者のように見間違いや勘違いを契機にして始まるのが「想像的探険遊び」であり，後者のように虚構であることを認識した上で始まるのが「探険ごっこ」，すなわち，通常のごっこ遊びであると整理することができる。

　加用（1994）は，想像的探険遊びの特徴として次の2点を指摘している。1つは，「迫真性」である。想像的探険遊びでは，子どもはやまんばや忍者，りゅうなど空想上の存在を想像し，それが身近な現実世界に実在すると想像する。すると，本来虚構であるはずのそれらの想像が次第にあたかも実在するかのように感じられ，外的に迫ってくる。こうした想像が引き起こす性質を指して，迫真性と呼んでいる。もう1つは，「探険性」である。河崎（1987）は，想像的探険遊びはもはやごっこ遊びではなく，「想像上でしか存在しないと思えるような事柄が，現実に存在するものとして提起された時，それを現実のものとして確証しようとするところに，この行動の最大の動機

がある」（193頁）と指摘した上で，この種の実践の特徴の1つとして「過剰解釈と仮説の拡大」を挙げている。この「過剰解釈と仮説の拡大」を引き起こすのが，探険性である。

エルマーのりゅうやへなそうるは，大人から見れば空想上の存在であり，勘違いや見間違い，思い込みから始まった作り話に過ぎない。しかし，子どもから見れば，それらは実在する生き物であり，その前提がある故に，「りゅうのしっぽを見た」「へなそうるがへびと闘っていた」などの言葉も現実性を帯びて受け止めることができるのであろう。実在するかもしれないという認識を前提としているからこそ，「うそ？　ほんと？」という境目を揺れ動くのではなかろうか。

また，森や林といった日常から少しかけ離れた何かが住んでいそうな場所への散歩や遠足，あるいは保育者の誘いの言葉は，この種の遊びの重要な要素である。子どもはそうした体験や誘いの言葉によって，想像上の何かのイメージを作り出し，その存在を信じ，そして，見るもの聞こえるもの全てをそれに結び付けて解釈し始めるようになる。例えば，山芋の穴が「へびの穴」になり，木漏れ日が「りゅうの目」になり，ガサガサという音が「りゅうの歩く音」になる。森の中にりゅうがいるという「仮説」によって目の前の事象を「過剰に解釈」するようになるものと思われる。

以上のように，想像的探険遊びにおいて，子どもは保育者によって空想上の存在の実現可能性を喚起させられるが，彼らはそれが虚構であると認識しているわけでも，現実であると認識しているわけでもない。「うそ？」という疑いと「ほんと？」という信じ込みとの境目にあって，彼らの認識は揺れ動くものと推察される。そして，そうした揺らぎを動機づけとして，子どもは自らの疑いや信じ込みに対して確証を得るために，探索や探究を繰り返すものと考えられる。

## Ⅱ．想像的探険遊びにおいて生成される空想世界の意味

　想像的探険遊びは，子ども同士あるいは子どもと保育者との共同作業によって作り出される空想世界である。そして，その空想世界は，身近な現実の世界に存在する物や事柄に対して新鮮で独特な意味を与えてくれる。大人からすると他愛のないそれらの物や事柄も，子どもが空想の視点でそれを見つめ，様々な感情を喚起させることで，それらは現実とは異なる意味を帯びて子ども自身に迫ってくる。もちろん，子どもはそうした現実と異なる空想的な意味づけを，ただ無防備に信じ込むわけではない。河崎（1987）も指摘するように，現実の世界では起こり得ないと思っていた物や事柄が身近なところに実在する可能性が保育者によって提起された時，子どもは先ず驚き，次に疑いの目を向ける。「本当かもしれない」「嘘かもしれない」と揺れ動くのである。そして，それが真実であるか虚構であるかの確証を得るために，仲間同士で励まし合いながら，勇気を振り絞って挑戦や波乱に満ちた探険へと足を踏み入れる。その体験自体は紛れもなく現実であり，それ故に，子どもは身近な現実の世界に対して，それまで以上に迫真性を感じ取りながら向き合っていくと考えられる。

　河崎は，想像的探険遊びを，幼児期後期の子どもにおいて「科学的世界観形成の感性的な土台」を培うものとして，高く評価している。つまり，自然や社会についての科学的な認識を体系だって習得し，その中で人間あるいは自己の位置について知っていく，という児童期以降の学校教育へと繋がっていく基礎を，この種の遊びは作り出していると捉えることができる。

　他方，この種の遊びが幼児期後期に相応しい豊かな集団的関係を作り出していく点も，高く評価している。想像的探険遊びでは，想像上の恐怖や困難に対して仲間同士で協力し合い，時に意見が分かれて対立や葛藤を経験しながらも，最終的にはクラス全員で目標を共有し，困難を乗り越えていく。そうしてやっとの思いで目標を達成した時，子どもは達成の喜びとともに，仲

間への信頼感や自己肯定感を経験することになる。この種の達成感や信頼感，自己肯定感が，子どもにとって児童期以降あるいは生涯にわたる発達の土台となり得ることは想像に難くない。

　以上から，想像的探険遊びを通して子どもが空想世界を作り出すことは，次の3点において意味があると考えられる。第1に，空想の視点から新たな意味づけを行うことで，世界の多様性を認識し，世界をより一層身近に感じることができるであろう。第2に，過剰解釈と仮説の拡大によって遊びが動機づけられ，探索や探究を繰り返すことで，科学的世界観形成の感性的な土台を培うことができるであろう。第3に，集団による目標の共有や達成を通して集団的な情動交流を体験することができ，それにより仲間への信頼感や自己肯定感を醸成していくことができるであろう。

## 第3節　本研究の問題の所在と課題

　本節では，本研究の問題の所在と課題をより明確にする。

　幼児期において遊びの充実を図ることは喫緊の課題であり，想像的探険遊びはその点において重要な遊びと位置づけることができる。しかし，幼児教育・保育の現場からの逸話的な実践は数多く報告される一方で，それに関する実証的な知見の蓄積は十分とは言えない。そこで本研究では，発達心理学的手法を用いて，想像的探険遊びに関連する諸問題について実証的に検討し，知見の蓄積を行う。具体的には，想像的探険遊びと関わりの深い子どもの空想世界に着目し，その認識と発達過程の解明を本研究の目的とする。

　想像的探険遊びに関連する諸問題と本研究の課題としては，次の4点が挙げられる。

　第1に，想像的探険遊びでは，子どもは保育者によって空想上の存在の実在可能性を示唆された後，「うそ？」という疑いと「ほんと？」という信じ込みとの間での揺らぎを経験するが，疑いと信じ込みという2つの態度の基

盤となる空想と現実との区別に関する認識は，発達に応じて変化することが予想される。しかし，これらの認識の発達的変化については実践的な観点から逸話的論考こそ見られるものの，実証的な観点からは十分に明らかにされていない。従って，この点について実証的に検討する必要があろう。

　第2に，想像的探険遊びに見られる空想上の存在の実在性に対する疑いと信じ込みという2つの態度間の揺らぎは，見方によっては，子どもの認識の未熟さを表しているとも言えるが，揺らぎの過程の中で見られる子どもの探険性と迫真性という想像的探険遊びに特有の性質に目を向けると，それは単純に未熟さという捉え方でのみ論じるべきものではないことは明らかであろう。つまり，ここで示される子どもの揺らぎは，後に発達し洗練化される科学的思考獲得のための準備段階としても捉えることができる。そのように考えると，この種の揺らぎを単に実践的な逸話的論考のみならず，実証的な知見として得ておくことは重要であると考えられる。

　第3に，想像的探険遊びの中で，子どもは過剰解釈と仮説の拡大を繰り返し行い，それを動機づけとして探索や探究を展開させていくが，重要なのは，それによって科学的認識の感性的な土台が形成されるだけでなく，その遊びに身を置くことで喜びや楽しさといった感情経験が得られることである。発達的には，子どもは次第に空想と現実とを正しく区別し，科学的に思考し振る舞うようになることが予想される。しかし一方で，空想的な事柄や出来事を楽しむ心理や態度も同時に発達していくと思われる。こうした点に関する実証的な知見はこれまでになく，検討が必要であろう。

　第4に，想像的探険遊びに限らず，子どもは日常生活において自ら空想世界を作り出し，それを楽しむ行為を繰り返していると予想されるが，実際のところ，そうした行為は子ども達の間でどの程度見られ，そうして作り出された空想世界は子どもの発達においてどのような役割を果たし得るのであろうか。この種の実証的研究は欧米においては数多く行われているものの，我が国においては十分に検討されていない。従って，我が国独自の実証的知見

を蓄積することは，幼児期における子どもの空想の意味について理解する上でも重要であろう。

　以上から，本研究では想像的探険遊びに関わる諸問題として，幼児期における空想世界に対する認識の発達に焦点を当て，次の4点を検討課題として設定する。

　①空想と現実との区別に関する認識の発達を探る。

　②想像と現実との境界の揺らぎの発生とその要因を探る。

　③空想世界を楽しむ心理の発達を探る。

　④子どもの日常生活における空想とその役割を探る。

　次章では，先ず，空想の定義と役割，及びその他関連する諸概念を定義し，子どもの認識発達における魔術性と科学性の問題に関する近年の見解を明示する。次に，上記4つの検討課題に沿って，発達心理学分野における先行研究の知見を概観し，課題を明確にする。最後に，本研究の問題設定と目的及び内容構成について明示する。

# 第2章　子どもの空想世界とその認識発達

## 概　要

　本章では，空想とその他関連する諸概念を定義し，発達心理学分野における先行研究を概観した上で，本研究の目的と内容構成を明確化した。

　第1節では，空想や想像，迷信，魔術，魔術的思考及び信念など，本研究で扱う諸概念を定義し，子どもにとっての空想世界の意味について明示した。また，子どもの認識発達における魔術性と科学性の問題について，古典的な研究から現在に至るまでの研究の流れを整理し，子どもの認識発達は魔術的認識から科学的認識への移行過程ではなく，両者が子どもの認識構造の中で共存・維持され，状況に応じて揺れ動くという本研究の立場を明確にした。

　第2節では，前章で示した4つの検討課題に沿って発達心理学分野における先行研究を概観した。具体的には，①空想と現実との区別に関する認識の発達，②想像と現実との境界の揺らぎの発生とその要因，③空想世界を楽しむ心理の発達，④子どもの日常生活における空想とその役割，という4点から先行研究を整理し，概観した。それにより，先行研究の課題と本研究の位置づけを明らかにした。

　第3節では，以上を踏まえ，本研究の問題設定と目的，及び内容構成を明示した。具体的には，4つの問題設定と目的をもとに，14の調査研究により内容を構成することを明示した。

## 第1節　空想世界の意味

### Ⅰ．空想の定義と役割

　空想（fantasy）とは，村田（1990）によると，過去の経験をもとに新しいイメージを作り出す想像の一種で，あまり現実的ではないものを指す。それは現実に制約されることのない思考形態であり，現実にはあり得ないこと，現実とは関係のないことを考えることである。また，Woolley（1997）は，空想を「私達が一般的に考える自然原理によっては支持されないような存在や過程に関わる信念」であり，「世界に対する私達の素朴理論と反する，あるいは一貫しないような現象」（991頁）であると定義している。

　Person（1995）によると，空想についての考えを最初に提示したのは精神分析学者のFreudである。空想についての研究が始まった最初期に，Freudは，空想は想像によって願望を満たすために呼び起こされるものであり，その目的は取り除かれていない本能的緊張や満たされない欲求によって生じる不安や苦痛を和らげることだと主張した。そして，その空想が空想者にとって受け入れがたいものである場合，それは隠蔽され，無意識の深淵へと抑え込まれるという。これが「抑圧」であり，Freudは心的外傷体験（トラウマ）とともに神経症の主な原因の1つに数えた。

　初期の研究においては，空想は何よりも代理満足を与えるものであり，気晴らし，現実逃避など外的世界からの避難所と見なされてきた。このように空想には不健康で否定的なイメージが先行し，知的論考の主題として取り上げられることは少なかった。しかし，近年では，空想は外界を形作る上で大きな役割を果たしており，それは人間の生活を形成し構成する上でもっとも強力な触媒の1つとなり，人間の行動や性格を方向づけ，人生の進路を決める上でも重要な役割を果たすといった考えが優勢である。

第2章　子どもの空想世界とその認識発達　25

　空想が果たす役割について，村田（1990）は，次の3つを指摘している。第1に，空想は，大人の世界の複雑な情報や技術を遊びを通して身に付けることを可能にする。大人が子どもにかける期待，子どもに与える情報や技術は複雑であり，そのままでは子どもは受け入れて身に付けることができないものが多い。しかし，子どもはその空想力によって，そのような大人からの経験を遊びの中に表現することを通じて，断片的にこれらを取り上げ，次第に自分のものにしていくことができるという。第2に，空想は，阻止された欲求や感情などを満足させることを可能にする。空想は，子どもの欲求を解消させる想像活動である。ある動機を直接的に表現することが阻止された時，その動機をさらに働かせるための1つの方法が，空想を利用することである。空想によって，阻止された感情・動機を満足させることができると考えられる。第3に，空想は，望ましい人格を発見し，自ら形成するための良い機会を与える。子どもが英雄的な人物，親，友達，あるいはペットなどとして自分を空想する時，子どもはそこにあるドラマを作り出す。こうした空想ドラマが子どもに自己を見つめさせ，その性格を評価させ，好ましいと思う人格を発見させる多くの機会を与えることとなる。Person が述べるように，空想は想像の一種であるが，想像全般の中でも，空想は実用的な目的よりもむしろ心理面や感情面での目的に貢献するという性格を持っており，その点において特徴を見出すことができよう。

　Bettelheim（1976）は，空想の果たす役割について次のように述べている。「子どもは実際にはかなりの能力を身に付けている。しかし，現実に何ができるかが子どもに分からないという一点だけからも，失敗ばかりが目について，自分の能力など取るに足りないものだと思ってしまう。この幻滅が発展すると，子どもは自分に対して全く絶望してしまい，空想が助け舟を出してくれなければ，努力するのを諦めて，自分の殻の中に閉じこもってしまうかもしれない。……子どもが現在の苦境を上手く切り抜けるという想像ができるようになると（空想を巡らすことができるようになると）かんしゃく玉は

破裂しなくなる。それは，将来に希望が持てるので，現在の苦しみも，もう耐え難くは感じられないからだ。蹴ったり叫んだりするでたらめな肉体的発散は，ここで，今すぐにではなくてもいつかは目標を達成できるように考えたり行動したりすることに，場所を譲る。こうして子どもは，現在解決できない問題に直面しても絶望せずにすむようになるが，それは，いつかは勝利を得られるだろうという希望が，現在の敗北感を和らげてくれるからなのだ（172-173頁）」。

　Bettelheim によるこうした言説は，空想が子どもの発達にとってどれだけ重要な役割を担っているかを如実に表している。例えば，Fraiberg (1959) は，姪のジアンが2歳8か月のときに作り出した「笑い虎」という名前の空想の友達について報告している。Fraiberg によると，笑い虎は子どもを脅かしたり噛んだりする存在ではなく，子どもに対して素直で従順で，ただいつも笑っている存在であった。この笑い虎が登場したのは，ジアンが動物をひどく恐がるようになった時期であり，その時，彼女は想像上の恐怖の前にどうしようもなく無力な自分を感じたのではないかと考察している。そして，想像上の恐怖を克服する方法として，ジアンは想像の中で従順で大人しい動物を作り出し，それを飼い馴らすことによって，想像上の恐怖を克服しようとしたのだと論じている。実際，ジアンの元に笑い虎が登場し始めてから，彼女の動物に対する恐怖は著しく減っていき，そのうちすっかり治まり，最後にはもはや笑い虎は現れなくなったという。このように子どもは，想像の中で現実とは異なる空想の対象を作り出し，それを統制することによって現実の恐怖や不安に打ち勝つことを覚えていくようになると考えられる。

　以上，空想の定義と役割に関するこれまでの論述を整理してきた。以下では，さらに空想と関連する諸概念を定義し整理する。

## Ⅱ. 空想と関連する諸概念の定義

　空想と関連する概念として，想像（imagination）が挙げられる。想像とは，内田（1989）によると，目に見えないものを思い浮かべる能力であり，経験の諸要素を複合し，脈絡をつける働きのことを指す。また，Person（1995）は，空想は想像の一種であると見做した上で，「想像は象徴を創出・操作する能力に基づいており，直接的な感覚認識では捉えきれない可能性について考える心的能力である。私達は想像によって，現実の人間や場所，物事に代わるもの，すなわち時間に縛られた過去及び現在の出来事の代案をじっくりと検討することができる」（65頁）と述べている。Harris（2000）は，想像は我々を独特な人間たらしめるものであり，革新や創造，発見の基礎になると述べている。Gopnik（2009）は，過去，現在，未来からなる現実世界は1つしかないが，我々はその現実世界を生きる一方で，想像する力によって，今ここにある世界とは異なる過去，現在，未来からなる様々な可能世界を思い描くことができると述べている。想像力は乳幼児期にごっこ遊びや空想に耽ることによって育まれ，それは大人になってからも保たれ，世界の別の可能性を思い描き，現実を変革する力になると指摘している。さらに，経験が豊かであれば想像も豊かになり，想像が豊かであれば経験も豊かになる。Vygotsky（1930）は，「想像力による創造活動は，人間の過去経験がどれだけ豊富で多様であるかに直接依存している」（21頁），「想像力は人間の行動や発達において極めて重要な機能を獲得しており，それは人間の経験を拡大する手段となります」（25頁）と述べ，想像と経験とが相互的に依存関係にあることを指摘している。

　その他の関連する概念として，迷信（superstition），魔術（magic），魔術的思考（magical thinking），魔術的信念（magical belief）などが挙げられる。

　迷信に関して，Jahoda（1969）は，その定義の困難さに言及した上で，「今日の西欧社会における合理的人間が『迷信的』であると見做す信念や行

為」（14-15頁）と定義している。そして，「合理的人間」とは，教育ある人々の一致した考え方に基づいて合理的に物事を理解し判断する人々であると述べている。また，Vyse（1997）は，様々な研究者による定義を引き合いに出しながら，「それ自体は根拠がなく，また所属する共同体が到達している文化程度とも一致しない信念や慣習」（37頁）という定義を当面の最も了解できる定義として挙げている。

　魔術に関しても迷信と同様，定義することは困難である。Vyseは，魔術は誕生当初より宗教と密接な関係にあったと指摘した上で，日照りの時に雨を降らせたり，彫像から涙を流させたり，聖者の墓にある松明の火を永遠に消えないようにしたり，あるいは病気に苦しむ人々に奇跡を起こしたりなど，シャーマンや聖職者あるいは聖地が持つ特別な力や技法を魔術の例として挙げている。そして，これらの魔術，魔法，呪術の類は人類学などで研究対象とされており，それらが一定の役割を持つ社会では，現在でも威力を発揮していると述べている。他方，そうした一部の社会を除く現代社会においては，魔術とは一般的に舞台上で繰り広げられる錯覚，すなわち手品を指し，その演技はトリックで構成されており，そこに超自然的なものは存在しないことを演技者も観客も了解していると述べている。Vyseは，「魔術に頼るのは経験から学ぶことのできない『原始性』と，世界は神秘と迷信に満ちているという捉え方の表れ」（24頁）であると述べ，魔術的な因果関係を信じたり，魔術的に思考したり振る舞ったりすることを発達的な未熟さの表れとして捉えている。その一方で，人間は誰でも，たとえ知性や教養のある人でも，思い込みや迷信，ジンクスを抱えており，他人の目からはどれだけ馬鹿げて見えようと，自分だけの奇妙な信念に固執せずにはいられないと指摘し，それらは必ずしも発達的な未熟さの表れだけでは説明できないとも論述している。

　魔術的思考や信念は，子どもの発達の問題と密接に関係する。Piaget（1926）は，幼児期の子どもは実在と思考とをしばしば混同する傾向にある

と指摘し，そして，子どもの魔術的思考とは，現実の世界にある様々な実在に対して，思考との関連によって変化させることができると信じることであると述べている。ここでいう関連（participation）とは，「空間的接触もない，明白な因果的関係も認められない2つの現象の間に関係があると原始的思考で信ずる」（244頁）ことを指す。Piagetは，こうした魔術的思考は11，12歳頃まで見られると指摘している。また，Woolley（1997）は，魔術的思考や信念に関する様々な論考を整理し，魔術的思考を「既知の物理的原理・原則に違反する現実世界の事象に対する推論」（992頁），魔術的信念を「多種多様な架空の存在に対する現実性や空想性についての知識」（992頁）と定義している。

　以上，空想と関連する諸概念として，想像，迷信，魔術，魔術的思考及び信念を取り上げ，その定義を整理してきた。以下，本研究においてこれらの用語を使用する際には，こうした定義に従うものとする。

## Ⅲ．子どもの認識発達における魔術性と科学性

　空想，迷信，魔術，魔術的思考及び信念に関する定義は，いずれもそれらを，知性や教養のある「合理的人間」からすると，非合理的で原始的で未熟と見做される信念や思考，行為として捉えようとする点で一致する。しかし，そうした特質は，知性や教養に欠ける大人や，世界に対する認識が未発達な幼い子どもに限定的に備わるものではなく，知性や教養のある大人も含めて，ごく一般的に見られる現象であることも同時に指摘されている。

　かつてPiaget（1926）は，幼児期の子どもは心的世界と現実世界との区別ができないため，思考と外的行為とを同一化したり，夢は外的で客観的なものであると信じたりすると主張した。Piagetはこれを実念論（realism）と呼び，幼児期に特有の世界観の1つとして特徴づけた。同様に，動物や植物，水，土，太陽，人工物など，生命や意識のない事物・事象に生命や意識があると考えるアニミズム（animism）や，天体その他の事物・事象は人間に

よって作られたと考える人工論（artificialism）なども，幼児期に特有の世界観の1つであるとした。そして，こうした素朴で原始的な，いわゆる魔術的な世界観は，幼児期や児童期初期に特有のものであり，それらはその後獲得され洗練されていく客観性や合理性によって，次第に誤った観念として捨て去られ，ついにはより客観的で合理的な，いわゆる科学的な世界観へと取って替わられると主張した。

　しかし，次節で詳しく述べるように，1980年代に入ると，「心の理論」（theory of mind）研究を中心に，こうしたPiaget以来の子どもに対する見方は誤りであることが，数多くの実証的な知見により示されるようになった。そこではPiagetの実念論やアニミズム，自己中心性概念の再検討が行われ，例えば，心と現実との区別，ふりと現実との区別，見かけと本当との区別，生物と無生物との区別，誤信念の表象と真実の表象との区別などは，4，5歳頃までに正しく認識できるようになることが明らかにされてきた（Astington, 1993）。

　このように，従来考えられてきた以上に現実的かつ合理的で科学的な思考の持ち主としての子ども像が描出される一方で，1990年代に入ると，こうした子ども像に対する反動からか，子どもの魔術的思考及び信念に改めて注目した研究が多数行われるようになった（Woolley, 1997）。そこでは，科学的認識だけでなく，魔術的認識も同時に併せ持つ存在としての子ども像が積極的に描出されるようになり，我が国の幼児教育・保育の現場でも，第1章で紹介した想像的探険遊びに代表されるように，身近な現実世界に対して科学的に探究する姿を示す一方で，保育者や仲間とともに想像上で作り出した空想世界に深く浸り込むなど，現実世界と空想世界との間を揺れ動く子どもの姿が数多く報告されるようになった。

　こうした研究の流れやいくつかの実証的な研究成果を受けて，現在では，子どもの認識発達は魔術的認識から科学的認識へと単純に移行する過程ではなく，子どもは自らの認知構造の中で魔術的認識と科学的認識とを同時に共

存・維持させており，状況に応じて両者の間を揺れ動くとの主張が多く示されるようになってきている（Woolley, Phelps, Davis, & Mandell, 1999; Subbotsky, 2010）。

　従って，本研究における子どもの空想世界や魔術的思考に対する捉え方は，基本的にはこうした新たな見方に沿うものとする。

## 第2節　子どもの空想世界に関する発達研究の概観

　本節では，第1章第3節で示した本研究の4つの検討課題，すなわち，①空想と現実との区別に関する認識の発達を探る，②想像と現実との境界の揺らぎの発生とその要因を探る，③空想世界を楽しむ心理の発達を探る，④子どもの日常生活における空想とその役割を探る，という4点について，発達心理学分野における先行研究を概観する。それにより，先行研究の課題と本研究の位置づけを明らかにする。

### Ⅰ．空想と現実との区別に関する認識の発達

#### 1．空想と現実との基本的な区別

　子どもは絵本や紙芝居，児童文学，テレビ，映画などのメディアを通して，様々な空想上の出来事や存在と遭遇する。それらは大人にとっては想像によって作り出された虚構上の産物に過ぎないが，子どもにとっては最初，情報を伝達するメディアや周囲の大人による口頭伝承などの支えによって，実在するものとして捉えられる。では，子どもがそれらの虚構性に気づき，空想と現実とを区別できるようになるのはいつ頃なのであろうか。また，現実とは異なる空想世界に対する認識は，子どもにおいてどのように形成され，また発達とともにどのように変化していくのであろうか。

　Taylor & Howell（1973）は，3〜5歳児に対して，絵本に描かれた現実の出来事（例：親鳥が雛鳥に虫を食べさせている絵）と空想上の出来事（例：兎

がケーキを焼いたり床を掃除したりしている絵）を見せて，現実性についての判断を求めた。その結果，現実の出来事を「現実に起こり得る」，空想上の出来事を「現実に起こり得ない」と判断することは，5歳頃までに可能になることが示された。このことは，子どもは5歳頃までに空想と現実とを区別できるようになることを示唆している。

　同様の結果は，その後の研究でも繰り返されている。Sharon & Woolley (2004) は，空想と現実との区別を求める課題において，「どちらとも言えない」という確信のなさを表明する選択肢を加えて実験を行った。その結果，5歳児は3，4歳児と比較して確信のなさを表明する子どもが少なかったことを報告している。また，Corriveau, Kim, Schwalen, & Harris (2009) は，3，4歳児は歴史上の存在（例：エイブラハム・リンカーン）と空想上の存在（例：ハリー・ポッター）とを区別することが困難であったが，5，6，7歳児はそうではなかったことを報告している。さらに，Lee, Cameron, Doucette, & Talwar (2002) は，3〜6歳児を対象に，母親の大切にしているグラスが割れた説明として，「ゴーストが絵本の中から飛び出してきてグラスを割った」と主張した少女の話を聞かせ，「グラスを本当に割ったのは誰だと思いますか？」と尋ねるという実験を行っている。その結果，5，6歳児では「実際のところ少女が割ったのだろう」と回答する傾向が高かったのに対して，3，4歳児では少女の言葉を信じ，「ゴーストがグラスを割った」と回答する傾向が高かったことを報告している。この結果は，お話ではなく実際の状況に身を置かせた場合も同様であった。こうした結果からも，空想と現実との区別が5歳頃に可能になることは確かであると考えられる。

　しかし，空想と現実との基本的な区別と，空想上の出来事や存在に対する虚構性の認識とは，分けて考える必要がある。Morison & Gardner (1978) は，鳥や蛙など現実の存在と，魔女やドラゴンなど空想上の存在が描かれた絵カードを用いて，3枚ずつ子どもに提示し，2枚の組み合わせを作らせる課題を行った。その結果，5歳児でも現実の存在同士，あるいは空想上の存

在同士の組み合わせを作ることができ，空想と現実とを適切に分類できる一方で，組み合わせ後に理由を尋ねたところ，「両方とも嘘ごとだから」「本当はいないから」など虚構性に自発的に言及して分類できた者は，幼児期にはほとんどおらず，児童期を通して増加したことを明らかにしている。このことから，Morison & Gardner は，幼児期に見られる空想と現実との区別は基本的なものに過ぎないと指摘している。

　その後の研究では，空想と現実との区別に影響を及ぼす要因について検討が進められている。Samuels & Taylor（1994）は，3～5歳児を対象に，恐怖感情を誘発させない現実の出来事（例：女性が木からリンゴを採っている絵）と空想上の出来事（例：鹿がボウルの中のバターを混ぜている絵），恐怖感情を誘発させる現実の出来事（例：強盗がナイフで人を脅している絵）と空想上の出来事（例：巨人が子どもを追いかけ回している絵）という4種類の絵を提示し，空想と現実との区別における恐怖感情の影響について検討した。結果は，恐怖感情を誘発させない出来事では，加齢に伴い空想と現実とを明確に区別できたのに対し，恐怖感情を誘発させる出来事では，5歳児でさえも空想と現実とを明確に区別することができなかった。恐怖感情を誘発させる出来事では，それが空想的であれ現実的であれ，ともに現実に起きて欲しくないという考えが子どもの中で強く働いて，「現実に起こり得ない」と判断する誤りをしたと考えられる。このことは，恐怖感情の誘発性が幼児期における空想と現実との区別に影響を及ぼすことを示しており，同様の結果は追試を行ったCarrick & Quas（2006）の研究でも確認されている。

　また，空想と現実との区別は，対象となる出来事の経験的知識によっても影響を受ける。Shtulman & Carey（2007）は，4，6，8歳児を対象に，可能であり日常的な出来事（例：リンゴを食べる），可能ではあるが非日常的な出来事（例：ベッドの下にワニがいるのを見つける），不可能な出来事（例：煉瓦の壁を通り抜ける）の写真を見せ，それぞれに経験があるか，現実生活で起こり得るかどうかを尋ねた。その結果，いずれの年齢でも不可能な出来事の可

能性については否定されたが，4歳児は6，8歳児よりも，可能ではあるが非日常的な出来事の可能性も併せて否定する傾向があったことを報告している。そして，その後の3つの補足実験でも，幼児期におけるこの種の傾向は繰り返されている。このことは，経験的知識もまた幼児期における空想と現実との区別の判断に影響を及ぼすことを示唆していると言えよう。

以上のように，先行研究では，子どもは5歳頃までに空想と現実との基本的な区別が可能になること，そして，その区別は対象となる出来事や存在の内容（例：感情誘発性，経験的知識）によって影響を受けることが示された。しかし，子どもが実際に絵本や紙芝居などを通して出会う空想上の出来事や存在は，空想的か現実的かの分類にとどまらず，もっと多様であると考えられる。従って，今後の研究では，こうした出来事や存在の多様性を考慮に入れた研究が必要であろう。

## 2．現実に起こり得ない出来事の位置づけと概念化

子どもは現実に起こり得ないような空想上の出来事をどのように位置づけ，概念化していくのであろうか。

Johnson & Harris (1994) は，現実に可能な出来事と不可能な出来事との区別に関する子どもの認識を検討している。彼らは，3～5歳児を対象に，例えば，「粘土を手でこねると形が変わった」という話と「粘土が手を触れずに勝手に形を変えた」という話を聞かせ，それぞれの結果に関与したのは普通の人間か魔法の妖精かを尋ねた。その結果，3歳児でも普通の人間の力によって可能な出来事と，魔法の妖精の力を借りないと不可能な出来事とを区別できることを明らかにしている。Rosengren, Kalish, Hickling, & Gelman (1994) は，4，5歳児を対象に，哺乳類や爬虫類，魚類，昆虫など様々な動物の写真を使って，例えば，「子猫が成長して猫になる」「稚魚が成長して猫になる」などの組み合わせを提示して，そのような変化は現実に可能かどうかを尋ねた。その結果，4歳児でも，現実に可能な変化と不可能

な変化とを区別できることが分かった。また，その際，魔法使いの関与についても尋ねたところ，大部分の子どもが，不可能を可能にすることは普通の人間にはできないが，魔法使いであればできると回答したことを報告している。こうした結果から，子どもは３，４歳頃から現実に可能な出来事と不可能な出来事とを区別し，後者を魔法の力を借りないと起こり得ない空想上の出来事として認識していることが示唆された。

Rosengren & Hickling（1994）は，４，５歳児を対象に，日常的に可能な出来事（例：色のない絵本にクレヨンで色を塗る）と，魔法の力もしくはトリックが関与しないと不可能な出来事（例：色のない絵本に勝手に色が付く）とを実際に見せ，その後，その出来事がどのようにして起こったかを説明するように求めた。その結果，４，５歳児ともに，事前の予測では物理的説明を行ったが，実際に不可能な出来事を見た後の説明では，年齢による違いが見られた。４歳児では大部分が「変化は魔法によって起こった」と説明したのに対し，５歳児ではそのような説明は半数以下に過ぎず，多くは「変化はトリックによって起こった」と説明した。また，いくつかの質問によって魔術的信念の程度を調べたところ，４歳児では半数以上が魔法肯定派に位置したのに対し，５歳児では多くが中間派もしくは魔法否定派に位置した。これらの結果は，日常的に起こり得ないような不可能な出来事に直面した時，幼児期の子どもは物理的説明よりも魔術的説明をする傾向があるが，その傾向は加齢に伴い減退し，魔法を信じる傾向も減退することを示唆している。

加齢に伴う魔術的信念の減退は，Phelps & Woolley（1994）においても示されている。彼女らは，４，６，８歳児を対象に，妖精や魔法使いによる魔法の可能性について尋ねた。その結果，４歳児では大部分が肯定していたのに対し，８歳児では肯定はごくわずかであった。また，不可能な出来事を見せた後の説明に関しても，加齢とともに魔術的説明が減退することが示されており，８歳児では90％以上が魔法への言及を一切せず，物理的説明のみを行うことが明らかにされている。さらに，不可能な出来事に対する説明に

は，子ども自身が持つ物理的知識の豊富さが関与しており，物理的知識が豊富な子どもほど，物理的説明を多くする傾向にあり，逆に，物理的知識が少ない子どもほど，魔術的説明を多くする傾向にあると指摘している。

　また，Chandler & Lalonde（1994）は，幼児期に見られる魔術的説明自体が，そもそもその場しのぎの方便に過ぎないのではないのかという考えを示し，そのことを支持する証拠を提供している。彼らは，3〜5歳児を対象に，固形の物体が別の固形の物体を通り抜けるという物理的法則に反する出来事を提示し，子どもの実際的行動と言語的回答とを分析している。具体的には，木製のスクリーンが半回転して後方に倒れ込むと，通常では後方に置かれている木製のブロックと衝突して完全には倒れ込まないはずのものが，予測に反して，木製のブロックが消失し，完全に倒れ込んでしまう装置を使用した（スクリーンを半回転させるとブロックが箱の中に隠れてしまう仕掛けが施されている）。実験では，子どもはそうした様子を1回だけではなく3回繰り返し見ることができ，しかも最後の3回目には自由に箱の周辺を動き回ってトリックを解明することができた。実験の結果，第1回目の試行では3〜5歳児の67％が目撃後に「魔法だ」と主張したが，3回目に自由に動き回ることが許されると，全ての子どもが前言を撤回し，「トリックだ」と主張した。このことは，幼児期において子どもは物理的法則に反する出来事を目にすると，すぐに魔法に言及する傾向があるが，それは納得のいく説明を手に入れるまでの一時的措置に過ぎず，真に納得のいく説明，すなわち，科学的で合理的な説明を手に入れると，すぐに魔術的説明を捨て去ることができることを示唆している。

　以上のように，子どもは3，4歳頃から現実に可能な出来事と不可能な出来事とを区別し，不可能な出来事は魔法の力を借りなければ起こり得ないことをすでに認識していることが示された。また，魔法や魔法使いに対する信念も，4歳から5歳にかけて実在の肯定から否定へと徐々に変化し，仮にこの年齢の子どもが実際に目にした不可能な出来事に対する説明として魔術的

第2章　子どもの空想世界とその認識発達　37

説明を用いたとしても，それは物理的知識を欠いていたり，他に納得のいく
説明を思い付かなかったための方便に過ぎず，基本的には科学的に説明しよ
うとする志向性を備えていることが示唆された。しかし，これらの研究で
は，子どもにとって日常馴染みのない出来事を取り上げて説明を求めている
という点で問題であろう。

　他方，将来の夢や願いごとは，子どもにとってより馴染みがあり，可能か
不可能かについてより深く考えることのできる主題であると考えられる。将来
の夢に関して，森（1994）は，3〜5歳児に対して，「大人になったら何
になりたい？」「本当になれると思う？」「どうしてなれないと思う？」など
の質問を行った。その結果，テレビ・キャラクターや動植物など実現不可能
な夢を挙げる者は，5歳児ではほとんど見られなかったのに対し，3，4歳
児では多くが実現不可能な夢を挙げ，そのほとんどがそれを実現可能な夢で
あると信じていたことを明らかにした。また，「もしも同年齢の子どもが，
大人になったらX（テレビ・キャラクター名，動物名，現実の職業名）になりた
いなと思ったら，なることはできると思うか？」と尋ねたところ，3歳児の
大部分がセーラームーンやダイレンジャーなどのテレビ・キャラクターにな
れると回答したのに対し，5歳児ではそのような回答は半数以下であった。
しかし，なれない理由に関しては，5歳児でさえも虚構性の認識に基づいて
回答する者はわずかであり，「変身の道具を持っていないから」など，何ら
かの条件が整えばなれる可能性を示唆するものが多く見られた。

　願いごとに関して，Woolley, Phelps, Davis, & Mandell（1999）は，3〜6
歳児を対象に，「願いごとの意味を知っていますか？」「願いごとを叶えるた
めに魔法は必要ですか？」などの質問を行った。その結果，5，6歳児は
3，4歳児よりも願いごとの意味をよく知っており，願いごとに魔法は必要
であると考えていた。また，3，4歳児は願いごとを誕生日やクリスマスな
ど特別な行事と結び付けて考えていたのに対し，5，6歳児はより広い日常
的文脈でそれを理解していた。これらの結果から，願いごとについての概念

は加齢に伴い洗練化されることが示唆された。願いごとの効力に関しても同様に，加齢に伴いその効力に対して懐疑的になることが示されているが，一方で興味深い結果も示されている。彼女らの実験では，子どもに空っぽの箱を提示した後，その箱の中に1ペニー銀貨が現れるように願いごとをさせた。願いごとをした後，子どもはトリックによって箱の中に1ペニー銀貨が現れたのを発見し，なぜ願いが叶ったと思うか，その出来事は魔法によるものかトリックによるものかを尋ねられた。その結果，3～6歳児の多くが，願いが叶ったのは願いごとの効果であると回答し，その出来事はトリックではなく本物の魔法によるものだと回答した。こうした結果は，加齢に伴い，魔術的な出来事を不可能な出来事として位置づけ，概念化していく一方で，不可能と思える出来事を可能にするための方法についての認識も，同時に併せ持つようになることを示唆している。

　以上から，今後は子どもにとって馴染みのある主題を用いながら，加齢に伴う魔術的信念の減退のみならず，魔術の概念化や不可能を可能にする方法に関する認識の発達についても検討していく必要があろう。

## 3．文化的な空想上の存在に対する認識

　空想上の出来事や存在の中には，単に絵本や紙芝居などに登場するだけでなく，私達の文化的な慣習や行事と深く結び付いたものも存在する。特に欧米では，サンタクロース，歯の妖精，イースターバニーがその代表例として挙げられよう。

　Prentice, Manosevitz, & Hubbs (1978) は，4，6，8歳児を対象に，サンタクロース，歯の妖精，イースターバニーという3つの文化的な空想上の存在の実在性に対する信念を尋ね，その信念と親の態度，及び子ども個人の空想傾向との関連を検討した。その結果，例えば，サンタクロースの実在性を信じている者は，4歳児85％，6歳児65％，8歳児25％と加齢に伴い減少したが，半信半疑な者も含めると8歳児でさえも80％にも達することが示さ

れた。

　同様の結果はその後の研究でも繰り返されている。Blair, McKee, & Jernigan（1980）の調査によると，サンタクロースの実在性を信じている者の割合は，4歳児93％，5歳児83％，6歳児64％，7歳児47％，8歳児22％という結果が示されている。また，親の報告をもとにした Rosengren & Hickling（1994）と Rosengren, Kalish, Hickling, & Gelman（1994）の調査でも，4歳から6歳の子どもでそれぞれ79％と81％という割合が示されている。しかし，いずれの研究も実在の肯定から否定へと移行する時期を確認したに過ぎず，サンタクロースを始めとする空想上の存在に対する子どもの認識とその発達的変化について詳細に検討したわけではなく，その点が課題であると言えよう。

　家庭を始めとする文化的環境の影響に目を向けると，Prentice ら（1978）は，米国のキリスト教徒の親達の多くが，クリスマスが近づくとサンタクロースの実在を裏付けるかのような様々な環境を整えることを報告している。そして，そうした家庭で育った子どもの多くがサンタクロースの実在性を信じていることを明らかにしている。他方，同じ米国でもユダヤ教徒の親達の多くは，家庭でサンタクロースを話題にすることがほとんどなく，そのため子どもの多くはサンタクロースの実在性を信じていないことが明らかにされている（Prentice & Gordon, 1986）。さらに，子ども個人の能力や傾向との関連に目を移すと，そこにはほとんど関連がないことが示されている。例えば，Prentice, Schmechel, & Manosevitz（1979）は，子どものサンタクロース信仰の強さと，その他の空想傾向，想像能力，認知能力の水準との関連について検討した結果，それぞれの間に全く関連が見られなかったことを報告している。このことは，サンタクロースの実在性に対する認識は，子ども個人の内面に依存した現象というよりも，むしろ親を始めとする周囲の大人の態度などの文化的環境に強く依存した現象であることを示唆していると言えよう。

我が国においては，杉村・原野・吉本・北川（1994）が4，5歳児を対象に研究を行っている。杉村らはサンタクロース，お化け，アンパンマンの3つの空想上の存在を取り上げ，従来の研究とは異なり，「会ったことがあるか？」「会えると思うか？」など，経験や経験可能性について尋ねる質問を行った。得られた回答を分析した結果，4，5歳児の大部分がそれらの実在を信じており，4歳児では園行事やデパートのショーなどでしばしば見られる扮装物に関する実体験を判断の基準とする者が多かったのに対し，5歳児は遠くに行けば会えるなど自らの想像や推論を判断の基準とする者が多かったことを明らかにしている。この研究は，従来，実在するか否かの二項対立で捉えがちであった空想上の存在の実在性の問題を，それらが実在する世界の多様性という新たな視点を加えて捉えようとした点に意義があると言えよう。

麻生（1996）は，文化的な空想上の存在に対する認識を扱った先行研究の結果の整理と，自らの大学生を対象としたサンタクロースに関する回想報告データの分析をもとに，次のような論を展開している。先ず，子どもがサンタクロースやアンパンマンのような空想上の存在に対して「実在する」という言葉を使用する場合，同じ「実在」という言葉を用いていても，そこには少なくとも次の5つの意味があると指摘している。①遊園地や保育園で出会う「被り物」を本物と見做す。②アニメ・キャラクターやサンタクロースはテレビの外側に実在し，その実物がテレビに映っている。③テレビの中を特別な空間と見做す。④それらは普通の意味で実在している。しかし，テレビに映っているもののほとんどは実物ではなく，それらをキャラクター化したり作品化した虚構である。⑤それらを境界的なある種の超越的な存在と見做す。このように，子どもによって実在すると見做される世界は多様であり，故に，これらに配慮した質問の工夫が必要であると主張している。

また，麻生は，幼児期の子どもは最初「見かけ」＝「本当」という「一元的」思想の支配下にあるが，徐々にその思想から自由になり，「見かけ」は

第2章　子どもの空想世界とその認識発達　41

そのように見えるが「本当」はそうではないことを理解できるようになると論じている。そして，そのように「見かけ」と「本当」を概念的に区別した結果，子どもは唯一の「本当」の「現実世界」のみを生きるようになるかと言うとそうではなく，先述したような多様な「実在」の在り方に目を向け，複数の「現実世界」を同時に生きる「多元的」思想の世界に足を踏み入れるようになると論じている。こうした麻生の主張は，空想上の存在の実在性の問題を取り扱う上で，子どもの認識を単に実在を信じているか否かという二項対立のみで捉えるのではなく，その思い描く実在世界の多様性に目を向け，それ自体を研究の対象とすることの重要性を提起したという点で，大きな意義があると言えよう。

　こうした流れを汲む研究の1つに，中根（2003）の研究がある。中根は，4，5歳児を対象に，アンパンマンとウルトラマンという2種類の空想上の存在を取り上げ，「会ったことがあるか？」「会えると思うか？」を尋ねた。その結果，「会ったことがある」と回答した者は30％程度であり，実在性を肯定している者も30〜40％程度に過ぎなかったという。しかし，それ以外の者が全て実在性を否定しているのかと言えばそうではなく，実在性を否定する者は20％程度であり，残りの30〜40％は実在性の肯定も否定も判別のつかない，曖昧な反応をしたことを報告している。曖昧な反応をする者の中には，「テレビの中」や「遠くのどこか」など，身近な日常ではない特定の空間での実在性をほのめかす者もあり，空想上の存在に対する認識は，実在の肯定から否定へと単純に変化するものではなく，移行期にあって多様な世界を形成していることを示唆している。

　以上のように，先行研究では，文化的な空想上の存在の実在性に対する認識は，6歳から8歳にかけて，実在の肯定から否定へと発達的に変化することが明らかにされている。しかし，文化的な慣習や行事と結び付き，子どもの日常生活に深く浸透したそれらの空想上の存在に対する認識は，そのように実在するか否かという単純な二項対立のみで捉えるべきものではなく，子

どもが思い描く実在世界の多様性に目を向け，それ自体を対象とした研究を，今後は工夫していく必要があろう。

## 4．まとめと本研究の検討課題

先行研究の知見は，主に次の3点に整理することができる。

第1に，子どもは5歳頃までに空想と現実との基本的な区別が行えるようになるが，その区別は対象となる出来事や存在の内容（感情誘発性や経験的知識など）によって影響を受けることが示された。第2に，子どもは3，4歳頃から現実に可能な出来事と不可能な出来事とを区別し，5歳頃には空想上の出来事を不可能な出来事として位置づけ，概念化していくことが示された。第3に，文化的な空想上の存在に対する認識は，6歳から8歳頃にかけて実在の肯定から否定へと変化することが示された。

以上のように，空想と現実との区別に関する認識の発達については，先行研究においてかなり有益な示唆が得られているが，以下の点で検討が必要であると考えられる。

第1に，空想と現実との基本的な区別を扱う際に，先行研究では，対象となる空想上の出来事や存在の多様性が十分に考慮されていたとは言い難い。第2に，子どもは空想上の出来事を不可能な出来事として位置づけ，概念化していく一方で，不可能に思える出来事を可能にする方法に関する認識も同時に洗練化していくことが予想される。この点については，将来の夢や願いごとのような日常馴染みのある主題を扱いながら，より深く検討する必要があろう。第3に，文化的な空想上の存在の実在性の問題に関しては，実在するか否かという単純な二項対立のみで捉えるのではなく，子どもの実在世界の多様性を捉えることができるような方法を工夫し，検討する必要があろう。

従って，本研究では，空想と現実との区別に関する認識の発達について，以上の3点に留意しながら研究を進めていくこととする。

## Ⅱ．想像と現実との境界の揺らぎの発生とその要因

### 1．想像と現実との境界の揺らぎ

　第2章第1節でも述べたように，かつて Piaget（1926）は，幼児期の子どもは心的世界と現実世界との区別ができないため，思考と実在とを同一視したり，夢は外的で客観的なものであると信じたりすると主張した。そして，これを「実念論」と呼び，幼児期に特有の世界観の1つとして特徴づけた。しかし，近年では，Piaget によるこうした主張は誤りであり，子どもは早くから想像と現実とを区別していることが示されている。

　Wellman & Estes（1986）は，3～5歳児を対象に，例えば，「クッキーを持っている少年」と「クッキーのことを想像している少年」が登場する話を聞かせ，そして，どちらの少年がクッキーを見たり触ったりできるかを尋ねた。その結果，3歳児でさえも，クッキーを今ここに持っている子どもは直接見たり触れたりすることができるが，クッキーについて想像しているだけの子どもはそれをすることができないというように，心的存在と物理的存在との違いについて明確に理解していることを明らかにしている。また，Estes, Wellman, & Woolley（1989）は，4歳児であれば，心的存在がなぜ見たり触れたりできないかを説明する上で，心的用語（想像する，考える，ふりをするなど）を自発的に用いて説明することも可能であることを報告している。これらの研究結果から，4歳児はすでに，想像や思考によって心の中に作り出した存在は物理的実体を持たない虚構であり，現実に存在しない，という想像や思考の虚構的性質についての認識を持っていることが明らかにされた。同様の結果は，その後の研究（Watson, Gelman, & Wellman, 1998）においても繰り返されている。

　他方，幼児教育・保育の現場では，こうした実証的な知見に疑問を投げかける事例がいくつか報告されている。例えば，怪物になったふりをして大人を恐がらせていた3歳児が，ふりを続けているうちに次第に自分自身が怖く

なり，泣き出した事例（DiLalla & Watson, 1988）や，扉の向こうに怪物がいるふりをしていた4歳児が，自分で扉を開けることができなくなり，他の人に開けてもらった事例（Harris, Brown, Marriott, Whittall, & Harmer, 1991）などはそのよい例であろう。また，先述した想像的探険遊びの実践記録（岩附・河崎，1987；斎藤・河崎，1991）も，同様の疑問を投げかける報告であると言える。

幼児期において想像と現実との境界はまだ安定的ではなく，容易に揺らぎ易いのかもしれない。この点について検討するために，Harris, Brown, Marriott, Whittall, & Harmer（1991）は，次のような一連の実験を行った。彼らの実験3では，4，6歳児に2つの箱を提示し，それぞれの箱の中に怪物と子犬がいると想像するように求めた。その後，もしも箱に指を入れるとすればどちらの箱を選ぶか，もしも怪物の箱に指と棒のいずれかを入れるとしたらどちらを選ぶかを尋ね，そして，実際に箱の一方に指か棒を入れるように求めた。その結果，子どもは指を入れるなら怪物の箱よりも子犬の箱を選び，怪物の箱には指よりも棒を入れたがるなど，怪物を想像した箱に対して用心深く反応することが示された。また，実験4では，子どもにあらかじめ箱の中が空っぽであることを確認させた後，2つの箱の一方に怪物かウサギがいると想像するように求めた。想像後，子どもは部屋に1人で残され，箱に対してどのように行動するかが隠しカメラによって記録された。その結果，4，6歳児の半数は，想像した事柄は現実ではないと主張しながらも，部屋に1人で残されると，箱に触れる，開けるなどの探索行動を示すことが明らかにされた。また，その後の言語的回答で，「もしかしたら本当に箱の中に想像した生物がいるのではないか」と怪しんだことを認めた。中でも数人の4歳児は，箱の中に想像した怪物を本気で怖がり，箱の中が空っぽであることや怪物がふりであることを数回にわたって確認したにも関わらず，1人で部屋に残ることを拒否した。

こうした結果に対して，Harris らは，Tversky & Kahneman（1973）によ

る利用可能性ヒューリスティック（availability heuristic）という概念を用いて説明している。利用可能性ヒューリスティックとは，ある出来事や状況についての主観的な見込みの増幅として知られる。例えば，ごく最近に飛行機事故についての本を読み，心の中にそれを思い浮かべ易くなっている人は，そのような本を読んでおらず，心の中にそれをすぐに思い浮かべることのできない人と比較して，飛行機事故が現実に起こる可能性を高く見積もる傾向にある。このように，何らかの判断を要する状況において，すぐに頭に思い浮かべ易い記憶情報を優先的に利用して判断する傾向のことを指す。この仮説に基づいて，Harris らは，箱の中にある事柄を想像すると，想像した事柄の利用可能性が相対的に高まり，さらに特定の状況が加わることで（例：部屋に１人で残される），想像が現実になるという主観的な見込みが増すのではないかと考えた。箱に対する探索行動や想像したことが現実になる可能性を信じているかのような言語的回答は，その表れとして解釈できる。

　Johnson & Harris（1994）は，この問題をさらに追究するために，実験の対象年齢を広げ，想像する内容も変化させ，そして，箱に対する行動と主張との間の関連性を詳細に検討できるように実験手続きを修正して，再度実験を行った。具体的には，３，５，７歳児を対象とし，想像する内容も恐怖感情を喚起させない空想上の存在（例：妖精）と無生物（例：アイスクリーム）にし，行動と主張との間の関連性を検討した。その結果，予想に反して，対象児の年齢や想像する内容による違いは見られなかった一方で，魔術的可能性に対する信じ易さの個人差が確認された。つまり，実験者不在中に箱を探索した子どもは，探索しなかった子どもよりも，後の質問において「もしかしたら箱の中に本当に妖精（あるいはアイスクリーム）がいるかもしれない」と主張する傾向が見られた。さらに，探索した子どもでは，「箱の中にどうやって妖精（あるいはアイスクリーム）が現れるの？」と尋ねられた時，魔術的説明（例：「魔女が呪文を唱えて，妖精を出すんだ」）に言及する子どもが多く見られた。

Harris らの実験の追試は我が国でも行われており，そこでも同様に想像と現実とを混同したかのように箱を探索したり，魔術的可能性に同意したりする幼児期の子どもの姿が確認されている（岩田・河野，1994；池谷，1998）。以下では，こうした子どもの想像の現実性判断に見られる想像と現実との境界の揺らぎの背景にあるメカニズムについて，さらに先行研究での議論を概観する。

## 2．想像と現実との境界の揺らぎの発生メカニズム

Harris ら（1991）が主張した利用可能性仮説は，想像の現実性判断に見られる想像と現実との境界の揺らぎについて解釈する上で，本当に妥当な説なのであろうか。Golomb & Galasso（1995）は，Harris らの実験において，幼い子どもが箱を探索し，現実と違反する回答をしたのは，彼らの心の中で想像した事柄についての主観的な見込みが高まり，それが魔法の力によって現実になるという魔術的可能性を信じたことが原因ではないと主張した。そうではなく，彼らは実験者から与えられたふりの主題（「箱の中には怪物がいる」）を維持しようと努めたに過ぎないのではないか。この点について検討するために，Golomb & Galasso は，子どもに箱の中に何らかの存在を想像させた後，「ふり遊びはこれで終了した」という宣言を加えた。また，子どもが箱に対して探索行動を示したのは，他に選択できる遊びがなかったためとも考えられたことから，部屋の中にいくつかの玩具を用意して，他の遊びにも従事できるようにした。もしも Harris らの主張する利用可能性仮説が正しいのであれば，ふり遊びの終了を宣言されても，あるいは部屋の中に玩具を用意されても，箱に対する探索行動や魔術的可能性を支持する回答は Harris らの結果と同程度に見られるはずである。結果は，Golomb & Galasso の主張に有利なものであった。ふり遊びの終了を宣言され，他の玩具を用意された後，子どもの大部分は箱に対して探索行動をせず，魔術的可能性を支持する回答も行わなかった。このことから，Golomb & Galasso

は，Harris らの実験において見られた子どもの行動や主張は，単に与えられたふりの主題を維持しようと努めただけであって，心的な利用可能性や魔術的思考の関与を意味するものではないと主張した。

ただし，Golomb & Galasso の主張に対しては，その後反論も示されている（Woolley, 1997）。Golomb & Galasso は，基本的に Harris らの実験手続きを踏襲していたが，1点だけ操作を怠った箇所があった。それは，子どもに箱の中に何らかの存在を想像させた後，部屋に1人で残すという操作である。Golomb & Galasso の実験では，箱の中に想像させた後も実験者が部屋の片隅に居座り，子どもの行動を観察していた。このことが，その後の箱に対する探索行動や現実と違反する回答を抑制させた可能性が考えられる。

Bourchier & Davis（2000a）は，Harris らによる利用可能性仮説と Golomb & Galasso によるふりの維持仮説の妥当性について検討している。Bourchier & Davis の実験1では，5，6歳児は3つの箱を提示され，それぞれが空っぽであることを確認した後，その中に感情的に肯定的な事物（例：プレゼント），否定的な事物（例：怪物），中立的な事物（例：コップ）を想像するよう求められた。想像した後，子どもは「もしも3つの箱のうちどれか1つだけ開けてもいい（捨ててもいい）と言われたら，どの箱にする？」と尋ねられ，実際にそれをするように求められた。その結果，箱は空っぽであるにもかかわらず，子どもは想像上の事物から誘発される感情に左右され，プレゼントを想像した箱を開け，怪物を想像した箱を捨てる傾向が見られた。また，実験2では，同様の手続きを今度は透明な箱を用いて行った。箱は透明なので，子どもは想像した後も，それが想像に過ぎないことを絶えず視覚的に確認することができる。つまり，心的な利用可能性はこの操作により減退するはずである。実験の結果，実験1で見られた典型的な行動パターン（感情的に肯定的なものを想像した箱を開け，否定的なものを想像した箱を捨てる）は減少した。このことから，ふりの維持仮説は棄却され，利用可能性仮説が支持された。

Bourchier & Davis (2000b) でも同様に，３つの箱を用意して，それぞれに感情的に肯定的な生物（例：ウサギ），否定的な生物（例：クモ），中立的な生物（例：カメ）を想像させた後，どの箱を開けてどの箱を捨てるかを選択させた。そして，この実験では，実験の途中に子どもを部屋に１人で残して，自発的な探索行動を観察するとともに，箱の中に生物を想像させるのではなく，箱の上にそれらの絵を置く条件も設定し，両条件における行動と主張の違いを比較した。もしもふりの維持仮説が正しいのであれば，絵の配置条件では維持すべきふりがないため，箱に対する探索行動や魔術的可能性を支持する回答は，想像条件よりも少ないであろう。逆に，利用可能性仮説が正しいのであれば，２つの条件間で差は見られないであろう。実験の結果，行動と主張ともに２つの条件間で有意差は見られず，利用可能性仮説を支持するものであった。

以上のように，想像の現実性判断に見られる想像と現実との境界の揺らぎは，利用可能性仮説に基づいて解釈することが可能であると考えられる。幼児期においては，何かについて想像すると，その想像した事柄の利用可能性が心の中で相対的に高まり，「想像した事柄が現実になるのではないか」という主観的な見込みが増大し，想像と現実との境界が不安定になり，魔術的思考に傾倒し易くなるものと考えられる。

## 3．想像と現実との境界の揺らぎの発生に関連する要因

子どもの想像と現実との境界の揺らぎの発生に関連すると考えられる要因としては，どのようなものが考えられるであろうか。

第１に，魔法の実在を示唆する物語や証拠群の支えが挙げられる。例えば，Subbotsky (1985) は，４，５，６歳児に対して，先ず，玩具の動物を見せ，生きているかどうか，これを本物の動物に変えることは可能かどうかを尋ねた。この時点で，大部分の子どもがそれは不可能であると答えた。次に，実験者は子どもに「魔法のテーブル」についての話を聞かせた。その

テーブルを手に入れた少女は，最初半信半疑であったが，試しにテーブルの上に玩具の動物を置いてみると，突然それが本物の動物のように動き出し，大きくなってテーブルの外を飛び出したという話である。この話を聞かせた数日後，再び実験者は子どもの前に現れ，小さなテーブルを見せて，「これはお話に出てきた魔法のテーブルです」と言い，いくつかの玩具の動物と魔法の杖を渡した。そして，魔法の杖を振って「魔法よ，仕事は終わりだ！」と唱えると，元通りの玩具の動物に戻ると伝え，子どもを部屋の中に１人で残した。その結果，実験者が不在の間，大部分の子どもが魔法のテーブルの上に玩具の動物を置き，魔術的変化が実現するか試した。そして，変化が確認できなかった後でも，「それは魔法の力が足りなかったからだ」「玩具は生命を得たけれど，何らかの理由で大きくならなかった」などと言い，大部分が魔術的変化の可能性を信じる回答をしたことを報告している。

　同様の結果は，Subbotsky（1994）の研究においても示されている。この実験では，４，５，６歳児に，魔法の呪文を唱えると箱のガラス面が透過状になり，手を通すことができる「魔法の箱」と，古い物を新品に変えるという「若返りの水」を与えた。先の実験と同様に，子どもは事前にそのようなことが起こり得るかどうかを尋ねられるが，その時点ではほぼ全員が不可能であると回答した。しかし，魔法の実在を示唆する物語を聞かされ，本物と称する物を提示されると，多くの子どもが前言を覆し，魔法の実在を信じているかのような行為を示した。「魔法の箱」では，子どもは実験者が退室するとすぐに魔法の呪文を唱えてガラス戸に手を通そうとし，実現しないと分かると明らかにがっかりした様子を見せた。「若返りの水」では，古い切手が若返りの水に浸すと新しい切手に変化するという実演を実験者に見せられた後，その水を飲むように要求されると，大部分の子どもが飲むことを拒否した。その若返りの水は，砂糖と水を混ぜて作った砂糖水に過ぎないことを子どもは事前に知っているにもかかわらず，もしかすると本当の若返りの水かもしれないという考えが働き，飲むことを拒否したのである。この結果

は，子どもはたとえ魔法は実在しないことを認識していたとしても，その実在を示唆する物語を読み聞かせられ，その本物らしき証拠群を提示されると，容易に魔術的思考に傾倒してしまうことを示唆している。

第2に，状況に関与する他者の性質が挙げられる。Chandler & Lalonde (1994) の実験では，9〜13歳の子どもを対象に，形を変えると重さも変わる（重くなる）という保存の法則に反する粘土を提示し，その後，事実と反する保存の法則がどの程度保持されるかを調べた。実験では，事象を提示する実演者の属性が操作され，それらは手品師，心理学者，牧師のいずれかを名乗る者であった。実演は3度繰り返され，その都度子どもの言語的反応と行動が観測された。実験の結果，1回目の実演で大部分の子どもは驚きを示し，2回目で82%の子どもが保存の法則を棄却し，3回目で全ての子どもが渋々ながら保存の法則を棄却し，事実と反する保存の法則を受け入れた。そして，7〜10日後に行われた事後テストでは，事実と反する保存の法則がどの程度保持されているかが調べられた。その結果，事実と反する保存の法則が保持されていた割合は，手品師条件では47%であったのに対し，心理学者条件と牧師条件ではそれぞれ71%と73%も確認された。つまり，権威ある立場の人物（心理学者や牧師）が魔術的可能性について主張すると，年長の子どもであってもそれまで保持していた科学的思考を捨て去り，魔術的思考に傾倒してしまうことをこの結果は示唆している。

また，Woolley & Phelps (1994) は，3〜5歳児を対象に，次のような実験を行った。先ず，彼女らは子どもに4つの箱を提示し，そのうちの1つに靴下が入っていると想像させた。残りの3つの箱のうち1つ目は本物の靴下が入っており，2つ目は空っぽ，3つ目は閉じられたままであった。その後，実験者はいったん部屋から退室し，代わりに見知らぬ女性が子どもの前に現れ，次のように言った。「ねえ，ちょっと見て。私，今日靴下を履いてくるのを忘れてしまって，足がすごく冷たいの。ここにある箱のどれかに私が履くことのできる靴下はないかしら？」もしも子どもが箱の中に想像した

第2章　子どもの空想世界とその認識発達　51

事柄が現実になると信じているならば，靴下を想像した箱を女性に差し出すはずである。しかし，実際には大部分の子どもが本物の靴下が入った箱を差し出し，「他にはないかしら？」と尋ねられた後でも，靴下を想像した箱を差し出すことはなかった。この結果に関して Woolley & Phelps は，子どもがその状況を「現実的に振る舞うことが奨励されている」と認識した場合には，非現実的に振る舞うことで自らに不利益が生じるのではないかとの考えが働き，それにより想像と現実とを混同したかのような行為が抑制されると考察している。そして，Subbotsky の研究では，子どもはその状況を「非現実的に振る舞うことが奨励されている」と認識し，現実的に振る舞うことで自らに不利益が生じるのではないかとの考えが働いたため，非現実的な行為（魔法の箱や若返りの水の実在を信じているかのような行為）が多く見られたのではないかと指摘している。これも状況に関与する他者の性質が子どもの実際的行動や言語的回答に影響を及ぼした例であると言えよう。

　第3に，対象となる出来事や存在の感情誘発性が挙げられる。先述したJohnson & Harris（1994）の研究では，恐怖感情を誘発させる怪物ではなく，誘発させないであろう妖精やアイスクリームへと想像する対象を変更して，Harris ら（1991）の実験結果との比較を行った。しかし，実験の結果，両者の間で子どもの行動や主張にほとんど違いは見られず，対象となる存在の感情誘発性は子どもの想像と現実との境界の揺らぎの発生に影響を及ぼすものではないことが示唆された。他方，Samuels & Taylor（1994）の実験では，対象となる出来事の感情誘発性が子どもの空想と現実との区別に影響を及ぼすことが示されている。また，先述の Subbotsky（1985）による，玩具の動物を本物の動物に変える「魔法のテーブル」の実験では，危険性が低い動物であるウサギとリスの人形については，大部分の子どもがテーブルの上に置いて動き始めるかどうかを試したのに対し，危険性が高い動物であるライオンとサイについては，もしも本物の動物になって噛み付かれでもしたらと恐れて，半数以上がテーブルの上に置くことを拒否したことが示されてい

52

る。このように，感情誘発性が子どもの想像と現実との境界の揺らぎの発生に影響を及ぼすことを示唆する結果も報告されており，この点については議論が分かれている。1つの可能性として，影響を及ぼすのは出来事や存在の感情誘発性というよりも，むしろ出来事や存在の感情誘発性によって引き起こされる個人の感情喚起の強さではないか，ということが考えられる。この点については，まだ検討がなされていない。

　最後に，個人内要因として，信じ易さの個人差が魔術的思考の発生に影響を及ぼすことがJohnson & Harris（1994）によって指摘されている。空っぽの箱の中に何らかの事柄を想像し，その後部屋に1人で残されると，想像した事柄が現実に箱の中にいるのではないかと考え，箱の中身を探索することについては先に述べた通りであるが，Johnson & Harrisの研究では，そうした行動－主張パターンが大きく2つに分けられることを明らかにしている。彼らによると，元来現実的で，物理的因果原理を支持するタイプの子どもは，魔術的可能性に対して懐疑的であり，「箱の中は空っぽである」という経験的根拠をもとに箱を探索せず，その後の言語的回答においても「箱の中は空っぽである」と回答する傾向があった。しかし，元来空想的で，物理的因果原理よりも魔術的因果原理を好んで支持するタイプの子どもは，魔術的可能性を信じ易く，「箱の中は空っぽである」という事実を確認した後でも，それが魔術的な力によって覆される可能性を打ち消すことができない。そのため，想像した事柄が現実になるという仮説の検証のために箱を探索し，後の質問においても「もしかしたら箱の中に本当にいるかもしれないと思った」と回答する傾向があった。彼らは，前者を懐疑型（skeptical），後者を軽信型（credulous）と呼び，信じ易さの個人差として特徴づけている。

　以上，子どもの想像と現実との境界の揺らぎの発生に関連すると考えられる要因のいくつかを整理した。しかし，最初の3点に関しては，いずれも想像の現実性判断に焦点を当てて検討したものではない点に注意が必要である。ここで挙げられた魔法の実在を示唆する物語や証拠群の支え，状況に関

第2章　子どもの空想世界とその認識発達　　53

与する他者の性質，そして，対象となる出来事や存在の感情誘発性について
は，今後，想像の現実性判断が求められる場面でも関連が見られるかどうか
を検討する必要があろう。また，子どもの信じ易さの個人差に関しては，行
動－言語パターンをもとに軽信型と懐疑型という2つに大別しているが，想
像的探険遊びのような子どもの日常の姿と照らし合わせて考えてみると，そ
のように単純な分類でよいものかどうかについては疑問が残る。すなわち，
想像の現実性判断を求める場面における子どもの行動－主張パターンは，
もっと多様である可能性が考えられ，この点については今後の課題であると
言えよう。

### 4．まとめと本研究の検討課題

　先行研究の知見は，主に次の3点に整理することができる。
　第1に，子どもは4歳頃までに想像と現実とを区別できるようになる一方
で，想像した事柄が現実になるのではないかという魔術的思考に傾倒し易い
側面も併せ持っていることが示された。第2に，想像と現実との境界の揺ら
ぎの発生メカニズムは，何かを想像すると，想像した事柄の心的な利用可能
性が相対的に高まり，想像と現実との境界の揺らぎが生じ易くなるという利
用可能性仮説によって説明できることが示された。第3に，想像と現実との
境界の揺らぎの発生に関連すると考えられる要因として，魔法の実在を示唆
する物語や証拠群の支え，状況に関与する他者の性質，対象となる出来事や
存在の感情誘発性，そして，信じ易さの個人差という4点が指摘された。
　以上のように，想像と現実との境界の揺らぎの発生とその要因について
は，先行研究においてかなり有益な示唆が得られているが，以下の点で検討
が必要であると考えられる。
　第1に，幼児期における想像と現実との境界の揺らぎの発生については，
我が国でも検討した研究がいくつかあるものの，十分に検討されているとは
言えず，さらなる実証的知見が必要であろう。第2に，想像と現実との境界

の揺らぎの発生に関連すると考えられる状況要因については，これまでにも
いくつか研究があるものの，いずれも想像の現実性判断に関して行われたも
のではなく，検討が必要であろう。第3に，個人内要因として指摘されてい
る信じ易さの個人差についても，子どもの行動－主張パターンに基づく軽信
型と懐疑型の分類のみならず，その行動や主張の多様性に目を向けた研究が
必要であろう。

　従って，本研究では，想像と現実との境界の揺らぎの発生とその要因につ
いて，以上の3点に留意しながら研究を進めていくこととする。

## Ⅲ．空想世界を楽しむ心理の発達

### 1．魔術的可能性に対する好奇心と探究心

　私達は，子どもに限らず大人でさえも，空想と現実との区別についての十
分に発達した認識を獲得した後でも，空想上の出来事や存在にしばしば夢中
になる。虚構に過ぎないと分かっていながらも，それに強い魅力を感じ，好
奇心や探究心を喚起させる。

　Jahoda（1969）は，迷信的思考や習慣は，社会・文化的に遅れた地域の
人々において限定的に見られる現象ではなく，人間一般に共通して見られる
現象であると述べている。そして，幽霊や占い，運勢，占星術，超能力など
魔術的現象は，常に大衆の関心を惹きつけると述べている。Vyse（1997）
は，人々が迷信やジンクス，超能力，超常現象を信じる背景には，「自分で
はどうしようもないことでも，何とかコントロールしたい」「先行き不透明
なことをコントロールしたい」という欲求や願望があると述べている。つま
り，そうした欲求や願望充足の喜びを与えてくれるが故に，迷信的ないし魔
術的思考や習慣はなくなることがないのである。Subbotsky（2010）は，魔
術的現象の魅力の本質は不明確さ（unclear）にあると述べている。魔術的現
象は滅多に観測されず，それが真実かどうかの確かな証拠も持ち得ない。故
に，それは人々にとって変わらず真新しく，好奇心や探究心を喚起させるの

第2章　子どもの空想世界とその認識発達　　55

だという。そして，魔術的可能性を試みる探索は，人々にとって楽しく，強い関心を喚起させると述べている。

　その一方で，魔法を信じる傾向は，発達に伴い減退することが明らかにされている。Rosengren & Hickling（1994）は，4，5歳児を対象に，魔法もしくはトリックでしか起こり得ないような不可能な出来事を見せ，その原因について説明を求めたところ，魔法に言及する割合が4歳から5歳にかけて大きく減少したことを明らかにしている。手品師が使う魔法の真実性に関する質問においても，4歳児では多くがそれを肯定したのに対し，5歳児では半信半疑か否定する者がほとんどであり，魔法を信じる傾向は5歳頃に大きく減退すると結論づけている。Phelps & Woolley（1994）も同様に，4，6，8歳児に現実に不可能な出来事を見せ，その原因を尋ねた。その結果，魔法に言及する割合は8歳児で10%以下に減少することを示している。妖精や魔法使いによる魔法の可能性に関する質問においても，4歳児の多くはそれを肯定したのに対し，8歳児の多くは否定したという。Subbotsky（2004）は，4，6，9歳児と大学生に空っぽの箱を提示して，箱に切手を入れて呪文を唱えると破損していた切手が新品へと変化する様子を見せ，なぜそのような変化が起こったのかについて説明するよう求めた。その結果，4歳児は事前の質問において大部分が魔法の実在性を信じ，実際に呪文による変化を見せられた後でも「その変化は魔法によって起こった」と主張したが，9歳児の大部分は事前の質問で魔法の実在性を否定し，呪文による変化を実際に目にした後でも「その変化はトリックによって起こった」と主張した。以上のように，言語的回答を求めた場合には，子どもの魔術的信念は5，6歳頃までに大きく減退することが示されている。

　しかし，加齢に伴う魔術的信念の減退が示される一方で，魔術的可能性に対する好奇心や探究心に関しては，そうとも言い切れないようである。この点について，Subbotsky（2009）は4，6，9歳児を対象に，次のような実験を行った。子どもは実験者に空っぽの箱を提示され，その中に入れたはず

の切手が，しばらくして開けて見ると消えてなくなっているという体験をした。その後，子どもは実験参加のお礼に実験者から切手を渡され，その時，「箱の中にあったはずの切手がなぜ消えてしまったのか，その謎を探るために今渡した切手を入れて試してみないか」と誘われた。実験では，子どもは2つの条件のうちいずれかに置かれた。1つは，こうした直観に反する不思議な現象をただ体験する条件であり，これを反直観条件と呼んだ。もう1つは，切手を箱の中に入れて閉じた後に，実験者に魔法の杖を渡され，「切手よ，消えろ」と頭の中で念じるように求められる条件であり，これを魔術条件と呼んだ。実験の結果，反直観条件では，リスクを冒してまでも箱の中に切手を入れようと試みる子どもは，いずれの年齢でもほとんど見られなかったのに対し（10〜20％程度），魔術条件ではそうした子どもは多く見られることが分かった（60〜90％程度）。魔術条件の子どもも，事前の質問では大部分が魔法の実在性を否定していたにもかかわらず，箱の中に入れた切手が消えるという実演を見て魔法の関与を示唆されると，リスクを冒してまでも魔術的可能性を試そうとした。この結果は，魔術的可能性は反直観を超えた強力な魅力を有していること，そして，魔術的信念と魔術的可能性に対する好奇心や探究心は本質的に異なることを示唆している。このことは，実験手続きや内容を改変した場合でも，また大人を対象に行われた場合でも確認されている。

　このように近年の研究では，魔術的信念は6歳から8歳の間に減退していくが，魔術的可能性に対する好奇心や探究心はその後も維持され続けることが示されている。このことは，空想と現実とを区別し，空想上の出来事や存在を起こり得ない不可能な出来事や存在として位置づけ，認識するようになった後でも，なぜ年長の子どもや大人は空想上のキャラクターや手品のような魔術的な出来事を楽しむことができるのかという問題に対して，示唆を与える結果であると言えよう。

　魔術的可能性に対する子どもの好奇心や探究心に直接焦点を当てた研究で

第2章　子どもの空想世界とその認識発達　57

はないものの，これと関連する示唆的な研究として加用の研究が挙げられる。加用（1981，1992）は，自由遊び時間中にごっこ遊びをしている子どもに近づき，意図的に「ごっこを真に受ける」行動をし，その反応を観察した。例えば，子どもがお皿に砂を盛って「はい，ハンバーグ」と言って差し出すと，それを「ありがとう」と言って子どもの目の前で実際に食べて見せた。すると，2歳児ではあまり驚きの表情を見せず，時に一緒になって食べようとする行為が見られたのに対し，3歳児になると驚きの表情を見せるようになったことを報告している。さらに加用は，3歳児以降の驚きの内容も細かく分析しており，3歳児では驚いた後，真顔で「おいしい？」と尋ねるなど，その驚きの内実をまだ捉え切れていない様子であったのに対し，4歳児になると「それ食べたら病気になるねんでー！」「はよ出して！」と焦った様子で言うなど，明らかにごっこを真に受けた大人に対して非難を浴びせるようになり，さらに5歳児になると驚いた後に大喜びして，「これも食べー！」と次々持って来たり，「僕も食べれるでー！　なーんてウソ」とおどけるなど，ごっこを真に受けた大人をからかい楽しむといった反応が見られたことを報告している。

　また，加用（1990）は，保育園での日常生活場面に参加し，特定の対象を指さして意図的に間違った命名をして見せた時の子どもの反応を観察した。例えば，子どもと一緒に池の中の金魚を見ながら「ああ，ワンワンだねぇ」と間違った命名をしてみせた。すると，1歳半から2歳頃の子どもは大人の間違った命名に他愛もなくつられ，一緒に「ワンワン」と言い始めたりするが，2歳を過ぎた頃から「いやー」と身をよじるなど明白に嫌がり始め，「違うの！　金魚！」と真面目に訂正するようになったという。さらに，4歳頃になると，例えば，ゾウの絵に対して「ハサミだね」と命名すると，最初は驚いて「違うよ。これはねぇ，ゾウだよ」と真面目に訂正するが，続けて水道を「ズボン」と言ったりすると例外なく笑いだし，面白がり始め，大抵は「じゃあ，これ（椅子など）は何？　おじさん」「これは？」「じゃ，こ

れは？」と次々に近くにあるものを指さして聞き始め，大人の誤命名を誘って喜び始めたことを報告している。

　加用によるこれらの研究結果は，大人による他愛のない冗談を「本気」として真に受ける段階から，それが冗談であると気づき，「遊び」として受け止め楽しむ段階への発達的変化を表していると言えるが，魔術的信念と魔術的可能性に対する好奇心や探究心との関係に照らして考えれば，次のような仮説が想定できると考えられる。すなわち，幼児期に子どもは最初，空想上の存在や魔術的な出来事を信じ込み，現実世界の一部として捉えることによってその不思議さに気づくことができず，楽しむことができない。しかし，加齢に伴いその信じ込みから脱却し，現実とは異なる空想世界の範囲内に空想上の存在や魔術的な出来事を位置づけるようになると，その現実性を疑う一方で，それらが持つ不思議さに対して好奇心や探究心を働かせ，楽しむことができるようになると予想される。しかし，こうした不思議に気づき楽しむことがいつ頃どのように発達するのかに焦点を当てた研究はこれまでなく，今後の検討が必要であろう。

## ２．想像上の恐怖とその制御

　私達の好奇心や探究心は，魔術的可能性だけでなく，何らかの恐怖や不安を感じさせる対象に対しても発揮される。私達は怖いものに危険を感じて，それを避けようとする一方で，「怖い」と知りながらもあえてそれを見たり近づいたりしようとする。これらは「怖いもの見たさ」として知られ，子どもに限らず大人においても広く観察される行為である。

　Dozier（1998）は，恐怖とは人間の本質的な情動であり，人間を危険から遠ざけるために進化した情動であると述べている。人間は恐怖を体験した時，それを記憶するだけでなく，分析し，分類し，解明し，それを和らげようとする。つまり，恐れるもの，怖がるものがあることで，人間は数多くのことを学習する。もちろん，強過ぎる恐怖は有害であり，恐怖ができるだけ

表れないように配慮する必要はあるが，他方で強過ぎるということがなければ，それは危険の警告として役立ち，肉体的または精神的な苦痛を遠ざけるのに役立つと考えられる（Hurlock, 1964; Izard, 1991）。

　子どもの恐怖に関する初期の研究では，子どもが怖がる対象や出来事は幼児期において変化することが示されている。Jersild（1968）によると，子どもは最初，大きな音や騒がしい音，見知らぬ物・人・場所，高い所，急に動かされること，痛みなどに恐怖を感じるが，それらは3歳頃をピークに減少していく。代わりに，想像のもの，空想的なもの，超自然的なもの，暗闇，1人でいることなど，新しく獲得した想像的なものが恐怖の中心になる。また，年齢の変化に関連した恐怖反応で言えば，例えば，ヘビに対する恐怖は2歳までの子どもではほとんど見られないが，3歳から4歳になると表れ始め，ヘビを警戒し，近づいたり触れたりすることを躊躇するようになる。より明白な恐怖反応は4歳以後に現れ，子どもよりも大人の方が恐怖を多く表したという。

　想像上の恐怖は，子どもの現実の生活を時に制限する。例えば，Newson & Newson（1968）は，夜寝る時間になると，ベッドの下に怪物がいるから寝室に行きたくないと主張する5歳児の事例や，地下室に猿が住んでいると想像したため，地下室に行けなくなった4歳児の事例を報告している。また，Samuels & Taylor（1994）は，感情的に中立な，穏やかな日常の出来事を描いた絵を提示した時には，空想と現実との区別を正しく判断できた5歳児が，恐怖感情を喚起するような出来事を提示されると，途端に正しい判断が困難になったことを明らかにしている。提示された出来事が空想か現実かに関係なく，ただそれが想像上の恐怖や苦痛を帯びているというだけで，彼らはそれを「現実には起こり得ない」こととして避けようとした。この結果について，Samuels & Taylor は，安全を求める防衛機制が子どもにおいて働いたのではないかと考察している。同様の結果は，その後の Carrick & Quas（2006）の研究でも繰り返されている。

これらの研究結果から，子どもの恐怖対象は幼児期を通して多様化し，その恐怖対象がたとえ想像や空想上のものであったとしても，子どもは現実と変わらぬ程度の強い恐怖を感じている可能性が示唆された。そして，子どもはその恐怖対象に遭遇した時に起こり得るであろう恐怖や苦痛を想像し，将来の危険を避けるために，それらを現実に起こり得ないこととして誤って判断することも示唆された。このように，想像上の恐怖は子どもの現実生活に時として混乱をもたらすが，それに対していつまでも対処できず，制御不全に陥ったままの状態であるかと言うと，そうではない。

Sayfan & Lagattuta（2009）は，4，5，7歳児を対象に，ある男の子が恐怖を喚起させるような現実の生物（あるいは空想上の生物）に遭遇したという話を聞かせた後，男の子が感じている恐怖の強度とともに，その対処法について述べるように求めた。その結果，「それは優しいお化けなんだと想像する」などの肯定的な想像方略の使用は，5歳頃から見られるようになることを明らかにしている。また，5歳から7歳にかけて，子どもは「それは想像に過ぎないから」という現実性の確信方略を利用して，喚起させた恐怖を減退させる操作も行えるようになることを報告している。さらに，Golomb & Gallasso（1995）は，Harris ら（1991）が行った空箱課題を4，5歳児に実施し，箱の中に恐ろしい怪物を想像させた後，その場で自由遊び時間を設定した。その結果，実験に参加した子どものうちの何人かは，想像上の怪物の歯や口を無くしたり，怪物を自分と仲良しの設定にしたり，怪物に対抗できるように自分を槍や剣を持った戦士に見立てたりするなど，想像を変化させて遊びを続けたことを報告している。

幼児教育・保育の現場でも，怖い絵本を「怖い」と知りながらも，保育者に何度も「もっかい読んで！」とせがみ，怖いものをあえて楽しもうとする子どもの姿が確認されている。例えば，田代（2001）は，絵本『三びきのやぎのがらがらどん』（マーシャ・ブラウン絵・瀬田貞二訳）（福音館書店）を読むたびに，「怖い」と大声で泣き出し，部屋を走り出ていた3歳の女児が，あ

る日，保育園にやって来るなり保育者のところに来て，「がらがらどんが好きになったの。お話なんだよね」と言い，その後は保育園でこの絵本を読んでもらっても泣かなくなったという事例を紹介している。この女児は，泣くほど嫌いだったこの絵本を，家では何度も読みたがり，母親に読んでもらっていたそうであり，ある日急に，「それはお話の出来事であり，現実ではない」ことに気づいたということである。想像上の恐怖を自らの想像世界の中で何度も繰り返し経験することで，それを制御する方法を身に着け，やがてそれ自体を楽しめるようになったという好例であろう。

Bloom（2010）は，人間が怖いものをあえて見たがるのは，それがあくまでも見かけや想像に過ぎず，本物でも現実でもないことを認識できているからだと述べている。虚構の安全性を理解できているが故に，安全な距離で，安全な環境からそれを楽しむことができるのである。しかし，人間は本物ではない対象や出来事に対して「これは本物ではないから安全だ」という信念（belief）を持つ一方で，本物のように見える，あるいは本物だと想像した対象や出来事と対峙すると，その対象や出来事の中に目に見えない本質が宿っているのではないかと考えてしまう心性が働いて，「これはもしかしたら本物ではないか」という偽念（alief）を持つ傾向にある。信念によって安全だと感じる一方で，偽念により言い知れぬ恐怖も感じるのである。『遊びの現象学』を著した西村（1989）の言を借りれば，こうしたいわば「宙づり」状態のハラハラドキドキの心地よさが「怖いもの見たさ」の心理の核心とも考えられる。つまり，「怖いもの見たさ」とは，「お化けは怖いがそれは絵本の絵に過ぎない」「押し入れの中の怪物は怖いがそれは想像に過ぎない」という虚構と現実の区別を認識し，虚構の安全性を理解した上で，「現実ではない」「でも，もしかしたら」と現実性の揺らぎを楽しむ遊びであると捉えることができよう。

以上のように，先行研究では，子どもは5歳頃になると次第に，想像上の恐怖を自らの想像世界の中で思うように変化させたり，想像が心的活動の一

種に過ぎないことを自らに言い聞かせたりすることによって，想像上の恐怖を現実の恐怖とは切り離し，制御できるようになることが示されている。想像上の恐怖を自らの想像世界の中で制御できるようになると，やがて子どもは恐怖対象そのものをあえて見たり，近づこうとしたりするなど，怖いものを楽しめるようになることが予想される。しかし，こうした「怖いもの見たさ」がいつ頃どのように発達するのかに焦点を当てた研究は皆無であり，実証的に検討する必要があろう。

## 3．まとめと本研究の検討課題

　先行研究から示唆された内容は，大きく次の2点にまとめることができる。

　第1に，子どもの魔術的信念は次第に減退していくが，魔術的可能性に対する好奇心や探究心はその後も維持され続けることが示された。第2に，子どもは想像上の対象に恐怖を抱く一方で，発達に従って想像上の恐怖を自らの統制下に置くことでそれ自体を楽しめるようになることが示唆された。

　本研究の検討課題の4点目は，空想世界を楽しむ心理の発達について探ることであった。この点に関して，先行研究から数多くの示唆が得られたが，次の点でさらに検討が必要であると考えられる。

　第1に，魔術的可能性に対する好奇心や探究心は，魔術的信念とは異なり，子どもが空想世界そのものを対象化できるようになるに従って，より明確に発揮されるようになることが予想されるが，この点に注目した研究は皆無である。よって，検討が必要であろう。第2に，想像上の恐怖をあえて楽しむ行為として怖いもの見たさが挙げられるが，その心理の発達を扱った研究もこれまで見当たらない。よって，検討が必要であろう。

　従って，本研究では，空想世界を楽しむ心理の発達について，以上の2点に留意しながら研究を進めていくこととする。

第2章　子どもの空想世界とその認識発達　63

## Ⅳ．子どもの日常生活における空想とその役割

### 1．空想の友達とは

　幼児期の子どもが作り出す空想の代表的な例として，空想の友達（imaginary companion）が挙げられる。空想の友達は，Svendsen（1934）によると，次のように定義される。「それは目に見えない存在であり，ある一定の期間，少なくとも数か月の間，名前を付けられ，他者との会話の中で言及されたり，遊ばれたりする。子どもにとっては現実的であるが，明白な客観的基礎は持たない。それは事物の擬人化や，子ども自身が別の人物になりきるような想像遊びとは異なる種類のものである」（988頁）。

　例えば，Singer & Singer（1990）は，3歳半のジョシーのところに現れたルイーザという名前の空想の友達について紹介している。それによると，家族はルイーザのために，いつも食事時には椅子と場所を用意し，寝る時には子どもの枕の隣に余分な枕を用意した。6か月経ったある雨の日，祖母はジョシーに昼食の用意をしながら「ルイーザもお腹がすいているかしらね？」と尋ねた。するとジョシーは，「知らないの？　ルイーザは大きな水たまりにはまっておぼれちゃったのよ」と答えた。もうルイーザのために椅子や場所を用意する必要はないと考えた祖母は，それらを片付けようとした。すると，ジョシーは泣き出して，「ダメよ！　おばあちゃん。新しいお友達のフロッグマンのために場所を作らないといけないわ。彼は水たまりは怖くないの」と言った。

　このように空想の友達とは，子どもが想像上で作り出す目に見えない架空のキャラクターのことを指す。他にも「imaginary friend」「invisible friend」「想像上の仲間」「想像上の遊び友達」など様々な呼び方があるが，ここでは最も一般的な呼び方である「空想の友達」（imaginary companion）に統一する。

　空想の友達の出現は，かつては思春期・青年期以降の精神病理学的危険の

兆候と考えられてきた側面もあった（Singer & Singer, 1990）。自分の行動や特性の望ましい部分と望ましくない部分とを切り離すという解離の現象が含まれる点で，1人の中に複数の人格が存在する病態である解離性同一性障害との近似が指摘されたためである。しかし，現在ではこうした関連性は否定されている。解離性同一性障害の子どもの中には確かに空想の友達を持つ者もいるが，定型発達の子どもの多くが空想の友達を実在すると信じていないのに対し，解離性同一性障害の子どもの多くはそれを実在すると信じているという点で違いが見られることが分かっている（McLewin & Muller, 2006）。また，青年期以降に精神病理学的な兆候を示した大人の多くは，幼年期に空想の友達を持った経験がなく，解離性同一性障害に関して言えば，それは幼年期の虐待を原因として生じる場合が多いことが報告されている（Lynn & Rhue, 1988）。

　また，空想の友達の出現は，子どもが神や霊魂など異界と交流していることの表れではないかと主張する者もいる（Kubler-Ross, 1981）。しかし，こうした主張は，空想の友達がしばしば子どもの個人的な憧れや願いを反映していることや，子どもが何か失敗や悪いことをして親に叱られそうな時にその身代わり役として現れるなど，子どもにとって極めて都合の良い存在である場合が多いことから否定されている（富田, 2002）。また，視覚や聴覚に障害を持つ者でも，空想の友達を作り出すという事実（Singer & Lenahan, 1976; Singer & Streiner, 1966）もまた，こうした主張を否定する根拠の1つとなるだろう。

　空想の友達の出現率は，質問の仕方によっても異なるが，ぬいぐるみや人形に人格や名前を付与する行為を含めないのであれば，それは10〜30％程度である（Ames & Learned, 1946; Manosevitz, Prentice, & Wilson, 1973; Taylor & Carlson, 1997）。我が国の子どもに関して言えば，10％程度の出現率が確認されている（麻生, 1989；犬塚・佐藤・和田, 1991）。こうした数字を見る限り，空想の友達の出現は，幼児期において比較的一般的な現象であると言っても

第2章　子どもの空想世界とその認識発達　65

よいであろう。出現時期は2歳頃から見られ始め，4歳頃をピークとして，就学前に消失するというケースが一般的であるが，中には児童期以降も持ち続けたというケースも報告されている（富田，2002）。

　以上のように，先行研究では，空想の友達の出現率や出現時期について，数多くの実証的な知見が示されている。しかし，我が国のデータに関して言えば，いずれも大学生を対象とした回想報告に基づくものであり，幼児期の記憶の多くは忘却によって失われることを考えると，今後は幼児期の子どももしくはその親を対象とした研究の実施が望まれよう。

## 2．空想の友達を持つ子どもの特徴

　空想の友達には，それを作り出した子ども自身の憧れや劣等意識がしばしば反映される。例えば，男児が作り出す空想の友達は，誰よりも足が速かったり，怪物の背中にさえ乗れたりするなど，超人的な強さや能力を備えている場合が多い。他方，女児が作り出す空想の友達は，絵が上手に描けなかったり，身の回りの様々なことが1人でできなかったりするなど，教育や世話が必要な存在である場合が多く見られる（Harter & Chao, 1992）。また，女児は男児よりも空想の友達を持ち易いことも指摘されている。Taylor（1999）は，男児は自分以外の他者へのなりきり遊びを好むのに対して，女児はぬいぐるみや人形などを使ったふり遊びを好むというように，遊び内容に性差があることを指摘しており，こうした性差が空想の友達の出現にも関連している可能性が考えられる。

　また，空想の友達を持つ子どもは，第2子以下よりも1人っ子や第1子に多く（Ames & Learned, 1946; Singer & Singer, 1981），きょうだいを持つ場合でもそのきょうだいと遊んで過ごす時間が少なく，年が離れている場合が多いことも報告されている（Manosevitz et al., 1973）。これと関連して，Gleason, Sebanc, & Hartup（2000）は，親は子どもが空想の友達を作り出した理由として，遊び友達の欠如や，家庭内の変化，子どもの出生順位を挙げることが

多いと報告し，Harter & Chao（1992）は，空想の友達を持つ子どもは，教師によってあまり有能でなく，仲間にもあまり受け入れられていないと評価されることが多いと報告している。

　しかし，空想の友達を持つ子どもの全てが，孤独感や自己の弱さの補償を創作理由としてそれを作り出すのかと言えばそうではない。いくつかの研究では，空想の友達を持つ子どもはむしろ社交的であり，空想の友達は子どもにとって仲間付き合いの一種であることが指摘されているし（Partington & Grant, 1984），また，出生順位やきょうだい数との間に有意な関連性が見出されなかった研究や，親の離婚や死別，あるいは家族の成員や友達との遊び時間の欠如との間に有意な関連性が見出されなかった研究もある（Hurlock & Burnstein, 1932）。

　さらに，Manosevitz, Prentice, & Wilson（1973）は，親の報告から，空想の友達を持つ子どもはより幸せそうに見え，より肯定的な態度を示し，大人との話が上手であることを報告している。また，Singer & Singer（1981）は，空想の友達を持つ子どもと持たない子どもに対する1年間の直接観察と親による観察記録の結果から，空想の友達を持つ子どもはそれを持たない子どもよりも，保育園で笑顔が多く，友達や大人と協調的で，たくさんの言葉を話し，家庭でテレビに夢中になることが少ないと報告している。このように先行研究では，空想の友達の適応的側面が数多く報告されている。

　空想の友達を持つことと知的能力との関連で言うと，例えば，初期の研究においてJersild（1947）は，「利口な少年は愚鈍な少年よりも，彼が孤独な子どもであろうとなかろうと，想像上の仲間を持ちやすい」（410頁）と述べている。また，Shaefer（1969）は，高校生を対象とした質問紙調査の結果から，文学（作文や詩作など）の分野で創造性の高い学生はそうでない学生と比べて，空想の友達を持つ者が多いと報告している。他方，いくつかの研究では，言語的知能と空想の友達を持つこととの間に有意な相関は見出されておらず（Manosevitz, Fling, & Prentice, 1977; Singer & Singer, 1981），先のShaefer

第2章　子どもの空想世界とその認識発達　67

のサンプルはニューヨークの比較的学力レベルの高い高校生を対象としていたことから，その結果の一般化には警告が付されている。

　また，空想の友達を持つ子どもはそれを持たない子どもよりも，鮮明な心的イメージを生成し易く，故に，空想と現実とを混同し易いのではないか，という指摘もある。この点について，Taylor, Cartwright, & Carlson（1993）は，4歳児を空想の友達を持つ群と持たない群とに分け，次のような実験を行っている。先ず，子どもに空想の友達の詳細について尋ねた後，子どもに玩具の電話を手渡し，その子を呼んで一緒に遊んで見せてくれるように頼んだ。空想の友達を持たない子どもには，実在する仲良しの子を呼んで遊んでいるというふりをしてくれるように頼んだ。子どもがしばらくふり遊びに従事した後，実験者は子どもに，その友達を実際に見たり触れたりすることはできるか，実験者と共有することはできるか，という質問を行った。その結果，両群の間で回答の差は見られず，空想の友達を持つことと空想と現実との混同との間には関連がないことが示されている。さらに2つ目の実験では，空想と現実との区別能力やふりの能力を測定する様々な課題を実施した。しかし，ここでも空想と現実との区別に関して両群に差は見られず，唯一差が見られたのはふり遊びの水準や豊富さであり，空想の友達を持つ子どもはふり遊びの水準がより高く，シナリオが豊富であることが明らかにされている。

　Bouldin & Pratt（2001）の研究では，4〜7歳児を空想の友達を持つ群と持たない群とに分け，次のような実験を行っている。先ず，実験者は子どもに部屋の片隅に設置されたテントを見せ，中が空っぽであることを確認させた後，「そのテントに似た洞穴に住む怪物についてのお話を作りたいので，どんな怪物がいいか考えて欲しい」と頼み，子どもに怪物の描写をさせた。子どもが描写し終わったところで，実験者はあたかもテントの中に怪物がいるかのように，テントに怪物によく似た影をほんの一瞬だけ映し出した。分析の対象となるデータは，怪物の影を目撃した直後と遅延後の子どもの行動

や回答である。実験の結果，テントに視線を多く向けたり，「テントの中に怪物がいるかも」と主張するなど，空想と現実との混同を示す子どもは，空想の友達を持つ子どもに多く見られるかというと，そうではなかった。空想の友達を持つ子どもとそれを持たない子どもとの間で，空想と現実との混同し易さの程度に違いは見られなかった。このことから，Bouldin & Pratt は，空想と現実との混同し易さは，空想の友達を持つことよりもむしろ子ども個人の信じ易さと関連が深いのではないかと考察している。

　最近では，いじめや不登校など様々な学校不適応行動の増加から，言語能力や論理的思考力のように従来注目されてきた能力よりも，社会的認知能力のように人間が社会の中で健康にたくましく生きていくために必要とされる能力がより注目されている。その1つが「心の理論」(theory of mind) と呼ばれる分野の能力である。そこでは発達初期のふり遊びと心の理論との関連が盛んに論じられ，初期のふり遊びは後の心の理論形成に貢献することが示されている (富田，2002)。また，Taylor & Carlson (1997) は，子どもの空想及びふり遊びと心の理論との関連に関する大規模な調査を行い，両者の間には様々な測度において有意な相関があることを見出している。従って，今後の研究では，社会的認知能力を含めた様々な側面との関連性について，引き続き研究を進めていく必要があろう。

## 3．空想の友達と文化的環境

　子どもが作り出す空想の友達について，親を始めとする周りの大人はどのような態度を示すのであろうか。先述の3歳半のジョシーのもとに現れたルイーザという名前の空想の友達の事例でも分かるように，多くの親は子どもが作り出した空想の友達に対して受容的で肯定的な態度を示すようである。子どもの空想の友達のために，食事時の椅子と場所や就寝時の枕を用意したという事例の他に，車で出掛ける際にシートベルトを締めてやったり，家族の外出時に空想の友達が寂しがらないようにテレビを点けっ放しにしたり，

風呂上りに空想の友達の身体も拭いてやるなど，様々な事例が報告されている（Taylor et al., 1993）。

しかし，子どもの空想の友達に対して，親は常に受容的で肯定的な態度を示すかと言えば，そうではない。親たちの中には，子どもが作り出す空想の友達に対して強い懸念や心配を示し，家庭内での活動に子どもが空想の友達を執拗に持ち込もうとすることに煩わしさを感じると述べる親や，子どもが児童期になってまでも空想の友達との遊びに没頭することに年齢的な不適切さを感じると述べる親，そして，空想の友達を持つことは子どもが空想と現実との違いをあまり理解できていないことの表れではないかと述べる親などもいる（Brooks & Knowles, 1982; Newman & Newman, 1975; Rosengren & Hickling, 1994）。

空想の友達に対する親の態度に関しては，近年，文化的文脈の影響に焦点を当てた研究がいくつか報告されている。中でも，Taylor & Carlson（2000）はインドのヒンドゥー教徒の親とアメリカのキリスト教根本主義者の親による次のような空想の友達に対する解釈を紹介している。例えば，インドでは空想の友達の事例はほとんど報告されないが，それとよく似た現象として子どもによる前世の記憶の事例がしばしば報告されている。インドの親は子どもによる前世の記憶を真実として受け止め，子どもが7歳に達するまでは前世の記憶を鮮明に思い出せるように積極的に手助けする。しかし，子どもが7歳を過ぎてもなお前世の自分と交流している場合には，親はそれまでとは逆に，子どもが過去の自分に執着し過ぎて現在の自分を推し進めていくことを怠るのではないかと心配し，むしろ前世の記憶など存在しないのだと子どもに教えるようになるという。また，アメリカのキリスト教根本主義者の親の中には，空想の友達を悪魔の使いとして解釈し，子どもが空想の友達との遊びを始めた場合には，辞めるように強く促すことが報告されている。そうした親は，空想上の存在が登場する物語でさえも，「真実のかけらもない嘘」として遠ざけようとする。ここで興味深いのは，そうした親の厳格な目をか

いくぐって，それでも子どもは空想の友達を作り出し，それとの遊びを楽しみ続けるということである。これらの研究結果は，空想の友達に対する親の態度において宗教的信念を始めとする文化的文脈が影響を及ぼすことを示唆していると言えよう。

以上のように，先行研究では，子どもの空想の友達に対する親の態度は肯定的なものから否定的なものまで様々であること，そして，そこには子どもが育つ家庭の文化的環境が影響していることが示された。しかし，空想の友達に対する認知度が欧米と比べて低いという我が国の現状を考えると，子どもが作り出す空想の友達や空想世界に対する親の態度はより多様であり，その影響も様々であると考えられる。今後はそれらの点について検討していく必要があろう。

## 4．児童期以降の空想の友達

児童期になると想像的な遊びや活動は目に見えて減少し，その種の想像や空想は個々人の思考の中に沈潜していく（Singer & Singer, 1990）。従って，空想の友達もまた児童期には消失していくと考えられるが，この予測に反して，先行研究では児童期においても空想の友達が見られることがいくつかの研究で報告されている。

犬塚・佐藤・和田（1991）は，大学生を対象に質問紙調査を行った結果，空想の友達を持ったことがあると回答した者の割合は10%であり，出現時期で最も多かったのは5～6歳頃と10歳頃であったことを報告している。そして，そのうち31%は，大学生になった現在でも空想の友達を持ち続けていると回答したことを報告している。また，空想の友達に関するレポートを大学生に提出させ，それを分析した麻生（1989, 1991）の研究では，空想の友達を持ったことがあると回答した者の割合は17%であり，その全てが児童期以降の体験について回答したことを報告している。これらはいずれも大学生による回想報告に頼った研究であるため，幼児期における空想の友達体験に関

しては忘却によって回答されなかった可能性が高いが，少なくとも児童期以降であっても空想の友達を持つ子どもが存在することを示す結果として興味深い。

　また，Seiffge-Krenke（1993）は，12～17歳の中高生を対象に日記習慣を尋ねたところ，日記を書く習慣を持っていた者は39%であり，そのうち約半数の日記において，空想の友達の出現が確認されたことを報告している。彼によると，空想の友達が最もよく現れたのは14～15歳であり，その後それは次第に人間味のない描写になり，最終的にはもはや熱意を持って書かれなくなっていったという。日記内容の分析結果によると，空想の友達は書き手が何らかの出来事を体験した後にしばしば現れ，書き手が質問や意見を求めると，空想の友達は彼や彼女のライフ・スタイルや哲学や習慣を批評した。日記の記載のうち70%は自分と他人との関係がメインテーマとなっており，日記を書き始めた動機もまた，人間関係について話せる信頼できる友達がいないことが多く挙げられた。結論的には，Seiffge-Krenke は，空想の友達は青年期における親密な友達の欠如を補償し，児童期・青年期から成人期に至るまでの親密な友達関係の発達に貢献すると述べている。また，空想の友達を持つ青年は，確かに親密な友達の欠如感は持っているが，現実的問題として周りに友達や親身になってくれる人物がいないわけではなく，十分な社会的相互交渉を行えていることを報告している。

　また，日記の中に空想の友達を作り出す傾向は，男子よりも女子において多く見られる。Seiffge-Krenke のデータにおいて日記をつけていた者は男子12%に対し，女子62%とかなりの差があり，このうち，日記の中で空想の友達を作り出していた者は男子が3分の1に対し，女子は半分であった。こうした性差は，彼ら自身の友達関係の捉え方や築き方の違いが反映されたものと考えられる。すなわち，女子は男子よりも早くから同性の友達に親密さを感じるようになり，友達関係の型に関しても二者関係を好み，第三者を含む関係へと広げることをあまり好まないこと，女子は男子よりも親密な友達

について報告する人数が少ないことが指摘されている。また，女子は友達関係の情緒的な要素を重視するのに対し，男子はそれをあまり重視せず，トラブルに陥ったときに助けるというように，友達関係の道具的な要素をより重視する傾向にある。このように，青年期において女子は親密さや，一対一での語り合い，情緒的な関係をより求める傾向にあり，青年期の空想の友達には，そうした彼や彼女らの特徴が反映されていると考えられる。

　その他に，児童期以降になると，子どもの中には複数の仲の良いきょうだいあるいは友達と一緒に，「準宇宙」（paracosm）と呼ばれる空想の王国や世界を作り出すことが知られている。Silvey & Mackeith（1988）は，ラジオや新聞広告の呼びかけに応えて調査に協力してくれた57名（子ども3名，大人54名）のうち74％が，7歳から12歳の間に準宇宙を創作したことがあると回答したことを報告している。例えば，ある女性は8歳の時，弟と一緒に「ミナトゥリアン」という少数民族のレースを空想し，自分たちで雑誌を作った。また，11歳の時には仲の良い女友達と一緒に，「インスラ」と「プロスペリト」という島国を空想し，独裁主義の島国「ウリリア」との戦いを17歳になるまで創作し続けたという。このように，準宇宙は空想の友達とは異なり，しばしば仲の良いきょうだいや友達との共同作業によって作り出される。そのシナリオは複雑であり，しばしば絵や文章によってまとめられる点が特徴として挙げられよう。

　以上のように，先行研究から，児童期以降の空想の友達は幼児期のそれとは質的に異なり，児童期特有の欲求や満足を充足させてくれる存在であることが示唆される。しかし，児童期の子どもを直接に調査対象とした研究は，最近のいくつかの研究（Taylor, Carlson, Maring, Gerow, & Charley, 2004; Taylor, Hulette, & Dishion, 2010）を除いてほとんど見当たらず，どのような子どもが児童期に空想の友達を持つのかという問題について直接検討した研究も見当たらない。これらの点は今後の課題であると言えよう。

## 5．まとめと本研究の課題

　先行研究の知見は，主に次の4点に整理することができる。

　第1に，空想の友達を持つ子どもは10～30%程度存在し，2歳頃から見られ始め，4歳頃にピークを迎えるなど，幼児期に一般的な現象であると言える。第2に，空想の友達は孤独で人付き合いの苦手な子ども，あるいは空想と現実とを混同しがちな子どもによって作り出されるとかつては考えられてきたが，現在では，むしろ社交的で社会的認知能力の高い子どもに多く見られる現象であることが明らかにされている。第3に，空想の友達に対する親の態度は様々であり，宗教的信念を始めとする文化的文脈が影響を及ぼすことが示唆されている。第4に，空想の友達は児童期以降も作り出されるが，その場合，その創作動機や特徴は幼児期のそれとは質的に異なることが示されている。

　以上のように，子どもの日常生活で見られる空想の実態については，空想の友達に関する研究を中心としてかなり有益な示唆が得られているが，以下の点で検討が必要であると考えられる。

　第1に，空想の友達に関する我が国の研究は，大学生の回想報告を基に検討した研究こそいくつか見られるものの，幼児期の子どもを対象に検討した研究はほとんど見当たらない。空想の友達の出現率や出現時期，その特徴に関しては，我が国独自の研究が行われる必要があろう。第2に，子どもが育つ家庭の文化的環境が子どもの空想の友達や空想世界にどのような影響を及ぼすのか，それとも及ぼさないのかについても十分に検討されていない。第3に，児童期以降の空想の友達の実態についても検討は不十分である。

　従って，本研究では，子どもの日常生活における空想とその役割について，以上の3点に留意しながら研究を進めていくこととする。

## 第3節　本研究の目的と内容構成

### I．本研究の問題設定と目的

　第1章で述べたように，幼児期において遊びの充実を図ることは喫緊の課題であり，幼児教育・保育の現場において行われている想像的探険遊びはその点において重要な遊びと位置づけることができる。本研究の主要な目的は，幼児期における空想世界に対する認識の発達について明らかにし，それにより，想像的探険遊びを始めとする幼児教育・保育実践の発展に貢献し得る実証的知見の提供と理論的提言を行うことである。具体的には，検討課題として次の4点を設定した。

　①空想と現実との区別の認識の発達を探る。

　②想像と現実との境界の揺らぎの発生とその要因を探る。

　③空想世界を楽しむ心理の発達を探る。

　④子どもの日常生活における空想とその役割を探る。

　以下では，これらの検討課題に基づいて本研究の問題設定と目的の詳細を述べる。

　第1に，空想と現実との区別の認識の発達を探る必要性についてである。想像的探険遊びにおいて，子どもは保育者によって提示された空想上の存在に対して，疑いと信じ込みという2つの態度を経験するが，そうした態度の基盤となる空想と現実との区別について，どのような認識を持ち，その認識は発達的にどのように変化するのであろうか。第2節では，絵本の中の空想上の出来事や，サンタクロースのような文化的な慣習や行事と結びついた空想上の存在などを取り上げながら，空想と現実との区別の認識の発達について，先行研究を概観し整理してきた。そこから，空想と現実との基本的な区別は5歳頃までに獲得され，文化的な空想上の存在に関しては6歳から8歳

にかけて徐々に実在性が否定されるようになることを論じた。しかし，先行研究の多くは判断の対象となる出来事や存在及びそれらに対する認識を，空想か現実か，あるいは実在か非実在かという二項対立で捉えており，その多様性や質的な深まりについて十分考慮したものではなかった。従って，本研究では，以上の点に留意しながら，空想と現実との区別の認識の発達について検討することを第1の目的とする。

　第2に，想像と現実との境界の揺らぎの発生とその要因を探る必要性についてである。想像的探険遊びにおいて，子どもは空想上の存在に対して疑いと信じ込みという2つの態度間の揺らぎを経験するが，幼児教育・保育の現場において広く報告されるこうした揺らぎについて，実証的な観点からはどのような解釈や評価が可能であろうか。第2節では，子どもの想像の現実性判断に見られる想像と現実との境界の揺らぎの発生とその要因について，先行研究を概観し整理してきた。そこから，想像と現実との区別は4歳頃までに行えるようになるものの，想像した事柄が現実になるのではないかという魔術的思考に傾倒し易い側面も併せ持っており，その発生には様々な状況要因や個人内要因が関与していることを論じた。しかし，先行研究で検討されている状況要因は，想像の現実性判断に焦点を当てたものではなく，また，個人内要因に関しても，行動と主張との関係の多様性に焦点を当てたものではなかった。加えて，我が国において想像と現実との境界の揺らぎに関する実証的な知見は十分に蓄積されているとは言い難い。従って，本研究では，以上の点に留意しながら，想像と現実との境界の揺らぎの発生とその要因について検討することを第2の目的とする。

　第3に，空想世界を楽しむ心理の発達を探る必要性についてである。想像的探険遊びにおいて，子どもは過剰解釈と仮説の拡大を繰り返し行い，それによって遊び自体が動機づけられ，探索や探究を展開していくが，空想と現実とを区別するようになる一方で，魔術的可能性や想像上の恐怖に喜びや楽しさを感じるという矛盾をどのように理解したらよいであろうか。第2節で

は，魔術的可能性に対する好奇心や探究心，及び想像上の恐怖とその制御について，先行研究を概観し整理してきた。そこから，魔術的可能性に対する好奇心や探究心は空想と現実との区別が可能になった後でも維持され続け，想像上の恐怖についても自らの想像世界の中で制御することで，現実の世界でも制御できるようになることを論じた。しかし，先行研究では，魔術的可能性や想像上の恐怖を空想世界を楽しむ心理という視点から捉えた研究はなく，検討が必要である。従って，本研究では，以上の点に留意しながら，空想世界を楽しむ心理の発達について検討することを第3の目的とする。

　第4に，子どもの日常生活における空想とその役割を探る必要性についてである。想像的探険遊びに限らず，子どもは日常生活において様々な空想世界を独自に作り出し，楽しむ行為を繰り返していると予想されるが，実際のところ，そうした行為は子ども達の間でどの程度見られ，そうして作り出された空想世界は発達においてどのような役割を果たし得るのであろうか。第2節では，空想の友達という幼児期に特有の現象を取り上げ，その定義や出現率及び出現時期，特徴，文化的環境との関連，児童期以降の発達の様相などについて，先行研究を概観し整理してきた。そこから，空想の友達は幼児期に一般的に見られる現象であり，その出現は発達上のリスクの兆候ではなく，むしろ社会的認知能力への貢献などが指摘されることを論じた。しかし，先行研究の多くは欧米の子どもが対象であり，文化の異なる我が国の子どもにおいても同様の結果が得られるかどうかは定かではない。また，親を始めとする文化的環境の違いは，子どもの空想世界の成り立ちにどのような影響を及ぼすのか，さらには児童期以降の発達はどのようなものであるのかについても検討が不十分である。従って，本研究では，以上の点に留意しながら，子どもの日常生活における空想とその役割について検討することを第4の目的とする。

　以上のように，本研究ではこれら4つの問題設定と目的をもとに進めていくこととする。具体的には，以下のような構成と内容に沿って研究を進め

第2章　子どもの空想世界とその認識発達　77

る。

## Ⅱ．本研究の内容構成

　第3章から第6章の構成を**図2-3-1**に示し，内容を**表2-3-1**に整理した。以下，これに沿って各章各節の特徴について述べる。

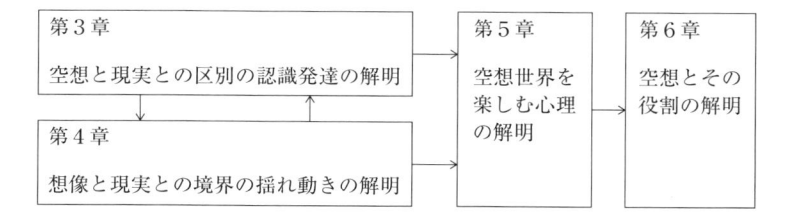

**図2-3-1．本研究の構成**

**表2-3-1．本研究の各章各節の対象，方法及び内容**

|  |  | 対象 | 人数 | 方法 | 調査の題材 |
|---|---|---|---|---|---|
| **【第3章】** |  |  |  |  |  |
| 第1節 | 調査1 | 3，4，5歳児 | 89名 | 実験法 | 空想上の出来事 |
| 第2節 | 調査2 | 3，4，5歳児 | 68名 | 調査的面接法 | 空想的な将来の夢 |
| 第3節 | 調査3 | 4，6，8歳児 | 91名 | 調査的面接法 | 空想上の存在 |
|  | 調査4 | 4，6，8歳児の親 | 91名 | 質問紙法 | 空想上の存在 |
| 第4節 | 調査5 | 3，4，5歳児 | 62名 | 調査的面接法 | サンタクロース |
|  | 調査6 | 3，4，5歳児 | 83名 | 調査的面接法 | サンタクロース |
|  | 調査7 | 4，5歳児 | 56名 | 調査的面接法 | サンタクロース |
| **【第4章】** |  |  |  |  |  |
| 第1節 | 調査8 | 4歳児 | 48名 | 実験法 | 箱の中の想像物 |
|  |  | 4歳児 | 16名 | 実験法 | 箱の中の想像物 |
| 第2節 | 調査9 | 4歳児 | 48名 | 実験法 | 箱の中の想像物 |
| **【第5章】** |  |  |  |  |  |
| 第1節 | 調査10 | 3，4，5歳児 | 96名 | 実験法 | 手品の不思議 |
| 第2節 | 調査11 | 3，4，5歳児 | 92名 | 実験法 | 怖いもの見たさ |
| **【第6章】** |  |  |  |  |  |
| 第1節 | 調査12 | 2〜6歳児の親 | 302名 | 質問紙法 | 空想の友達 |
| 第2節 | 調査13 | 2〜6歳児の親 | 91名 | 質問紙法 | 空想の友達 |
| 第3節 | 調査14 | 10〜12歳児 | 334名 | 質問紙法 | 空想の友達 |

第3章では，幼児期における空想と現実との区別の認識の発達過程の解明を目的とする。第1節（調査1）では，3～5歳児89名を対象に，絵本の中の様々な空想上の出来事と現実の出来事を提示し，それらが現実に起こり得るかどうかの判断を求めることにより，空想と現実との基本的な区別の認識の発達について検討する。第2節（調査2）では，3～5歳児68名を対象に，「将来の夢」に関する一連の質問を行い，空想と現実との基本的な区別の認識の発達と併せて，不可能と思える出来事が可能な出来事へと変化するという夢の実現可能性をどのように考えているかについて検討する。第3節（調査3，4）では，4，6，8歳児91名とその親91名を対象に，サンタクロースやテレビ・キャラクターなど4種類の社会・文化的に広く浸透した空想上の存在について，出会い経験の有無，本物と偽物との区別，経験可能性などについて尋ねることにより，本物と偽物，実在と非実在という2つの認識がどのように発達するのかについて検討する。第4節（調査5～7）では，3～5歳児201名を対象に，社会・文化的な慣習や行事によって子どもが接する機会の多い空想上の存在であるサンタクロースを取り上げ，その実在世界に対する認識の様相について検討する。調査方法は，実験法や調査的面接法，質問紙法であり，調査時期は，調査1が2004年6～7月，調査2が2001年10月及び2002年2月，調査3，4が1995年6～7月，調査5が2001年12月，調査6が2002年12月，調査7が2003年12月である。調査場所は，調査3，4の新潟県を除いて，全て山口県であった。

　第4章では，幼児期における想像の現実性判断に見られる想像と現実との境界の揺らぎの解明を目的とする。第1節（調査8）では，4歳児64名を対象に，空っぽの箱の中に恐ろしい怪物を想像するように求めた後，子どもを部屋に1人で残し，その間の行動とその後の質問に対する回答を分析し，想像と現実との境界の揺らぎの様相について検討する。併せて，状況の迫真性，実在性認識，感情喚起との関連についても検討する。第2節（調査9）では，4歳児を対象に，先ず，絵本の中の空想上の出来事と現実の出来事の

第2章　子どもの空想世界とその認識発達　79

現実性について判断を求め，それをもとに子どもを4つの認識型に分類する。次に，空っぽの箱の中に可愛らしいネズミを想像するように求める空箱課題を実施し，4つの認識型と想像と現実との境界の揺らぎとの関連について検討する。調査方法はともに実験法であり，調査時期は，調査8が1998年11～12月，調査9が2000年11～12月である。調査場所は，ともに広島県であった。

　第5章では，幼児期における空想世界を楽しむ心理の発達の解明を目的とする。第1節（調査10）では，3～5歳児を対象に，手品の実演を提示し，鑑賞中の顔の表情と探索行動の分析を通して，不思議を楽しむ心理の発達過程について検討する。併せて，空想と現実との区別の認識発達との関連についても検討する。第2節（調査11）では，3～5歳児を対象に，怖いカードと怖くないカードを伏せた状態で提示し，どちらか一方だけ見るように求める怖いカード選択課題を実施し，その分析を通して怖いもの見たさの心理の発達過程について検討する。併せて，虚構と現実との区別の認識発達との関連についても検討する。調査方法はともに実験法であり，調査時期は，調査10が2004年6～7月及び12月，調査11が2012年11月及び2013年2月である。調査場所は，調査10が山口県，調査11が岡山県であった。

　第6章では，子どもの日常生活における空想とその役割の解明を目的とする。第1節（調査12）では，子どもの親302名を対象に，空想の友達，事物の擬人化，なりきり遊びの出現状況と特徴などを尋ね，幼児期における空想の友達とその周辺現象の実態について検討する。第2節（調査13）では，子どもの親91名を対象に，空想の友達に対する親の態度について検討するとともに，空想の友達を持つことと親の態度や支援との関連についても検討する。第3節（調査14）では，10～12歳児334名を対象に，児童期における空想の友達の出現状況と特徴，及び空想の友達を持つ子どもの個人的特徴について検討する。調査方法はいずれも質問紙法であり，調査時期は，調査12が2000年11月及び2001年10～11月，調査13が2010年6月，調査14が2011年11～12月で

ある。調査場所は，調査12が広島県と山口県，調査13と14が岡山県であっ
た。

　最後に，第7章では，これら大きく4つの研究成果についての総括的な考
察を行うとともに，想像的探険遊びを中心に幼児教育・保育実践への提言を
行う。

　なお，以下の本文中の対象児の年齢は全て，平均年齢ではなく，例えば年
長児ならば5歳児というように，その対象児が所属する年齢クラスで記述し
た。また，全ての調査及び実験の統計処理には，STATISTICA（Version
03J）と js-STAR を使用した。

# 第3章　空想と現実との区別の認識の発達

**概　要**

　本章では，幼児期における空想と現実との区別の認識の発達について明らかにした。

　第1節では，絵本の中の出来事に焦点を当てた。3〜5歳児を対象に絵本の中の様々な空想上の出来事と現実の出来事を提示し，その現実性についての判断を求めた。それにより，空想と現実との基本的な区別の認識の発達について明らかにした。

　第2節では，子どもの「将来の夢」に見られる空想的な夢に焦点を当てた。3〜5歳児を対象に「将来の夢」に関する一連の質問を行い，それにより，空想と現実との区別，及び夢の実現可能性に関する認識の発達について明らかにした。

　第3節では，社会・文化的に広く浸透している空想上の存在に焦点を当てた。4，6，8歳児とその親を対象にサンタクロース，お化け，オーレンジャー，セーラームーンの4種類の空想上の存在についての一連の質問を行った。それにより，本物と偽物，実在と非実在という2つの認識の発達について明らかにした。

　第4節では，先に取り上げた空想上の存在の中でも，文化的な慣習や行事と最も関連の深いサンタクロースに焦点を当てた。3〜5歳児を対象にその実在世界に対する認識を探る一連の質問を行い，それにより，幼児期におけるサンタクロースの実在世界の多様性とその認識発達について明らかにした。

## 第1節　絵本の中の出来事に対する認識の発達

### I. 空想と現実との基本的な区別

　本節では，幼児期における空想と現実との基本的な区別の認識の発達について明らかにすることを目的とする。

　先行研究において，Taylor & Howell (1973) は，3，4，5歳児78名に絵本の中の現実の出来事と空想上の出来事の絵を提示し，それらは現実に起こり得ると思うかどうかを尋ねた。その結果，現実の出来事を「現実に起こり得る」，空想上の出来事を「現実に起こり得ない」と正しく判断できる子どもの割合は，3歳から5歳にかけて12%から77%へと大きく増加したことを明らかにした。同様の結果は，その後の研究でも繰り返されており (Corriveau, Kim, Schwalen, & Harris, 2009; Morison & Gardner, 1978; Sharon & Woolley, 2004)，子どもは5歳頃までに空想と現実との基本的な区別の認識を獲得することが示唆されている。

　しかし，これらの研究では，絵本の中の出来事を大きく空想的か現実的かのいずれかに分類しているが，実際には，それらはさらに細かく分類することができる。例えば，空想上の出来事であれば，動物が人間と同じように服を着ていたり言葉を話したりする場面（擬人的動物），実在しない架空の生き物が登場する場面（架空生物），人間とよく似た人物が魔法の力で変身したり浮遊したりする場面（魔術的人物）などが挙げられる。また，現実の出来事に関しても，ごく普通の人間がごく普通に生活している場面（普通の人間），ごく普通の動物がごく普通に生活している場面（普通の動物）などが挙げられる。このように空想上の出来事あるいは現実の出来事と言っても，その内容は実に多様に想定できる。

　先行研究でも，幼児期における空想と現実との区別は，対象となる場面や

第3章　空想と現実との区別の認識の発達　　83

存在の内容（例：感情誘発性，親和性）に依存する傾向があることが指摘されており（Samuels & Taylor, 1994; Shtulman & Carey, 2007），幼児期の子どもが空想と現実とをどのように区別し認識しているのかについてより深い知見を得るためにも，この点について検討しておくことは重要であろう。

　そこで本節では，絵本に描かれている出来事の中から，空想上の出来事として①擬人的動物，②架空生物，③魔術的人物，現実の出来事として④普通の人間，⑤普通の動物を取り上げ，それぞれの出来事について現実に起こり得ると思うかどうかを尋ねる。それによって，幼児期における空想と現実との基本的な区別の認識の発達について，その詳細を明らかにする。

## Ⅱ．方法

### 1．対象児

　山口市の幼稚園に在籍する3歳児24名（男児13名，女児11名，平均年齢：3歳7か月，年齢範囲：3歳3か月から4歳2か月），4歳児31名（男児17名，女児14名，平均年齢：4歳7か月，年齢範囲：4歳3か月から5歳2か月），5歳児34名（男児16名，女児18名，平均年齢：5歳6か月，年齢範囲：5歳3か月から6歳2か月）を対象とした。

### 2．材料

　絵本の中の出来事の絵20枚を材料とした。20枚の絵は，表3-1-1に示すように，①擬人的動物，②架空生物，③魔術的人物，④普通の人間，⑤普通の動物という5種類各4枚で構成された。空想上の出来事12枚，現実の出来事8枚であった。

### 3．手続き

　実験者は，事前に何度か幼稚園を訪問し，対象児と親和的関係を形成した後，幼稚園の応接室で個別に面接を行った。

## 表3-1-1. 材料として使用した絵本の中の出来事

| 空想上の出来事 | 現実の出来事 |
|---|---|
| **擬人的動物** | **普通の人間** |
| ブタが服を着て生活している | 台所で親子が話をしている |
| ゾウが服を着て船に乗っている | 子どもが服を着替えている |
| ウサギが人間のように食事をしている | 子どもが海辺で遊んでいる |
| クマがバケツを持って水を汲んでいる | 子どもと老人が話をしている |
| **架空生物** | **普通の動物** |
| 怪獣が子どもと遊んでいる | アヒルとイヌが庭にいる |
| 子ども部屋に恐竜がいる | ロバが草を食べている |
| 森の中にドラゴンがいる | スズメが池のほとりに集まっている |
| 池のほとりに蛙と妖精がいる | アリが道端を這っている |
| **魔術的人物** | |
| 人間が空を飛んでいる | |
| 人間を乗せた船が空を飛んでいる | |
| 少年のベッドが空を飛んでいる | |
| バスが宇宙を飛んでいる | |

　実験者は，対象児に，今から絵本の中の絵をいくつか見せること，絵本の中の絵には現実世界で本当に起こることと，夢の中や絵本の世界でしか起こらないことがあること，そして，そのことについて今から判断して欲しいことを伝えた。実験者は，対象児の目の前に，○と×のカードを提示して，「本当に起こること」と思ったら○，「夢の中や絵本の世界でしか起こらないこと」と思ったら×を指差すように求めた。実験内容が理解できたかどうかを確かめるために，実験前に2回ほど練習試行を行った。練習試行で○×カードへの指差しが正しく行えることを確認した後，本試行となる調査を行った。

　調査では，20枚の絵を無作為な順序で提示した。対象児の回答については，あらかじめ間違っても問題がないことを伝えておき，その回答が正しくても間違っていても実験者は同様の反応をした。また，回答の正誤にかかわらず，その判断の理由を尋ねた（「どうしてそう思ったの？」）。ただし，理由の

第 3 章　空想と現実との区別の認識の発達　　85

質問については，20枚の絵全てに要求することは対象児の負担が大きいと考えられたため，全てではなく数回無作為に求めるにとどめた。

## Ⅲ．結果

### 1．空想と現実との区別の認識

　20枚の絵に対する子どもの現実性判断を得点化した。現実の出来事に対して「現実に起こり得る」，空想上の出来事に対して「現実に起こり得ない」と判断した場合に正答として１点を与えた。そして，逆の判断を行った場合または「分からない」と回答した場合に誤答として０点を与えた。**図3-1-1**は，その結果を年齢，場面（空想，現実），種類（擬人的動物，架空生物，魔術的人物，普通の人間，普通の動物）別に示したものである。

　空想と現実との区別の発達的変化について統計的に検討するために，種類ごとに０から４点の範囲の平均得点を算出し，３（年齢）× 2（場面）の分散分析を行った。その結果，年齢の主効果が有意であった（$F_{(2, 83)} = 13.18$, $p < .001$）。下位検定（Tukey の HSD 検定，以下同じ）を行った結果，３歳児

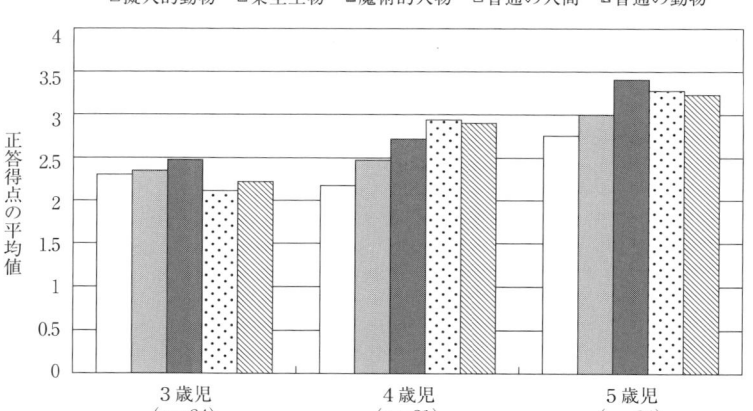

図3-1-1．年齢別及び種類別の正答得点の平均値

（空想 $M = 2.41$，現実 $M = 2.17$）や4歳児（空想 $M = 2.52$，現実 $M = 2.88$）と比較して，5歳児（空想 $M = 3.26$，現実 $M = 3.21$）の平均得点は有意に高いことが示された（$p < .001$）。

## 2．種類別の認識の差異

　空想上の出来事と現実の出来事とで種類によって認識が異なるかどうかを調べるために，空想上の出来事について3（年齢）×3（種類：擬人的動物，架空生物，魔術的人物）の分散分析を行った。その結果，年齢の主効果（$F(2, 83) = 4.16$, $p < .05$）と種類の主効果（$F(2, 166) = 6.23$, $p < .01$）が有意であった。種類の主効果について下位検定を行った結果，擬人的動物（$M = 2.51$）は魔術的人物（$M = 2.95$）よりも得点が有意に低かった（$p < .001$; 架空生物，$M = 2.74$）。以上から，同じ空想上の出来事でも，擬人的動物はより「現実に起こり得る」と判断され，魔術的人物はより「現実に起こり得ない」と判断されていることが分かった。これは異種である動物よりも，同種である人間の方が，子どもにとってより身近で，正しい推論を導き易かったためと考えられる。

　続けて，現実の出来事について3（年齢）×2（種類：普通の人間，普通の動物）の分散分析を行った。その結果，年齢の主効果（$F(2, 83) = 6.45$, $p < .01$）が有意であった。しかし，種類の主効果は見られず，普通の人間（$M = 2.74$）と普通の動物（$M = 2.77$）との間に判断の差異は見られなかった。

## 3．個別の絵に対する判断の傾向

　20枚の絵それぞれに対する子どもの判断の傾向について年齢比較を行った。**表3-1-2**は各絵に対する空想／現実判断の割合を示したものである。なお，「分からない」という回答の割合は「誤答」に含めた。

　20枚の絵それぞれに3（年齢）×2（判断）の $\chi^2$ 検定を行った。その結果，擬人的動物では「ブタ」の絵（$\chi^2(2) = 7.51$, $p < .05$），架空生物では「恐

第3章　空想と現実との区別の認識の発達　　87

### 表3-1-2.　各絵に対する空想／現実判断の出現率

| | | | 3歳 | 4歳 | 5歳 | | | | 3歳 | 4歳 | 5歳 |
|---|---|---|---|---|---|---|---|---|---|---|---|
| 擬人的動物 | ブタ | 空想 | 42 | 55 | 76 | 普通の人間 | 台所 | 空想 | 50 | 26 | 21 |
| | | 現実 | 58 | 45 | 24 | | | 現実 | 50 | 74 | 79 |
| | ゾウ | 空想 | 63 | 61 | 82 | | 着替え | 空想 | 38 | 29 | 21 |
| | | 現実 | 38 | 39 | 18 | | | 現実 | 63 | 71 | 79 |
| | ウサギ | 空想 | 63 | 48 | 68 | | 浜辺 | 空想 | 50 | 16 | 12 |
| | | 現実 | 38 | 52 | 32 | | | 現実 | 50 | 84 | 88 |
| | クマ | 空想 | 63 | 52 | 71 | | 老人 | 空想 | 54 | 35 | 24 |
| | | 現実 | 38 | 48 | 29 | | | 現実 | 46 | 65 | 76 |
| 架空生物 | 怪獣 | 空想 | 75 | 65 | 79 | 普通の動物 | アヒル | 空想 | 33 | 45 | 38 |
| | | 現実 | 25 | 35 | 21 | | | 現実 | 67 | 55 | 62 |
| | 恐竜 | 空想 | 50 | 65 | 79 | | ロバ | 空想 | 42 | 23 | 15 |
| | | 現実 | 50 | 35 | 18 | | | 現実 | 58 | 77 | 85 |
| | ドラゴン | 空想 | 63 | 61 | 82 | | スズメ | 空想 | 50 | 19 | 24 |
| | | 現実 | 38 | 39 | 18 | | | 現実 | 50 | 81 | 76 |
| | 妖精 | 空想 | 46 | 55 | 76 | | アリ | 空想 | 54 | 23 | 12 |
| | | 現実 | 54 | 45 | 24 | | | 現実 | 46 | 77 | 88 |
| 魔術的人物 | 人間 | 空想 | 67 | 65 | 85 | | | | | | |
| | | 現実 | 33 | 35 | 15 | | | | | | |
| | 船 | 空想 | 58 | 71 | 88 | | | | | | |
| | | 現実 | 42 | 29 | 12 | | | | | | |
| | ベッド | 空想 | 67 | 71 | 91 | | | | | | |
| | | 現実 | 29 | 29 | 9 | | | | | | |
| | バス | 空想 | 50 | 65 | 85 | | | | | | |
| | | 現実 | 50 | 35 | 15 | | | | | | |

注：数値は％を示す。

竜」と「妖精」の絵（$\chi^2(2)=6.88$, $p<.05$; $\chi^2(2)=6.21$, $p<.05$），魔術的人物では「船」「ベッド」「バス」の絵（$\chi^2(2)=6.81$, $p<.05$; $\chi^2(2)=5.35$, $p<.10$; $\chi^2(2)=8.48$, $p<.05$），普通の人間では「台所」「浜辺」「老人」の絵（$\chi^2(2)=6.22$, $p<.05$; $\chi^2(2)=12.87$, $p<.01$; $\chi^2(2)=5.73$, $p<.10$），普通の動物では「ロバ」「スズメ」「アリ」の絵（$\chi^2(2)=5.61$, $p<.10$; $\chi^2(2)=7.00$, $p<.05$; $\chi^2(2)=13.30$, $p<.01$）でそれぞれ有意差または有意傾向が確認された。この結果

は，空想上の出来事の場合，3歳から5歳にかけて「現実」判断が減少し，「空想」判断が増加したこと，現実の出来事の場合，3歳から5歳にかけて「空想」判断が減少し，「現実」判断が増加したことを意味している。空想上の出来事で有意差または有意傾向が確認できた絵の数は，「魔術的人物（3枚）＞架空生物（2枚）＞擬人的動物（1枚）」であった。この結果は，先述の種類別の認識の差異の分析において種類別の平均値の大小が「魔術的人物（$M=2.95$）＞架空生物（$M=2.74$）＞擬人的動物（$M=2.51$）」であったことを支持する結果であると言えよう。

## 4．判断の理由づけ

　判断の理由づけは，方法で述べたように，子どもの課題負担を考慮して，20回の判断機会の全てではなく無作為に数回求めただけであった。従って，得られた結果については統計的処理を行わず，単に子どもによる判断の理由づけの大まかな特徴を把握するためにのみ扱うこととした。

　全体的な特徴として，子どもは提示された出来事の現実性を否定した時よりも肯定した時の方が，より理由づけが困難なようであった。彼らの多くは現実性を肯定した時，次のいずれかの反応を示した。①黙り込む，②提示された出来事の様子を叙述する（例：「ウサギがご飯を食べている」），③自分が持っている知識や情報の中から似たものを取り出して，そのことを述べる（例：「ハリー・ポッターみたい」）。このことは，空想上の出来事の現実性を肯定した時に顕著であり，現実の出来事の現実性を肯定した時には，④自分自身の経験と照らし合わせて推量する（例：「自分も公園でお山を作るから」「見たことがあるから」）という反応が見られた。その一方で，空想上の出来事の現実性を否定した時には，次のような反応が見られた。⑤場面の非現実性を指摘する（例：「ブタは人間の格好をしない」「ドラゴンは映画の中にしかいない」），⑥自らの知識や経験を基に，現実性を否定する（例：「バスは飛ばない。道路を走る」「人間が飛ぶところを見たことがない」），⑦否定的感情を喚起させて拒否

第3章　空想と現実との区別の認識の発達　89

的な反応を示す（例：「恐い。本当にいたらどうしよう」「怪獣がいたら家が壊れるからダメ」）。

　判断の理由づけに関して，Samuels & Taylor（1994）の研究では，①説明できず，②知識・経験（例：「今まで見たことがないから」），③空想／現実（例：「怪物は現実ではない」），④感情（例：「ワニは人にかみつくので好きじゃないから」），⑤夢（例：「それは単なる夢だから」），⑥その他（例：「ママがそう言っていた」）の6つの反応が確認されている。本調査でも概ね同様の反応が確認されたと言えよう。

## Ⅳ. 考察

　本節では，幼児期における空想と現実との基本的な区別の認識の発達について明らかにするために，3～5歳児を対象に実験を行った。具体的には，絵本の中の空想上の出来事と現実の出来事のそれぞれについて，現実に起こり得ると思うかどうかを尋ねることによって検討した。

　その結果，幼児期の初めに曖昧で不安定であった空想と現実との区別の認識は，幼児期の終わりまでに安定的になり，空想上の出来事を現実とは異なる非現実的な出来事として区別し認識できるようになることが明らかにされた。本節で示された3歳児59％，4歳児61％，5歳児81％という正答率は，先行研究の結果とほぼ同様であり（例えば，Taylor & Howell（1973）の研究では，正答率は3歳児12％，4歳児43％，5歳児77％が示されている），空想と現実との基本的な区別の認識の発達は，空想上の出来事を現実の出来事と同様に現実世界の一部として捉えて認識する段階から，空想上の出来事を現実の出来事とは切り離し，異なる世界の一部として捉えて認識する段階へと，4歳から5歳にかけて発達的に変化することが改めて確認された。

　また，空想上の出来事の種類によって子どもの認識には違いがあることが示された。空想上の出来事の中でも，「現実に起こり得る」と判断される割合が最も高かったのは，擬人的動物であり，次いで架空生物，魔術的人物と

いう順であった。擬人的動物に関しては，動物はペットや家畜として人間と長く親密な関係にあり，それゆえに人間と同様の心性が付与されていることを期待するためであると考えられる。これに対して，架空生物は子どもの身近な生活から遠い場所に位置し，見たり触れたりした経験もないことから，より現実性が低く感じられたものと考えられる。魔術的人物に関しては，見かけは普通の人間と同じであるという点で子どもの身近な生活から最も近い場所に位置しているにもかかわらず，現実に存在しないという判断が最も多く見られた。この点については，見かけの類似から自らと同化させて考えた時，魔術的な力を持つという相違点がより焦点化され，それ故に現実性が低く感じられたものと推測される。

　いずれにしても，こうした回答パターンが全ての年齢群に共通して見出されたことは興味深い点である。このことは空想と現実との基本的な区別の認識が共通の基盤に基づいて発達していることを示唆する結果であると言えよう。


〈付記〉
本節の主要部分は，富田・原（2006）として公刊されている。


# 第2節　空想的な将来の夢に対する認識の発達


## Ⅰ．空想的な将来の夢の実現可能性

　本節では，子どもの将来の夢に見られる空想的な夢に焦点を当て，そこで見られる空想と現実との区別の認識，及び不可能な出来事に対する実現可能性の認識の発達について明らかにすることを目的とする。

　子どもの「将来の夢」に関しては，これまで社会の変化と比較した社会学的な調査研究はいくつか存在してきたものの（第一生命保険相互会社，1994：

大井，1994：渡部，2002），子どもの認知発達や人格発達に焦点を当てた発達心理学的な研究はほぼ皆無であった。そうした中で，子どもの「将来の夢」を親ではなく子ども自身に尋ね，その認識を探った森（1994）の研究は重要である。

　森の研究1では，3〜5歳児123名に対して「大人になったら何になりたい？」「本当になれると思う？」「どうしてなれないと思うの？」などの質問を行った。その結果，テレビの登場人物や動植物など不可能な夢を挙げる子どもは3，4歳児に多く，5歳児ではほとんど見られないこと，また，不可能な夢を挙げた3，4歳児のほとんどが「本当になれる」と考えていることを明らかにした。また，研究2では，セーラームーンになりたいと考えている女の子に関する話を子どもに聞かせ，実際になれると思うかどうかを尋ねた。その結果，「なれる」という回答は加齢に伴い減少したものの，「なれない」と答えた5歳児でさえも，「（女の子は）人間だから」「（セーラームーンは）実在しないから」というように虚構性を理由に挙げた者はほとんどおらず，多くは「変身できないから」「道具がないから」というように，変身に必要な条件が整っていないことを理由に挙げた。

　このことから，子どもは幼児期の終わりまでに空想と現実との基本的な区別は行えるようになるものの，空想的な夢は彼らにとって必ずしも実現不可能な夢ではなく，何らかの条件さえ整えば実現可能な夢になり得ると考えている可能性がうかがえる。つまり，幼児期において子どもは空想上の出来事を不可能な出来事として位置づけ，概念化していく一方で，空想上の出来事を可能な出来事の一部として位置づけ，概念化していく道筋も同時に考慮するようになる可能性が考えられる。

　そこで本節では，森（1994）の研究に新たに質問を加えて，子どもはどのような条件が整えば，またどのような条件を満たす者ならば，実現不可能と思われる夢も実現可能になると考えているのか，すなわち，夢を実現させるための条件についての彼らの認識を探る。それによって，幼児期の「将来の

夢」に見られる空想と現実との区別の認識の発達について明らかにする。

## Ⅱ．方法

### 1．対象児

山口市と防府市の幼稚園に在籍する3歳児23名，4歳児24名，5歳児29名を対象とした。このうち3歳児3名と5歳児5名は，将来の夢を答えることができなかったため分析から除外した。従って，最終的に3歳児20名（男児7名，女児13名，平均年齢：4歳2か月），4歳児24名（男児15名，女児9名，平均年齢：5歳1か月），5歳児24名（男児10名，女児14名，平均年齢：6歳2か月），計68名を分析の対象とした。

### 2．手続きと質問項目

幼稚園の一室を借りて，個別に面接調査を行った。調査者は対象児と親和的関係を形成した後，以下の順で質問を行った。調査時間は1人につき約5〜10分であった。

質問1：「大人になったら何になりたいと思っているかな？」。質問2：「どうしてそれになりたいと思うの？」。質問3：「どうやったらなれると思う？」。質問4：「それは他の人でもなれると思うかな？　なれるとしたらどんな人がなれる？」。質問5：「他になりたいものはあるかな？」。質問6：「大人になったら魔女になりたいって言っている子がいるんだけど，なれると思う？　どうやったらなれると思う？（どうしてなれないと思うの？）」。

なお，質問6は，質問1で「不可能な夢」を挙げず，「可能な夢」を挙げた者に対してのみ行った。

## Ⅲ．結果

### 1．空想的な夢と現実的な夢との区別

子どもは「将来の夢」をどのように思い描いているのだろうか。「大人に

なったら何になりたいと思っているかな？」（質問1）の回答結果は，現実に
なり得る「現実的な夢」と現実になり得ない「空想的な夢」とに分類でき
た。現実的な夢には「お花屋さん」「野球選手」「幼稚園の先生」などの職業
や，「お母さん」などの大人になってからの名称，「モーニング娘。」など芸
能人などが含まれ，空想的な夢には「ウルトラマン」「仮面ライダー」「セー
ラームーン」などのテレビキャラクター，「イヌ」「バナナ」などの動植物，
その他に「空をすべる人」「お菓子を集めて食べる人」など非現実的な職種
が含まれた。中でも動植物と非現実的な職種は3歳児においてのみ見られ
た。**表3-2-1**は各回答の年齢別及び男女別の出現度数と具体的内容を示した

**表3-2-1.「将来の夢」の年齢別及び性別の各カテゴリーの人数と具体的内容**

| 年齢 | 性別 | 分類 | 人数 | 具体的内容 |
|---|---|---|---|---|
| 3歳児<br>（$n=20$） | 男児<br>（$n=7$） | 空想的 | 6 | ウルトラマン（2），仮面ライダー（1），空ですべる人（1），お菓子を集めて食べる人（1），バナナ（1） |
| | | 現実的 | 1 | 魚屋さん（1） |
| | 女児<br>（$n=13$） | 空想的 | 7 | セーラームーン（2），おジャ魔女どれみ（1），とっとこハム太郎（1），犬夜叉のかごめ（1），イヌ（1），ネコ（1） |
| | | 現実的 | 6 | お花屋さん（1），看護婦さん（1），歯医者さん（1），パン屋さん（1），料理人（1），モーニング娘。（1） |
| 4歳児<br>（$n=24$） | 男児<br>（$n=15$） | 空想的 | 12 | ガオレンジャー（5），仮面ライダー（3），ワンピースのルフィ（1），遊戯王（1），とっとこハム太郎（1），アンパンマン（1） |
| | | 現実的 | 3 | 救急士さん（1），ラーメン屋さん（1），ボクサー（1） |
| | 女児<br>（$n=9$） | 空想的 | 3 | おジャ魔女どれみ（1），キティちゃん（1），ドラミちゃん（1） |
| | | 現実的 | 6 | ケーキ屋さん（2），看護婦さん（1），お花屋さん（1），お菓子屋さん（1），お母さん（1） |
| 5歳児<br>（$n=24$） | 男児<br>（$n=10$） | 空想的 | 3 | ガオレンジャー（3） |
| | | 現実的 | 7 | 野球選手（2），工事屋さん（1），新幹線の運転手（1），パン屋さん（1），空手の先生（1），お父さん（1） |
| | 女児<br>（$n=14$） | 空想的 | 3 | おジャ魔女どれみ（3） |
| | | 現実的 | 11 | 幼稚園の先生（4），ケーキ屋さん（3），看護婦さん（1），花屋さん（1），本屋さん（1），美容師さん（1） |

注：具体的内容の（　）内の数値は人数を示す。

94

ものである。

　年齢差を調べるために2（空想的／現実的）×3（年齢）の$\chi^2$検定を行った
ところ，有意差が示された（$\chi^2(2) = 9.30, p < .01$）。残差分析（5％水準）の結
果，3，4歳児は5歳児よりも空想的な夢を挙げることが多いことが分かっ
た。また，男女差についても2（空想的／現実的）×2（性別）の$\chi^2$検定を
行ったところ，有意差が示された（$\chi^2(1) = 5.90, p < .05$）。残差分析（5％水
準）の結果，男児は女児よりも空想的な夢を挙げることが多いことが分かっ
た。

　「他になりたいものはあるかな？」（質問5）の回答結果は，「空想的な夢」
「現実的な夢」「なし」の3つに分類できた。この質問は，質問1で答えた夢
の領域（空想的／現実的）が偶発的なものであるか固定的なものであるかを調
べるためのものである。**表3-2-2**は各回答の出現度数を質問1で語られた夢
の領域別に示したものである。2（第1の夢）×3（第2の夢）の$\chi^2$検定を
行ったところ，有意差が示された（$\chi^2(2) = 17.33, p < .01$）。残差分析（5％水
準）の結果，2度の質問機会で同一の領域の夢を回答した者が有意に多いこ
とが分かった。また，最初に現実的な夢を挙げながら第2の夢では空想的な
夢を挙げた者が1名見られたが，この1名も「なれないけど，もしなれるん
だったら魔女になりたい」というように，不可能であることを理解した上で
の回答であった。このことから，第2の夢以下を尋ねたとしても「将来の
夢」の領域に変化はないことが明らかにされた。

　「大人になったら魔女になりたいって言っている子がいるんだけど，なれ

表3-2-2.　第1の夢と第2の夢との関連に関する各カテゴリーの人数

| | | 第2の夢 | | |
|---|---|---|---|---|
| | | 空想的な夢 | 現実的な夢 | なし |
| 第1の夢 | 空想的な夢（$n = 34$） | 12（35） | 3（9） | 19（56） |
| | 現実的な夢（$n = 34$） | 1（3） | 15（44） | 18（53） |

注：（　）内の数値は％を示す。

ると思う？」（質問6）の回答結果は，「なれる」「なれない」「分からない」
の3つに分類できた。この質問は，将来の夢として「現実的な夢」を挙げた
子どもにおける，空想的な夢についての考えを調べるためのものであった。
**図3-2-1**は各回答の出現度数を年齢別に示したものである。図には，質問1
での「空想的な夢」出現度数も併記した。

　図に示すように，「なれない」回答は3，4歳児で各0名であったのに対
して，5歳児では13名と多く見られた。このことから，3，4歳児は「現実
的な夢」を挙げた場合でも「空想的な夢」をなり得ると考えているのに対し
て，5歳児はなり得ないと考えているというように，年齢による違いが明ら
かにされた。

　「どうやったらなれると思う？」（質問3）の回答結果については，「なれ
る」と答えた13名のうち7名が回答し，「魔法使いの練習をすれば」「呪文を
唱えたら」「空を飛んだら」「猫になったら」「テレビで見たから」などと回
答した。残りの6名は無回答であった。「どうしてなれないか」について
は，「なれない」と答えた5歳児13名中7名が回答し，そのうち5名は「空

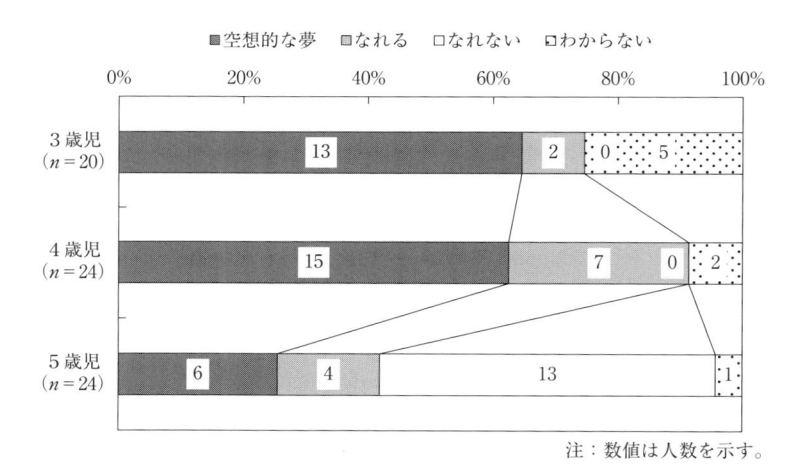

注：数値は人数を示す。

**図3-2-1．空想的な夢と「魔女になれる」発言の出現頻度の年齢別比較**

を飛べないから」「魔法が使えないから」「小さい頃からなっていなかったから」「小さいから，練習しても空から落っこちちゃうと思う」など，魔女や魔法の力の実在性に言及することなく回答し，残りの2名は「テレビだったらなれるけど，テレビじゃないから」「人間が空を飛べるわけがないから」などとそれらの実在性に言及して回答した。残りの6名は無回答であった。このことから，5歳児も必ずしも「実在しないから」という理由で「なれない」と信じているわけではないことが示唆された。

## 2．夢の理由

　子どもはどのような理由から将来の夢を思い描き，それになりたがっているのであろうか。「どうしてそれになりたいと思うの？」（質問2）の回答結果は，次の4つに分類できた。①外見・性格…「カッコイイから」「強いから」「優しいから」など対象の外見や典型的な性格を指摘した場合。②知識・技能…「悪い奴をやっつけられるから」「パンがいっぱい作れるから（パン屋さんになりたいと回答）」「小さい子の面倒とかみられるから（幼稚園の先生になりたいと回答）」など対象が持つ知識や技能を指摘した場合。③その他…「好きだから」「なりたいから」など，その他の回答。④無回答…「わからない」などの回答を含む。**表3-2-3**は各回答の出現度数を年齢別，夢の領域別に示したものである。

表3-2-3．夢の理由の年齢別及び夢の領域別の各カテゴリーの人数

| | 年　齢 | | | 夢の領域 | |
|---|---|---|---|---|---|
| | 3歳児<br>($n=20$) | 4歳児<br>($n=24$) | 5歳児<br>($n=24$) | 空想的<br>($n=34$) | 現実的<br>($n=34$) |
| 外見・性格 | 4（20） | 6（25） | 5（21） | 13（38） | 2（6） |
| 知識・技能 | 2（10） | 2（8） | 9（38） | 3（9） | 10（29） |
| その他 | 9（45） | 6（25） | 4（17） | 9（26） | 10（29） |
| わからない | 5（25） | 10（42） | 6（25） | 9（26） | 12（35） |

注：（　）内の数値は％を示す。

第3章　空想と現実との区別の認識の発達　97

　年齢差に関して 3 （年齢）× 4 （回答カテゴリー）の $\chi^2$ 検定を行ったところ，有意傾向が示された（$\chi^2(6) = 11.36, p < .10$）。残差分析（5 ％水準）の結果，5 歳児は 3，4 歳児よりも「知識・技能」が多いことが分かった（$p < .01$）。また，夢の領域の違いに関して 2 （夢の領域）× 4 （回答カテゴリー）の $\chi^2$ 検定を行ったところ，有意差が示された（$\chi^2(4) = 14.88, p < .01$）。残差分析（5 ％水準）の結果，空想的な夢では「外見・性格」が多く，現実的な夢では「知識・技能」が多いことが分かった。

### 3．夢実現の条件

　「どうやったらなれると思う？」（質問 3 ）の回答結果は，次の 4 つに分類できた。①成長…「大きくなったら」「ご飯をいっぱい食べたら」など成長を挙げた場合。②行為…「魔法を使ったら」「変身ポーズをしたら」「ガオ・アクセスすれば」など特定の行為を挙げた場合。③努力…「練習すれば」「いっぱい勉強すれば」など継続的な努力を挙げた場合。④無回答…「わからない」などの回答を含む。**表3-2-4**は各回答の出現度数を年齢別，夢の領域別に示したものである。

　年齢差に関して $\chi^2$ 検定を行ったところ，有意傾向が示された（$\chi^2(6) = 10.84, p < .10$）。残差分析（5 ％水準）の結果，5 歳児では「努力」を挙げる者が多く，「成長」を挙げる者が少ないことが分かった。また，夢の領域の違いに関して 2 （夢の領域）× 4 （回答カテゴリー）の $\chi^2$ 検定を行ったところ，有意差が示された（$\chi^2(3) = 8.30, p < .05$）。残差分析（5 ％水準）の結果，「行為」は現実的な夢よりも空想的な夢において多いことが分かった。このことから，夢の実現に必要な条件として，子どもは主に「成長」「行為」「努力」の 3 つを考えているが，このうち「成長」は 3，4 歳児に多く，「努力」は 5 歳児に多く見られることが示唆された。また，「行為」は空想的な夢の実現に深く関わると考えられていることが示された。

　「それは他の人でもなれると思うかな？　なれるとしたらどんな人がなれ

表3-2-4. 夢実現の条件の年齢別及び夢の領域別の各カテゴリーの人数

| | 年　齢 | | | 夢の領域 | |
| --- | --- | --- | --- | --- | --- |
| | 3歳児<br>($n=20$) | 4歳児<br>($n=24$) | 5歳児<br>($n=24$) | 空想的<br>($n=34$) | 現実的<br>($n=34$) |
| 成長 | 5 (25) | 6 (25) | 2 ( 8) | 6 (18) | 7 (21) |
| 行為 | 6 (30) | 3 (13) | 4 (17) | 11 (32) | 2 ( 6) |
| 努力 | 2 (10) | 0 ( 0) | 5 (21) | 2 ( 6) | 5 (15) |
| 無回答 | 7 (35) | 15 (63) | 13 (54) | 15 (44) | 20 (59) |

注：（　）内の数値は％を示す。

る？」（質問4）の回答結果は，次の5つに分類できた。①無条件でなれる…
「なれる」と回答した後，「誰でもなれる」と言うか，もしくは特にどんな人
がなれるかを挙げなかった場合。②条件付きでなれる－親密…「なれる」と
回答した後，「男（女）だったら」「○○君（ちゃん）だったら」など同性や
身近な友達など親密な相手を挙げた場合。③条件付きでなれる－非親密…
「なれる」と回答した後，「勉強する人なら」「優しい人なら」など親密さで
はなく資質や能力で相手を選んだ場合。④なれない…「なれない」と回答し
た場合。⑤無回答…「わからない」などの回答を含む。**表3-2-5**は各回答の
出現度数を年齢別，夢の領域別に示したものである。

　セルごとの度数が少ないため，「条件付きでなれる」の「親密」と「非親
密」とを合わせて4カテゴリーにし，年齢差に関して3（年齢）×4（回答
カテゴリー）の$\chi^2$検定を行った。その結果，有意差が示された（$\chi^2(6)=13.05$,
$p<.05$）。残差分析（5％水準）の結果，3歳児は4，5歳児よりも「無条件
でなれる」が多く，「条件付きでなれる」が少ないことが分かった。また，
「条件付きでなれる」に関して，3，4歳児では全てが「親密」を挙げたの
に対して，5歳児では「非親密」を挙げる者が多く見られた。夢の領域によ
る違いに関しても$\chi^2$検定を行ったところ，有意差が見られた（$\chi^2(3)=8.31$,
$p<.05$）。残差分析（5％水準）の結果，「条件付きでなれる」は空想的な夢で
多く，現実的な夢で少ないことが分かった。このことから，夢を実現できる

第3章　空想と現実との区別の認識の発達　　99

表3-2-5.　夢を実現できる人物の年齢別及び夢の領域別の各カテゴリーの人数

| | 年　　齢 | | | 夢の領域 | |
| | 3歳児<br>($n=20$) | 4歳児<br>($n=24$) | 5歳児<br>($n=24$) | 空想的<br>($n=34$) | 現実的<br>($n=34$) |
|---|---|---|---|---|---|
| 無条件でなれる | 13（65） | 4（17） | 8（33） | 10（29） | 15（44） |
| 条件付きでなれる－親密 | 3（15） | 10（42） | 3（13） | 12（35） | 4（12） |
| 条件付きでなれる－非親密 | 0（ 0） | 0（ 0） | 8（33） | 0（ 0） | 8（24） |
| なれない | 2（10） | 5（21） | 3（13） | 8（24） | 2（ 6） |
| 無回答 | 2（10） | 5（21） | 2（ 8） | 4（12） | 5（15） |

注：（　）内の数値は％を示す。

人物として，3歳児は特に条件を設けていないが，4，5歳児になると何らかの条件を設けるようになり，その条件も4歳児は同性や身近な友達というように親密な相手を挙げることが多いのに対して，5歳児では親密さよりも資質や能力を挙げることが多いことが示された。

## Ⅳ．考察

　本節では，幼児期の「将来の夢」を通して空想と現実との区別の認識，及び不可能な出来事に対する実現可能性の認識の発達について明らかにするために，3～5歳児を対象に面接調査を行った。具体的には，将来の夢とその実現可能性，夢の理由，夢実現の条件などについて尋ねることによって検討した。以下では，空想と現実との区別の認識の発達，不可能な出来事に対する実現可能性の認識の発達という2点について順に考察を行う。

　先ず，空想と現実との区別の認識の発達に関して，本節の結果，「将来の夢」として空想的な夢を挙げる者の割合は，3，4歳児では多く見られたのに対し，5歳児では大きく減少し，逆に現実的な夢を挙げる者が大きく増加した。この結果に対して，幼児は偶然最初に空想的な夢を挙げたに過ぎないという可能性も考えられるが，質問5の回答結果はこの可能性を退けるものであった。最初に空想的な夢を挙げた子どもは，第2の夢を求められた場合

でもやはり空想的な夢を挙げる傾向があった。また，空想的な夢を可能な夢と考えている者は5歳児において潜在的により多く存在するのではないかという可能性に関しては，質問6の結果，5歳児においてそのような者は少なく，3，4歳児と5歳児との違いをより際立たせる結果となった。これらの結果から，空想的な夢を可能な夢として考えているかどうかに関して3，4歳児と5歳児とでは大きな違いがあり，この時期に空想と現実との境界を徐々に確立し，強固なものにしていくことが示唆された。その一方で，「魔女になれない」理由について尋ねられた時，その根拠として実在性に言及した者は5歳児でもほとんど見られなかった。こうした結果は，森（1994）の結果とも一致するものであった。

　次に，不可能な出来事に対する実現可能性の認識の発達に関して，本節の結果，夢実現の条件として，3，4歳児では単に「大きくなれば」「ご飯を食べれば」など成長を挙げる者が比較的多かったのに対して，5歳児では「練習すれば」「いっぱい勉強すれば」など日々の努力を条件に挙げる者が多く見られた。これは外見的変化にとらわれ易かった子どもが，年齢が上がるに従って経験の積み重ねによる内面的変化に目を向けるようになるためと考えられる。また，夢を実現できる人物について尋ねた場合も，3歳児の多くは「誰でも」というように無条件であったのに対し，4歳児では「男（あるいは女）でないとダメ」「○○君（ちゃん）でないとダメ」など夢を実現できる人物に条件を加えるようになり，さらに5歳児では，同性や身近な友達など単に親密な相手を挙げるのではなく，スポーツ選手であれば「身体の大きい人」，幼稚園教諭や看護師であれば「たくさん勉強する人」というように，個人の資質や能力に注目した回答をするようになることが示された。これらの結果から，3歳から5歳にかけて，子どもは空想と現実との境界線を明確にしていくとともに，不可能に思える出来事を可能にするためにはどうしたらよいかといった夢実現の条件についての自らの考えを洗練化させていくことが示唆された。

先行研究では，子どもは幼児期を通して次第に魔法を信じなくなること（Rosengren & Hickling, 1994; Phelps & Woolley, 1994）が示されている一方で，その可能性について完全に捨て去ったわけではないなど，表面的には矛盾するかに見える子どもの姿が確認されている。例えば，Woolley, Phelps, Davis, & Mandell（1999）では，子どもは加齢に伴い願いごとの概念を洗練化させ，願いごとの効力に対して懐疑的になる一方で，本物の魔法の力を借りれば不可能に思える願いごとも可能になると信じていることが示されている。Woolley ら（1999）によるこれらの結果は，本節の結果について考える上で示唆を与えるものであり，子どもは不可能な出来事と可能な出来事とを区別し，それらを空想か現実かという基準に沿って分類することが可能になっていく一方で，可能の限界を超える条件についても考えを洗練させていくことが示唆された。しかし，この点については本節の結果だけでは十分でなく，今後もさらなる検討が必要であろう。

〈付記〉
本節の主要部分は，富田（2004）として公刊されている。

## 第3節　空想上の存在に対する認識の発達

### I.「本物／偽物」と「実在／非実在」

本節では，サンタクロースやお化けといった文化的な慣習や行事と深く関わりのある空想上の存在と，セーラームーンやオーレンジャーといった現代メディアによる情報伝達と深く関わりのある空想上の存在とを取り上げ，それらに対する幼児期・児童期の認識とその発達的変化について明らかにすることを目的とする。

空想上の存在に対する認識の発達に関しては，先行研究において，幼児期

の実在を強く信じる段階から，児童期以降，特に8歳頃の実在に対して疑いの目を向け，それを否定するようになる段階へと発達的に変化することが示されている。例えば，Prentice, Manosevitz, & Hubbs（1978）の研究では，サンタクロースの実在を信じる子どもの割合は，4歳児の85％から8歳児の25％へと大きく減少することが示されており，同様にBlair, McKee, & Jernigan（1980）の研究でも，4歳児の93％から8歳児の22％へと大きく減少することが示されている。

　しかし，これらの研究は，空想上の存在に対する子どもの認識を，実在を信じているか否かという視点でのみ検討している点に問題を指摘することができる。日常生活における子どもと空想上の存在との関わりに目を向けると，それらは私達の社会・文化の中で作り出された想像上の産物であり，実際にはどこにも存在しないにもかかわらず，子どもの目の前にはしばしばそれとよく似た見かけを持った存在（扮装物）が現れ，子どもを楽しませたり怖がらせたりする。幼い子どもにとって，それは現に目の前に存在しているという事実によって，実在を信じる立場に疑いの余地はない。しかし，年齢を重ねるに従って，超自然的な力を持つ極めて希少なその存在が，いとも容易く自分の目の前に存在しているという事実そのものに疑いの目を向けるようになり，それが実は「本物」ではなく，本物に見かけをよく似せた「偽物」である可能性を疑い始め，それについて吟味するようになる。とは言え，恐らくこの段階ではまだ，実在を信じるという立場自体は揺らいでいない。なぜなら，その疑いの目は，目の前で経験した見せかけの出来事に対して向けられたものであって，空想上の存在そのものに向けられたものではないからである。やがて子どもが確かな客観性と合理性を獲得するようになると，実在すると言われながらも未だ経験したことのないそれらの存在に対する疑いは頂点を迎え，次第に実在を信じる立場から実在を信じない立場へと変化させていくものと思われる。これらはあくまでも仮説に過ぎないが，空想上の存在に対する子どもの認識の発達をより深く理解するためには，「実

在を信じているか否か」という視点でのみ検討するのではなく，「経験した存在を本物と判断するか否か」という視点も含めて検討することが重要であると考えられる。

　そこで本節では，4歳から8歳の子どもを対象に，単に従来からの「実在／非実在」という認識の視点のみならず，「本物／偽物」という認識の視点も取り入れて，空想上の存在に対する子どもの認識の発達について検討することを目的とする。

## Ⅱ．空想上の存在に対する子どもの認識

### 1．文化的な空想上の存在

　ここでは，幼児期・児童期における空想上の存在に対する認識の発達について検討する。空想上の存在にはサンタクロース，お化け，オーレンジャー，セーラームーンの4種類を取り上げる。サンタクロースとお化けは，私達の社会・文化に深く浸透した空想上の存在であり，子どもにとっても馴染み深いこと，そして，セーラームーンとオーレンジャーは，調査実施当時，子どもに最も人気の高いテレビキャラクターであったことから，これらを尋ねる題材として選択した。

　また，質問内容と方法は，杉村・原野・吉本・北川（1994）を参考に，子どもに「実在すると思うか？」と実在性の信念を直接的に尋ねるのではなく，「会ったことがあるか？」と経験の有無について尋ね，子どもが過去に経験した事柄と将来経験するかもしれない事柄を軸に，質問を進めていくこととする。具体的には，子どもが空想上の存在との出会いを経験していた場合には，それが本物か偽物かについての判断を求め，その理由についても尋ねる。出会いを経験していなかった場合にも，将来的な経験可能性とその理由について尋ねる。

　こうして得られた言語的回答を基に，空想上の存在に対する子どもの認識を「本物／偽物」と「実在／非実在」という2つの視点から分析し，考察を

加える。


## 2. 方法

### (1) 対象児

上越市の幼稚園及び小学校に在籍する4歳児30名（男児16名，女児14名，平均年齢：4歳7か月），6歳児（1年生）32名（男児12名，女児20名，平均年齢：6歳7か月），8歳児（3年生）29名（男児15名，女児14名，平均年齢：8歳7か月）を対象とした。

### (2) 手続き

4歳児と6歳児に関しては，個別面接調査を行った。調査者は対象児と親和的関係を形成した後，サンタクロース，お化け，オーレンジャー，セーラームーンのそれぞれについて，以下のような質問を行った。調査時間は1人につき約10分であった。

先ず，対象児に「今までにX（空想上の存在）に会ったことはある？」と尋ね，「ある」と答えた対象児には「それは本物だった？」と尋ねた。次に，「本物だった」と答えた対象児には「どうして本物だと思った？」と尋ね，「偽物だった」と答えた対象児には「どうして偽物だと思った？」と尋ねた。さらに，「偽物だった」と答えた対象児には「本物に会うことはできると思う？」と尋ね，「会える」と答えた対象児には「どうしたら会えると思う？」，「会えない」と答えた対象児には「どうして会えないと思う？」と尋ねた。経験に関する最初の質問において「ない」と答えた対象児には「会うことはできると思う？」と尋ね，「会える」と答えた対象児には「どうしたら会えると思う？」，「会えない」と答えた対象児には「どうして会えないと思う？」と尋ねた。

8歳児に関しては，教室に放課後そのまま残ってもらい，質問の内容が記入された質問紙を一斉に配布し，2名の調査者による教示と補助のもとに記入を求めた。調査時間は約30分であり，調査者が前に出て教示し，質問紙を

第3章 空想と現実との区別の認識の発達 105

配った後，各自の進度で記述させる方式を取った。質問紙に対する対象児の
理解を助けるために，調査者は対象児それぞれに対してできるだけ綿密に接
し，応じるようにした。

　面接と質問紙ともに，4つの空想上の存在の質問順序は対象児ごとに無作
為にした。

## 3．結果と考察

### (1)　回答の分類

　調査における質問の流れと分類の判断基準は，**図3-3-1**に示す通りであ
る。子どもの回答は，先ず，空想上の存在に会った経験があるか否かで分類
された。「経験がある」と回答した場合，回答はさらに「本物だった」と回
答した場合（本物－実在型）と，「偽物だった」と回答した場合とに分けられ
た。次に，後者の「偽物だった」という回答を，「どうして偽物だと思っ
た？」という質問に対する回答をもとに，「本物はどこかにいる」と考えて
いる場合（偽物－実在型）と，「本物は存在しない」と考えている場合（偽物
－非実在型）とに分類された。一方，「経験はない」と回答した場合，可能性

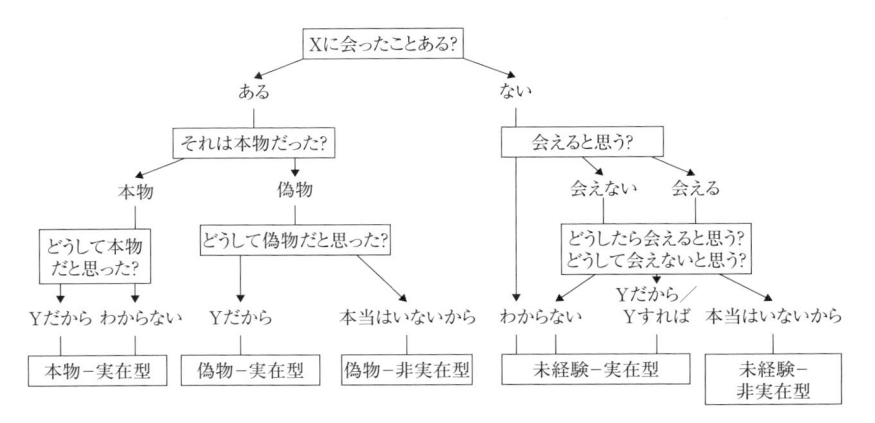

**図3-3-1.　調査における質問の流れと分類の判断基準**

質問に対する回答内容をもとに,「会ったことはないが,それはどこかにいる」と考えている場合（未経験−実在型）と,「会ったことはないし,それは存在しない」と考えている場合（未経験−非実在型）とに分類された。否定型には,空想上の存在が実在しないことについて明確に言及したり,それを馬鹿にすることで実在しないことを暗にほのめかしたりした場合にのみ分類された。

以上の手順によって,子どもの回答は,①本物−実在型,②偽物−実在型,③偽物−非実在型,④未経験−実在型,⑤未経験−非実在型という5つのカテゴリーに分けられた。**表3-3-1**は,年齢別の各存在における各カテゴリーの人数を示したものである。分類は調査者が全ての回答に対して行い,別の評定者が各年齢で10名ずつの回答を分類した。一致率は91％であり,不一致の回答は協議の末,決定した。

(2) **本物／偽物の認識**

経験した空想上の存在に対する本物／偽物の認識の発達的変化を調べるために,先ず,**表3-3-1**に示した5つの分類を①本物判断（本物−実在型）,②偽物判断（偽物−実在型,偽物−非実在型）,③未経験（未経験−実在型,未経験−非実在型）の3つに分類し直した。

次に,存在ごとに3（年齢）× 3（本物判断／偽物判断／未経験）の $\chi^2$ 検定を行った。その結果,全ての存在において有意差が確認された（サンタク

**表3-3-1. 各カテゴリーの年齢別及び存在別の人数**

| 年齢 | サンタクロース | | | お化け | | | オーレンジャー | | | セーラームーン | | |
|---|---|---|---|---|---|---|---|---|---|---|---|---|
| | 4歳 | 6歳 | 8歳 | 4歳 | 6歳 | 8歳 | 4歳 | 6歳 | 8歳 | 4歳 | 6歳 | 8歳 |
| $n$ | 30 | 32 | 29 | 30 | 32 | 29 | 30 | 32 | 29 | 30 | 32 | 29 |
| 本物−実在型 | 11 | 4 | 0 | 8 | 4 | 1 | 10 | 2 | 0 | 8 | 1 | 1 |
| 偽物−実在型 | 2 | 7 | 1 | 3 | 1 | 0 | 2 | 0 | 0 | 0 | 3 | 0 |
| 偽物−非実在型 | 0 | 0 | 1 | 0 | 0 | 0 | 1 | 2 | 0 | 0 | 0 | 0 |
| 未経験−実在型 | 16 | 19 | 16 | 17 | 23 | 16 | 14 | 20 | 12 | 17 | 17 | 8 |
| 未経験−非実在型 | 1 | 2 | 11 | 2 | 4 | 12 | 3 | 8 | 17 | 5 | 11 | 20 |

ロース　$\chi^2(4) = 19.38$, $p < .001$; お化け　$\chi^2(4) = 11.26$, $p < .05$; オーレンジャー　$\chi^2(4) = 20.59$, $p < .001$; セーラームーン　$\chi^2(4) = 16.48$, $p < .01$）。残差分析（5％水準）の結果，本物判断はいずれの存在においても4歳児で有意に多く，未経験は8歳児で有意に多いことが示された。このことから，空想上の存在に対する本物／偽物の認識は，4歳から6歳の間に経験した存在を「本物」と認識する段階から「偽物」と認識する段階へと発達的に変化することが示唆された。

### ⑶　実在／非実在の認識

　空想上の存在に対する実在／非実在の認識の発達的変化を調べるために，先ず，**表3-3-1**に示した5つの分類を①実在性肯定（本物－実在型，偽物－実在型，未経験－実在型），②実在性否定（偽物－非実在型，未経験－非実在型）の2つに分類し直した。

　次に，存在ごとに3（年齢）×2（実在性肯定／実在性否定）の$\chi^2$検定を行った。その結果，全ての存在において有意差が確認された（サンタクロース　$\chi^2(2) = 19.25$, $p < .001$; お化け　$\chi^2(2) = 12.84$, $p < .01$; オーレンジャー　$\chi^2(2) = 13.63$, $p < .01$; セーラームーン　$\chi^2(2) = 17.42$, $p < .01$）。残差分析（5％水準）の結果，実在性肯定はいずれの存在においても4歳児で有意に多く，実在性否定はいずれの存在においても8歳児で有意に多いことが示された。このことから，空想上の存在に対する実在／非実在の認識は，6歳から8歳の間にその存在を「実在する」と認識する段階から「実在しない」と認識する段階へと発達的に変化することが示唆された。

### ⑷　個別の回答パターン

　子どもの個別の回答パターンを調べるために，4つの存在全てにその回答をした者，少なくとも3つ，少なくとも2つ，少なくとも1つにその回答をした者，全くその回答をしなかった者の5つに子どもを分類した。**表3-3-2**は，カテゴリー別の各回答パターンの人数を示したものである。

　先ず，4つの存在全てに同じ回答をした子どもに注目すると，4歳児では「本物－実在型」で2名，「未経験－実在型」で4名，6歳児では「本物－実

在型」で1名，「未経験－実在型」で8名，8歳児では「未経験－実在型」
で3名，「未経験－非実在型」で3名が確認された。これらは全体の20％か
ら30％程度であり，その割合は少なく，子どもの多くは空想上の存在によっ
て個別に異なる回答をしていることがうかがえる。

次に，一貫して回答する者は加齢に伴い増加するのかどうかに注目したと
ころ，少なくとも3つ以上で同じ回答をした子どもの人数は，4歳児18名

表3-3-2. カテゴリー別の各回答パターンの人数

| カテゴリー | 該当する対象物 | 4歳児<br>($n = 30$) | 6歳児<br>($n = 32$) | 8歳児<br>($n = 29$) |
|---|---|---|---|---|
| 本物－実在型 | 4つ全て | 2 | 1 | 0 |
| | 少なくとも3つ | 4 | 0 | 0 |
| | 少なくとも2つ | 4 | 2 | 0 |
| | 少なくとも1つ | 9 | 3 | 2 |
| | 全くなし | 11 | 26 | 27 |
| 偽物－実在型 | 4つ全て | 0 | 0 | 0 |
| | 少なくとも3つ | 0 | 0 | 0 |
| | 少なくとも2つ | 1 | 2 | 0 |
| | 少なくとも1つ | 4 | 7 | 1 |
| | 全くなし | 25 | 23 | 28 |
| 偽物－非実在型 | 4つ全て | 0 | 0 | 0 |
| | 少なくとも3つ | 0 | 0 | 0 |
| | 少なくとも2つ | 0 | 0 | 1 |
| | 少なくとも1つ | 1 | 2 | 0 |
| | 全くなし | 29 | 30 | 28 |
| 未経験－実在型 | 4つ全て | 4 | 8 | 3 |
| | 少なくとも3つ | 8 | 9 | 4 |
| | 少なくとも2つ | 9 | 8 | 10 |
| | 少なくとも1つ | 6 | 5 | 8 |
| | 全くなし | 3 | 2 | 4 |
| 未経験－非実在型 | 4つ全て | 0 | 0 | 3 |
| | 少なくとも3つ | 0 | 3 | 7 |
| | 少なくとも2つ | 3 | 5 | 10 |
| | 少なくとも1つ | 4 | 5 | 6 |
| | 全くなし | 23 | 19 | 3 |

（60％），6歳児21名（66％），8歳児17名（59％）であり，差は見られなかった。

　しかし，カテゴリー別に見ると年齢差が明らかにされた。少なくとも3つ以上で同じ回答を行った者の人数は，「本物－実在型」では4歳児に多く（6名），6歳児と8歳児で少なかった（それぞれ1名と0名）。また，「未経験－非実在型」では8歳児に多く（10名），4歳児と6歳児で少なかった（それぞれ0名と3名）。この結果は，本物／偽物の認識，及び実在／非実在の認識において示唆された発達的変化を支持するものと言えよう。

⑸　回答の理由づけ

　本物／偽物判断に対する子どもの理由づけは，「本物」「偽物」ともに次のように分類された。「本物」回答の理由づけは，①見かけ，②感情，③証言，④空想，⑤その他，⑥無回答の6つ，「偽物」回答の理由づけは，①見かけ，②実在性，③無回答の3つである。**表3-3-3**は，各理由づけの分類基準とその具体例を示したものであり，示された数値は4つの対象物のうち1度でも当該の理由づけを行った対象児の人数を示したものである。回答者は4歳児22名，6歳児14名，8歳児3名であり，これらの回答者は各カテゴリーに排他的にではなく重複する形で含まれた。

　表から，子どもによる経験した空想上の存在に対する本物／偽物判断の基準は，「見かけ」に注目したものが多いことが示された。しかし，同じように見かけに注目した場合でも，4歳児では22名の回答者のうち11名が少なくとも1度は見かけを理由に「本物」だと主張したのに対して，6歳児では逆に14名の回答者のうち9名が少なくとも1度は見かけを理由に「偽物」だと主張していた。このことから，子どもは経験した空想上の存在を本物か偽物か判断する上で，「見かけ」を最も重要視するが，4歳児ではそれが「本物」の最大の根拠となり得るのに対して，6歳児では逆に「偽物」の最大の根拠となり得ることが示唆された。

　また，経験可能性判断に対する子どもの理由づけは，その内容の分析から

表3-3-3. 本物／偽物判断における各理由づけの分類基準とその具体例，及び
4つの対象物に対して1度でも当該の理由づけを行った子どもの人数

| 分類 | 分類基準と具体例 | 4歳児 | 6歳児 | 8歳児 |
|---|---|---|---|---|
| $n$ | | 30 | 32 | 29 |
| 回答者数 | | 22 | 14 | 3 |
| **本物** | | | | |
| ①見かけ | 扮装物の見かけに言及した場合。 | 11 (37) | 2 ( 6) | 0 ( 0) |
| | (例：「格好がテレビで見るのと一緒だった」) | | | |
| ②感情 | 出会ったときの自分の感情について言及した場合。 | 4 (13) | 2 ( 6) | 0 ( 0) |
| | (例：「怖かったから」「おもしろかったから」) | | | |
| ③証言 | 親や身近な大人が本物であると言ったことについて言及した場合。(例：「ママがそう言ってた」「本物だって言ってた」) | 4 (13) | 1 ( 3) | 0 ( 0) |
| ④空想 | 現実には到底あり得ないような体験について言及した場合。 | 1 ( 3) | 1 ( 3) | 0 ( 0) |
| | (例：「ほうたい男で，中が空っぽだった」「空を飛んだから」) | | | |
| ⑤その他 | 上記4つのいずれにも分類不可能な場合。 | 9 (30) | 1 ( 3) | 2 ( 7) |
| | (例：「ちゃんと動いていた」「プレゼントをくれた」) | | | |
| ⑥無回答 | 理由を説明できなかった場合。 | 5 (17) | 0 ( 0) | 0 ( 0) |
| **偽物** | | | | |
| ①見かけ | 扮装物の見かけに言及した場合。 | 4 (13) | 9 (28) | 0 ( 0) |
| | (例：「ぬいぐるみを着てたから」「作り物だった」) | | | |
| ②実在性 | 空想上の存在が実在しないことについて言及した場合。 | 1 ( 3) | 1 ( 3) | 1 ( 3) |
| | (例：「本当はいないから」「どこにもいない」) | | | |
| ③無回答 | 理由を説明できなかった場合。 | 2 ( 7) | 0 ( 0) | 1 ( 3) |

注：( ) 内の数値は年齢ごとの全対象児数を母数とした％を示す。

「実在」と「非実在」とに分けられ，次のように分類された。「実在」回答の理由づけは，①遠方の場所，②近辺の場所，③テレビの中，④特殊状況，⑤映像接触，⑥関連行為，⑦その他，⑧無回答の8つ，「非実在」回答の理由づけは，①実在性，②嘲笑の2つである。表3-3-4は，各理由づけの分類基準とその具体例を示したものであり，示された数値は4つの対象物のうち1度でも当該の理由づけを行った対象児の人数を示したものである。回答者は4つの対象物全てに対して「会ったことがあり，それは本物だった」と主張した3名を除く，4歳児28名，6歳児31名，8歳児29名であった。先述と同様に，これらの回答者は各カテゴリーに排他的にではなく重複する形で含まれた。

表から，子どもによる空想上の存在に対する経験可能性判断の基準は，そ

れが存在するとされる場所を子どもなりに想定して根拠とする場合が多く，子どもの日常では到底辿り着けないような「遠方の場所」や，比較的容易に辿り着けるような「近辺の場所」，あるいは「テレビの中」などが想定されていた。また，その他にも，日常空間の中に想定しながらも何かしらの特殊な状況の発生が必要であると考えている場合（「特殊状況」）や，映像媒体と

表3-3-4. 経験可能性判断における各理由づけの分類基準とその具体例，及び4つの対象物に対して1度でも当該の理由づけを行った子どもの人数

| 分類 | 分類基準と具体例 | 4歳児 | 6歳児 | 8歳児 |
|---|---|---|---|---|
| $n$ | | 30 | 32 | 29 |
| 回答者数 | | 28 | 31 | 29 |
| 実在 | | | | |
| ①遠方の場所 | 遠くのどこかに実在を仮定した上で会える可能性について言及した場合。（例：「サンタの国に行けば会える」「セーラームーンが通っている学校に行けば会える」「宇宙のどこかで戦っているから会えない」） | 12 (40) | 16 (50) | 13 (45) |
| ②近辺の場所 | 近くのどこかに実在を仮定した上で会える可能性について言及した場合。（例：「おばけ屋敷に行けば会える」「ショーを見に行けば会える」「テレビ局に行けば会える」） | 7 (23) | 8 (25) | 10 (34) |
| ③テレビの中 | テレビの中に実在を仮定した上で会える可能性について言及した場合。（例：「テレビを割る」「テレビの中から出てくれば会える」） | 4 (13) | 2 ( 6) | 3 (10) |
| ④特殊状況 | 状況変化と出現との関連から会える可能性について言及した場合。（例：「夜中まで起きていれば会える」「悪者がこないから会えない」） | 5 (17) | 10 (31) | |
| ⑤映像接触 | 映像媒体への接触との関連から会える可能性について言及した場合。（例：「映画を見れば会える」「テレビを見れば会える」） | 5 (17) | 0 ( 0) | 0 ( 0) |
| ⑥関行行為 | 自己の行為と出現との関連から会える可能性について言及した場合。（例：「いい子にしていたら会える」「神様にお願いする」「月にお願いすれば会える」） | 2 ( 7) | 3 ( 9) | 0 ( 0) |
| ⑦その他 | 上記6つのいずれにも分類不可能な場合。（例：「家に煙突がないから会えない」「怖いから会いたくない」） | 6 (20) | 13 (41) | 6 (21) |
| ⑧無回答 | 理由を説明できなかった場合。 | 14 (47) | 17 (53) | 4 (14) |
| 非実在 | | | | |
| ①実在性 | 空想上の存在が実在しないことについて言及した場合。（例：「本当はいないから」「テレビだから」「作り話だから」） | 7 (23) | 13 (41) | 22 (76) |
| ②嘲笑 | 空想上の存在を馬鹿にすることによって実在しないという信念を暗にほのめかした場合。（例：「ダサくて見てられないから」「本当にいたら笑えるから」） | 0 ( 0) | 1 ( 3) | 11 (38) |

注：（　）内の数値は年齢ごとの全対象児数を母数とした％を示す。

112

の接触行為を出会う行為として考えている場合（「映像接触」），自己の何らか
の行為が空想上の存在の出現の引き金となると考えている場合（「関連行為」）
など，様々なケースが根拠として挙げられた。これらは，子どもが想定して
いる空想世界の多様性について考える上でも示唆的な資料であると言えよ
う。

## Ⅲ．子どもの空想の存在との出会い経験と認識に関する親の報告

### 1．子どもの回答と親の報告との関連

　ここでは，面接調査で得られた子どもの空想上の存在との出会い経験と認
識に関する回答と，その親による報告との関連について検討する。子どもが
空想上の存在と「会ったことがある」と回答した場合，その回答が真実であ
るかどうかについての確証を親から得ておくことは重要であろう。仮に両者
の回答に矛盾が生じた場合，そこには単なる記憶違い以外に，何らかの子ど
もの側の認識の関与が想定できるものと思われる。また，子どもの認識に対
して親はどのような予測を持っているかについて探ることも，この分野にお
ける子どもと親との認識の相違について明らかにするという意味で重要であ
ると思われる。以上から，面接調査に参加した子どもの親に質問紙調査を実
施し，親は子どもの空想上の存在との出会い体験やその認識をどのように把
握し，そこには子どもの回答との間にどのような一致や相違が見られるかを
明らかにし，子どもの空想上の存在に対する認識の発達について，さらなる
示唆を得る。

### 2．方法

#### (1)　被調査者

　面接調査に参加した上越市の幼稚園及び小学校に在籍する4歳児30名，6
歳児32名，8歳児29名の親91名を対象とした。

第3章　空想と現実との区別の認識の発達　113

⑵　**手続き**

　質問紙調査を行った。調査用紙の配布・回収については学級担任を通して行い，約2週間後に回収した。面接調査における子どもの回答結果との関連を見るために，名前の記入を依頼した。

　4つ全ての空想上の存在に対して実施した質問は2つあった。1つは，子どもの空想上の存在との出会い経験に関する報告を求める質問であり，「お子さんは家庭や，幼稚園，学校，デパートなどでX（空想上の存在）に扮装した大人に出会った経験はありますか？」と尋ねた。ただし，お化けに関してはイメージが一定していないことを考慮して，別の質問を行った（「お化けが出るぞなどと言って，お子さんを脅かしたことがありますか？」）。もう1つは，子どもの信念についての親の予測を調べる質問であり，「お子さんはまだX（空想上の存在）を信じていると思いますか？」と尋ねた。

　さらに，サンタクロースに関してのみ，「サンタクロースは実在しないということをお子さんに伝えたことがこれまでにありますか？　あるとすればそれは何歳頃のことですか？　伝えた理由は何ですか？」という質問と，「お子さんには何歳くらいまでサンタクロースを信じていて欲しいと考えていますか？」という質問を行った。

## 3．結果と考察

### ⑴　子どもの出会い経験に関する親の報告

　経験質問に対する親の回答は，面接調査における子どもの回答との関連から，次の4つに分類された。①経験一致…親子ともに「経験あり」と回答で一致，②親経験・子ども未経験…親は「経験あり」と回答したが，子どもは「経験なし」と回答，③親未経験・子ども経験…親は「経験なし」と回答したが，子どもは「経験あり」と回答，④未経験一致…親子ともに「経験なし」と回答で一致。

　**表3-3-5**は，質問の異なっていたお化けに関する回答を除く，各存在にお

ける年齢別の人数を示したものである（お化けの質問に対しては，ほとんどの親が「子どもを脅かしたことがある」と報告した：4歳児の親30名中24名，6歳児の親32名中26名，8歳児の親29名中27名）。なお，記述なしは「回答なし」に分類し，その後の分析から除外した。

　表に示すように，親による経験報告の人数は4，6，8歳児でそれぞれ13，26，26名と増加し，オーレンジャーとセーラームーンも4歳児で13名と10名，6歳児で14名と18名，8歳児で8名と11名とほぼ横ばいであった。これは子どもによる経験報告が加齢に伴い減少した面接調査の結果と一致しない。このことから，面接調査では，空想上の存在との出会い経験があるにもかかわらず「会ったことがない」と主張した子どもが数多く存在したことがうかがえる。

　各経験報告カテゴリーの出現度数が年齢によって異なるのかどうかを検討するために，3（年齢）×4（経験報告カテゴリー）の$\chi^2$検定を存在別に行った。その結果，サンタクロース（$\chi^2(6) = 30.26$, $p < .01$），オーレンジャー（$\chi^2(6) = 14.20$, $p < .05$），セーラームーン（$\chi^2(6) = 12.85$, $p < .05$）のそれぞれで有意差が見られた。残差分析（5％水準）の結果，サンタクロース，セーラームーンともに「親経験・子ども未経験」が4歳児で有意に少なく，8歳児で有意に多いことが分かった。オーレンジャーでは4歳児の「経験一致」と8歳児の「未経験一致」が有意に多いことが分かった。

表3-3-5.　出会い経験についての親の報告と子どもの回答との関連ごとの人数

| | サンタクロース | | | オーレンジャー | | | セーラームーン | | |
|---|---|---|---|---|---|---|---|---|---|
| | 4歳 | 6歳 | 8歳 | 4歳 | 6歳 | 8歳 | 4歳 | 6歳 | 8歳 |
| $n$ | 30 | 32 | 29 | 30 | 32 | 29 | 30 | 32 | 29 |
| 回答なし | 1 | 2 | 0 | 2 | 2 | 1 | 1 | 2 | 1 |
| 経験一致 | 6 | 8 | 1 | 7 | 3 | 0 | 3 | 2 | 0 |
| 親経験・子ども未経験 | 7 | 18 | 25 | 6 | 11 | 8 | 7 | 16 | 11 |
| 親未経験・子ども経験 | 6 | 1 | 0 | 4 | 1 | 1 | 4 | 1 | 0 |
| 未経験一致 | 10 | 3 | 3 | 11 | 15 | 19 | 15 | 11 | 17 |

また，これとは逆に，親の報告によると扮装物に会ったことはないにもかかわらず，会ったことがあると回答した子どもも何人か確認され，そのような子どもは4歳児に多く見られた。この場合，親が過去の出会い経験を忘れている可能性も考えられるが，4歳児にのみ多い点を考えると，この事例は親の忘却が原因というよりも，むしろ子どもが想像や夢と現実とを混同したり，あるいは実際の経験を過剰解釈したりしたことが原因と考えた方が妥当であると思われる。

　以上から，空想上の存在との出会い経験があるにもかかわらず「会ったことがない」と回答した子どもが面接調査では数多く存在したこと，そして，そうした子どもは年長の子どもほど多いことが確認された。こうした子どもは，すでに「本物／偽物」の認識を獲得しているため，「偽物」には会ったことがあるが，「本物」には会ったことがないという意味で「会ったことがない」と回答した可能性が考えられる。つまり，「本物／偽物」の認識は4歳から6歳の間に発達するとした面接調査の結果を支持するものであると言えよう。

### (2) 子どもの実在性認識に関する親の予測

　実在性質問に対する親の回答もまた，面接調査における子どもの回答との関連から，次の4つに分類された。①実在一致…親子ともに「実在する」との考えで一致，②親実在・子ども非実在…親は「実在する」と考えているだろうと予測するが，子どもは「実在しない」と回答，③親非実在・子ども実在…親は「実在しない」と考えているだろうと予測するが，子どもは「実在する」と回答，④非実在一致…親子ともに「実在しない」という考えで一致。**表3-3-6**は，各存在における年齢別の人数を示したものである。なお，記述なしは「回答なし」に分類し，その後の分析から除外した。

　表に示すように，親による実在予測の人数は，サンタクロースとお化けでは4歳児で24名と25名，6歳児で17名と26名，8歳児で12名と23名と比較的多いのに対して，オーレンジャーとセーラームーンでは4歳児で7名と12

名，6歳児で3名と4名，8歳児はともに0名と少ないなど，存在によって違いが見られた。

　各実在性認識カテゴリーの出現度数が年齢によって異なるのかどうかを検討するために，3（年齢）×4（実在性認識カテゴリー）の $\chi^2$ 検定を存在別に行った。その結果，サンタクロース（$\chi^2(6) = 30.92, p < .01$），お化け（$\chi^2(6) = 12.09, p < .01$），オーレンジャー（$\chi^2(6) = 23.70, p < .01$），セーラームーン（$\chi^2(6) = 25.32, p < .01$）のそれぞれで有意差が見られた。残差分析（5％水準）の結果，いずれの存在でも「実在一致」が4歳児で有意に多く，8歳児で有意に少ないことが分かった。また，サンタクロース，オーレンジャー，セーラームーンでは，「実在一致」が4歳児で有意に少なく，8歳児で有意に多いことが分かった。このように，子どもの実在性認識と親の予測とが一致する場合には，いずれの存在でも，4歳児の「実在」から8歳児の「非実在」へと一致の内容が変化することが示された（ただし，お化けに関しては，いずれの年齢でも我が子はその存在が実在すると信じているだろうと予測する親が多かった）。また，いずれの存在でも，親と子どもの見解が一致しないケースが多く見られ，特に，子どもはまだその存在が実在すると信じているにもかかわらず，親は信じていないだろうと予測するケースが多く見られた。このことは，親は子どもの空想上の存在に対する認識について，あまり適切に予測できていないことを示唆する結果と言えよう。

**表3-3-6.　実在性認識についての親の予測と子どもの回答との関連ごとの人数**

| | サンタクロース | | | お化け | | | オーレンジャー | | | セーラームーン | | |
|---|---|---|---|---|---|---|---|---|---|---|---|---|
| | 4歳 | 6歳 | 8歳 | 4歳 | 6歳 | 8歳 | 4歳 | 6歳 | 8歳 | 4歳 | 6歳 | 8歳 |
| $n$ | 30 | 32 | 29 | 30 | 32 | 29 | 30 | 32 | 29 | 30 | 32 | 29 |
| 回答なし | 2 | 2 | 0 | 1 | 0 | 0 | 3 | 3 | 3 | 2 | 4 | 5 |
| 実在一致 | 23 | 16 | 7 | 24 | 25 | 13 | 6 | 3 | 0 | 11 | 3 | 0 |
| 親実在・子ども非実在 | 1 | 1 | 5 | 1 | 1 | 10 | 1 | 0 | 0 | 1 | 1 | 0 |
| 親非実在・子ども実在 | 4 | 12 | 10 | 3 | 3 | 4 | 18 | 19 | 10 | 13 | 16 | 9 |
| 非実在一致 | 0 | 0 | 7 | 1 | 3 | 2 | 2 | 7 | 16 | 3 | 8 | 15 |

### (3)　サンタクロース信仰の奨励に関する親の報告

「サンタクロースは実在しないということをお子さんに伝えたことがこれまでにありますか？　あるとすればそれは何歳頃のことですか？　伝えた理由は何ですか？」という質問に対して，大部分の親は「ない」と回答した（全体の93％）。「ある」と回答した場合の年齢は4〜6歳頃であり，理由はいずれも「子どもの方から尋ねられたので仕方なく」というものであった。

また，「お子さんには何歳くらいまでサンタクロースを信じていて欲しいと考えていますか？」という質問に対しては，主に3歳から12歳にかけて幅広い年齢が記述された。91名の親のうち，「11〜12歳まで」と回答した親は8％であり，以下加算していくと，「9〜10歳まで」29％，「7〜8歳まで」47％，「5〜6歳まで」74％，「3〜4歳まで」79％であった。「いつまでも信じていて欲しい」という回答は5％であり，「特になし」や「子どもに任せる」という回答は16％であった。これらの結果から，多くの親はサンタクロースの実在性について直接子どもに真相を述べることはせず，74％が少なくとも6歳頃までは信じていて欲しいと考えており，その後10歳頃になると29％まで減少することが示された。

## Ⅳ．総合考察

本節では，幼児期・児童期における空想上の存在に対する認識の発達について明らかにするために，4，6，8歳児を対象に面接調査を行った。具体的には，サンタクロース，お化け，オーレンジャー，セーラームーンの4つの空想上の存在について，「会ったことがあるか？」「それは本物だったか？」「（会ったことがないとしたら）会うことはできると思うか？」などを尋ねることによって検討した。また，子どもの親を対象に質問紙調査を実施し，子どもによる出会い経験報告の真偽や実在性認識の実際と予測との関連についても検討した。以下では，「本物／偽物」の認識の発達，「実在／非実在」の認識の発達という2点について順に考察を行う。

先ず，「本物／偽物」の認識に関して，本節の結果，経験した空想上の存在に対する「本物」判断は4歳から6歳の間に減少し，代わりに「偽物」判断が増加することが示された。具体的には，経験した者のうち「本物」判断をした者の割合は，サンタクロースの場合，4歳児85％，6歳児36％，8歳児0％と減少し，オーレンジャーの場合も同様に，4歳児77％，6歳児50％，8歳児0％と減少した。この結果に対しては，そもそも空想上の存在との出会い経験を報告した者が少なく，経験したことがある者を対象に検討すべきだという指摘もあるかもしれないが，本節の調査に参加した子ども達が経験の少ない子ども達であったのかと言えば，決してそのようなことはない。親を対象とした質問紙調査の結果，子どもによる空想上の存在との出会い経験は，加齢によってむしろ増加傾向か，少なくとも横這いであることが示されている。親の報告による経験者の割合は，例えば，サンタクロースの場合，4歳児49％，6歳児87％，8歳児90％であり，オーレンジャーの場合，4歳児46％，6歳児47％，8歳児29％であった。このことは，空想上の存在に会った経験があるにもかかわらず「会ったことがない」と回答した者が，6，8歳児において多くいたことを示唆している。つまり，彼らは「本物／偽物」の認識をすでに獲得しているため，「偽物」には会ったことがあるが，「本物」には会ったことがないという意味で，「会ったことがない」と回答した可能性が考えられる。また，本物／偽物判断の根拠として，4歳児と6歳児はともに経験した空想上の存在の「見かけ」に言及したが，前者はそれを「本物」判断の根拠としたのに対し，後者はそれを「偽物」判断の根拠としていた。以上から，子どもは4歳頃まで「本物」と「偽物」とが未分化であり，それ故に経験した空想上の存在を「本物」として認識するが，6歳頃になると「本物」と「偽物」とが認識的に分化し，経験した存在の見かけ上の異質性に気づき，「本物」ではなく「偽物」として認識するようになると考えられる。

　こうした研究結果は，これまでも全くなかったわけではない。例えば，杉

村ら（1994）は，4，5歳児を対象にサンタクロース，お化け，アンパンマンについて「会ったことがあるか？」「会えると思うか？」など尋ねる一連の質問を行ったところ，4歳児では5歳児と比べて，自らの実体験に基づく報告，すなわち，空想上の存在の扮装物についての報告が多く見られたことを示している。また，杉村（1996）は，保育園のクリスマス会の際に子どもの前に同様の3種類の存在の扮装物を登場させ，約3週間後に「本物だと思うか？」と尋ねたところ，「本物」判断の割合が3歳児60％，4歳児58％，5歳児18％と減少したことを明らかにしている。さらに，麻生（1996）は，先行研究の概観を通して，概ねこの時期に「見かけ」＝「本当」という「一元的」思想から自由になり，「見かけ」はそのように見えるが「本当」はそうではないことを理解できるようになるのではないかと考察している。本節の結果は，これらの研究結果や考察に対して更なる実証的知見を提供したものであると言えよう。

　次に，「実在／非実在」の認識に関して，本節の結果，空想上の存在に対する「実在」という認識は，6歳から8歳の間で減少し，逆に「非実在」という認識が増加することが示された。「実在」認識の割合は，例えば，サンタクロースの場合，4歳児97％，6歳児94％，8歳児59％と減少したが，この結果はPrenticeら（1978）の85％，65％，25％や，Blairら（1980）の93％，64％，22％という結果と概ね一致する。本節では，「非実在」の分類は，明確にその存在の実在性を否定したり，あるいはその存在を馬鹿にすることで暗に実在性の否定をほのめかしたりした場合に限定していたため，潜在的には「非実在」認識者はより多い可能性も考えられる。

　本節の結果で興味深かった点の1つに，経験可能性判断に対する理由づけにおいて，空想上の存在についての子どもなりの実在世界が多様に示された点である。そこで子ども達は，空想上の存在を子どもの日常では到底辿り着けないような遠方の場所に想定していたり，比較的容易に辿り着ける近辺の場所に想定していたり，あるいは日常の生活空間にあるテレビの中に想定し

ていたりした。その他にも，「本物」を直接経験するためには何かしらの特殊な状況の発生が必要であると考えていたり，映像媒体との接触行為と直接経験とを同一視していたり，関連する自己の行為が出現の引き金になると考えていたりした。麻生（1996）は，子どもは「見かけ」と「本当」を概念的に区別した結果，子どもは唯一の「本当」の現実世界ではなく，複数の現実世界を同時に生きる「多元的」思想の世界に足を踏み入れるようになると論じており，本節の結果は，そうした麻生の見解を裏付けるものであると言えよう。しかし，本節では空想上の存在の実在世界の多様性について十分に実証的な知見を提供したとは言えず，今後はその点に焦点を当てた研究が行われる必要があろう。

〈付記〉
本節の主要部分は，富田（2002）として公刊されている。

## 第4節　サンタクロースの実在世界に対する認識の発達

### Ⅰ．サンタクロースの実在世界の多様性

　本節では，前節で取り上げたサンタクロースにさらに焦点を当て，その実在世界に対する幼児の認識と発達的変化について明らかにすることを目的とする。

　前節の調査の結果，空想上の存在に対する認識の発達には，2つの層があることが示された。第1の層は，4歳から6歳の間に「本物／偽物」の認識を獲得することによって，経験した存在をそのまま「本物」と認識する段階から，「本物」と「偽物」とを区別して認識する段階へと発達的に変化することを指し，第2の層は，6歳から8歳の間に「実在／非実在」の認識を獲得することによって，その存在をそのまま「実在」すると認識する段階か

ら，「実在」と「非実在」とを区別して認識する段階へと発達的に変化することを指す。これら2つの発達の層を経験することで，子どもは麻生(1996) が指摘するところの「一元的」思想の支配から解放されて，空想上の存在の実在世界を多様に思い描く「多元的」思想の世界へと足を踏み入れるようになると考えられるが，これらの実在世界の多様性については，まだ十分に検討されたとは言えない。

　そこで本節では，様々な空想上の存在の中でも，文化的な慣習や行事と最も関わりの深いサンタクロースを取り上げ，幼児期に思い描かれている実在世界の多様性と発達的変化を探ることを目的とする。そのために，本節では以下の3つの調査を行う。

　先ず，最初の2つの調査では，多くの子どもが幼児期において共通して経験するであろう，「昼間に保育園のクリスマス会に訪れ，プレゼントをくれるサンタ」と「夜中に子どもの家に訪れ，枕元にプレゼントを置いていくサンタ」という2種類の出会い経験に焦点を当てる。前者は子どもにとって直接的な経験であり，本人の目撃証言が実在性信念の根拠となり得る。後者は間接的な経験であり，直接目にしてはいないものの，状況証拠や他者の証言が実在性信念の根拠となり得る。これらの調査では，こうした直接的，または間接的経験を通して，子どもはサンタクロースの実在世界をどのように思い描き，発達に伴いそれをどのように変化させるのかについて，面接調査を通して検討する。

　次に，3つ目の調査では，多様なサンタクロースとして上記2種類に加えて，共通して経験されるものではないものの，経験可能性が比較的高いと予想される，「昼間にデパートで出会うサンタ」と「昼間に子どもの家を訪問するサンタ」という2種類と，逆に経験可能性が比較的低いと予想される，「夜中にトナカイが引くそりに乗って空を飛んでいるサンタ」と「夜中に子どもをサンタクロースの国に連れて行くサンタ」という2種類を加えた計6種類を取り上げる。前者2種類は，経験可能性が高い反面，昼間に近辺の日

常空間に登場するなど，登場文脈が文化的に伝承されている物語世界と一致しない実在世界が描かれたものであり，後者2種類は，経験可能性が低い反面，夜間に非日常空間に登場するなど，登場文脈が文化的に伝承されている物語世界と一致する実在世界が描かれたものである。3つ目の調査では，こうした多様なサンタクロースの実在世界に対して，子どもはどのような認識を持ち，発達に伴いそれをどのように変化させるのかについて，各サンタクロースの短い物語を仮説的に提示し，本物／偽物判断を求めるという方法によって検討する。

## Ⅱ．クリスマス会で出会ったサンタクロースに対する認識

### 1．直接的経験と間接的経験

　保育園でクリスマス会が行われた約1週間後に，3，4，5歳児を対象に面接調査を行う。クリスマス会で子どもは大人が扮装したサンタクロースと出会い，直接プレゼントを手渡しでもらっている。そこで本調査では，プレゼントを直接サンタクロースからもらった経験があるかどうか，そのサンタクロースは本物だと思うかどうかを尋ねることにする。仮説として，もしもサンタクロースの扮装物を「本物」と認識しているならば，その子どもはプレゼントを「直接もらった」と回答し，出会ったサンタクロースは「本物だった」と回答するであろう。逆に，もしもサンタクロースの扮装物を「偽物」と認識しているならば，その子どもは出会ったサンタクロースを「偽物だった」と回答するか，あるいは直接プレゼントを手渡してくれたサンタクロースの扮装物について言及せず，プレゼントは直接もらったのではなく「朝起きたら枕元に置いてあった」と回答するであろう。

### 2．方法
#### ⑴　対象児

　防府市の保育園に在籍する3歳児20名（男児8名，女児12名，平均年齢：4歳

第3章 空想と現実との区別の認識の発達 123

1か月，年齢範囲：3歳9か月～4歳8か月），4歳児20名（男児10名，女児10名，平均年齢：5歳1か月，年齢範囲：4歳9か月～5歳8か月），5歳児22名（男児12名，女児10名，平均年齢：6歳1か月，年齢範囲：5歳9か月～6歳8か月），計62名を対象とした。

## (2) 手続き

園のクリスマス会が終了した約1週間後に，園の一室で個別に面接調査を行った。調査者は対象児と親和的関係を形成した後，以下の順に質問を行った。調査時間は1人につき約5分であった。

質問1：「これまでにサンタさんからプレゼントをもらったことはある？」。質問2：「それはどうやってもらったの？ 直接サンタさんからもらった？ それとも朝起きたら枕元に置いてあった？」。質問3（質問2で直接もらったと回答した対象児に対してのみ）：「そのサンタさんは本物だと思う？」。質問は常にこの順序で行った。

## 3．結果と考察

3つの質問に対する回答をもとに，子どもを次のいずれかに分類した。①直接－本物…プレゼントはサンタクロースから直接もらい，そのサンタクロースは本物だったと回答，②直接－不明…サンタクロースから直接もらったが，そのサンタクロースが本物か偽物かについては分からないと回答，③直接－偽物…サンタクロースから直接もらったが，そのサンタクロースは偽物だったと回答，④間接…プレゼントはサンタクロースから直接もらったのではなく，朝起きたら枕元に置いてあったと回答，⑤未経験…プレゼントをもらったことがないと回答。図3-4-1は，回答結果を年齢別に比較したものである。

子どもは全て，約1週間前のクリスマス会でサンタクロースの扮装物に出会い，直接プレゼントを手渡されている。にもかかわらず，「直接もらった」という回答は3歳児65％，4歳児50％に対し，5歳児では18％に過ぎず，5

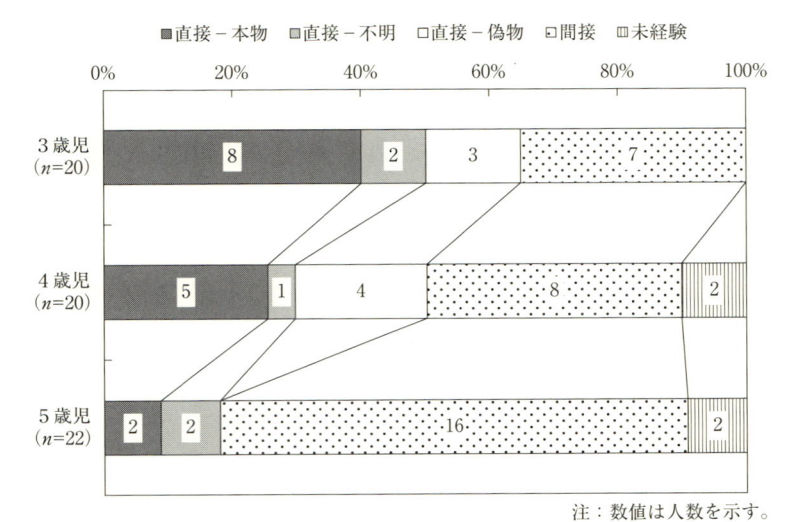

注：数値は人数を示す。

図3-4-1. プレゼント経験と本物／偽物判断の年齢別の回答比較

歳児の大部分は「直接もらったことがない」と回答した。本物／偽物判断の年齢差について調べるために，子どもを「直接－本物」群とそれ以外の「その他」群とに分け，$\chi^2$検定を行った。結果は有意傾向であり（$\chi^2(2) = 5.46$, $p < .10$），残差分析（5％水準）の結果，3歳児では他の年齢と比べて「直接－本物」群が多く（40％），5歳児では少ないことが分かった（9％）。以上から，サンタクロースの扮装物への「本物」判断は3歳から5歳にかけて次第に減退することが示唆された。

## Ⅲ．日常生活で出会ったサンタクロースに対する認識

### 1．日常生活での経験の多様性

保育園でクリスマス会が行われる約1週間前に，3，4，5歳児を対象に面接調査を行う。時期的に，子どもはすでにサンタクロースに関する話題に接しており，そのため面接調査においても自らのサンタクロースに関する記

憶を想起しやすいものと思われる。同時に，保育園でのクリスマス会もまだ行われていないため，園生活に限らず広く子どもの生活全般にわたってのサンタクロース体験が聞き出せるものと思われる。

面接調査では，これまでにサンタクロースと直接に出会った経験の有無とその内容，及びクリスマスにプレゼントをもらった経験の有無とその内容について尋ねる。それにより，直接的に経験する「大人が扮装したサンタクロース」，及び間接的に経験する「夜中に枕元にプレゼントを置いていくサンタクロース」の実在性に対する認識について検討する。

## 2．方法

### (1) 対象児

山口市の保育園に在籍する3歳児28名（男児15名，女児13名，平均年齢：4歳0か月，年齢範囲：3歳8か月〜4歳7か月），4歳児25名（男児18名，女児7名，平均年齢：5歳0か月，年齢範囲：4歳8か月〜5歳7か月），5歳児30名（男児18名，女児12名，平均年齢：6歳0か月，年齢範囲：5歳8か月〜6歳7か月），計83名を対象とした。

### (2) 手続き

園でクリスマス会が行われる約1週間前に，園の一室で個別に面接調査を行った。調査者は対象児と親和的関係を形成した後，以下の順に質問を行った。調査時間は1人につき約8分であった。

質問1：「これまでにサンタさんを見たことはある？」。質問2：「いつどこで見たの？」。質問3：「どんな人でどんな格好をしてた？」。質問4：「その時サンタさんとお話した？」。質問5：「どんなお話をした？」。質問6：「サンタさんに会えると思う？　それはどうして？」。質問7：「クリスマスにプレゼントをもらったことある？」。質問8：「誰からもらった？」。質問9：「どうやってもらったの？」。質問は常にこの順序で行った。

126

## 3．結果と考察

### (1)　目撃経験と会話経験

　サンタクロースを目撃した経験について尋ねた質問１と，サンタクロースと会話した経験について尋ねた質問４の回答をもとに，子どもを次の３つに分類した。①目撃と会話…サンタクロースを見たことがあり，話をしたこともあると回答，②目撃のみ…見たことはあるが，話をしたことはないと回答，③未経験…見たことも，話をしたこともないと回答。**図3-4-2**は，その割合を年齢別に比較したものである。

　統計的な検討を行うために，子どもを経験群（「目撃と会話」及び「目撃のみ」）と未経験群とに分けて $\chi^2$ 検定を行ったところ，有意差が見られた（$\chi^2$ (2) = 14.29, $p <$ .01)。残差分析（５％水準）の結果，３歳児では他の年齢と比べて経験群が多く（79%），５歳児では少ないことが分かった（30%）。５歳児における経験報告の少なさは，出会ったサンタクロースを「本物」とする認識から「偽物」とする認識へと変化したことによると思われる。

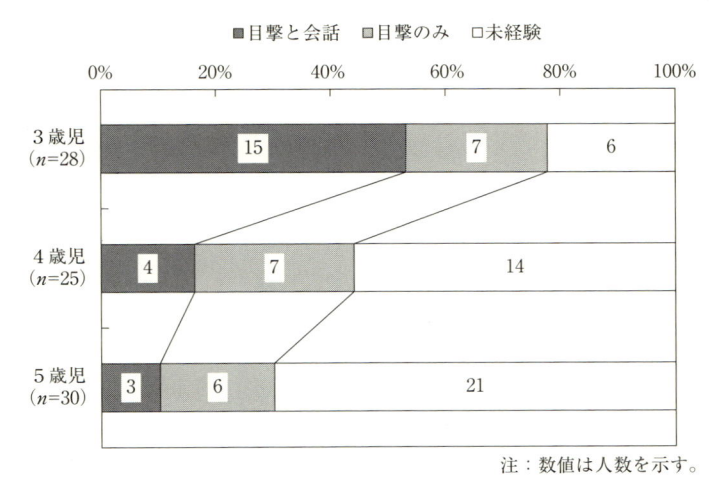

注：数値は人数を示す。

図3-4-2．サンタの目撃・会話経験に関する回答

## (2) 目撃場所と外見的特徴

　サンタクロースの目撃場所（質問2）に関して，回答者の経験群42名（3歳児22名，4歳児11名，5歳児9名）の回答を次の5つに分類した。①家庭（例：「ピンポーンって鳴って，お家の玄関で会った」「家でテレビ見てた，サンタさんが」「お部屋の窓で」），②保育園・店（例：「保育園」「お遊戯室」「マリン（スーパー）で」），③その他（例：「遠くで」「川の近くで」「雪が降ったとき」），④空想（例：「トナカイに乗って，お空の上で」「空で」），⑤覚えていない。分類の結果，回答は「家庭」が42名中22名（52%）と最も多く，次いで「保育園・店」6名（14%），「その他」4名（10%），「空想」2名（5%），そして「覚えていない」が8名（19%）であった。直接的経験を問う質問であったため，サンタクロースの扮装物と出会うことのできる「保育園・店」が最も多く報告されると予想していたが，予想に反して「家庭」が最も多かった。

　サンタクロースの外見的特徴（質問3）に関しては，7つの主な特徴（赤い服，おじいさん，白いひげ，赤い帽子，白い袋，黒い靴，トナカイ）を抽出し，各特徴がどの程度出現したかを経験群42名で算出した。1名につき複数の回答が得られたため，以下に示す人数は排他的ではない。最も多く出現した特徴は「赤い服」であり，42名中34名（81%）であった。次いで「おじいさん」16名（38%），「白いひげ」13名（31%），「赤い帽子」10名（24%），「白い袋」8名（19%），「黒い靴」6名（14%），「トナカイ」3名（7%）であった。

## (3) 会話の内容

　サンタクロースとの会話経験の有無（質問4）に関しては，先述の**図3-4-2**に示す通りである。サンタクロースとの会話の内容（質問5）に関しては，会話経験者22名（3歳児15名，4歳児4名，5歳児3名）を対象に，回答を次の5つに分類した。①お願い・お礼（例：「玩具ちょうだいって言った」「プレゼントありがとうって言ったら，どういたしましてって言った」），②軽い声かけ（例：「サンタさーんって話し掛けた」），③質問（例：「サンタさんって何でそんなに玩具持ってるのって聞いた。そしたら，玩具屋さんで買ったって言ってた」），④そ

の他（例：「アンパンマンの話をした」「ちょっと遊ぼうって言った」），⑤覚えていない。分類の結果，回答は「お願い・お礼」が22名中7名（32%）と最も多く，次いで「軽い声かけ」3名（14%），「その他」3名（14%），「質問」1名（5%），最後に「覚えていない」8名（36%）であった。こうした会話の内容から，子どもにとってサンタクロースは，主に願いごとを叶えてくれる存在であることがうかがえる。

### (4) 経験可能性とその理由

　経験可能性とその理由（質問6）に関して，質問1で「見たことがない」と回答した41名（3歳児6名，4歳児14名，6歳児21名）を対象に回答を分析した。回答は「会える」23名（56%），「会えない」14名（34%），「無回答」4名（10%）の3つに分類され，「会える」理由は，①時間の共有（例：「起きたら会える」「夜，外に出たら」），②相応しい状況（例：「雪が降ったら会える」「白い雪の中，来てくれるから」），③強い願い（例：「サンタさんに会いたいから」「玩具が欲しいから」），④良い行い（例：「いい子にしてたら」「お利口にしてたら」），⑤その他（例：「サンタクロースだから」），⑥無回答の6つに分類された。また「会えない」理由は，①時間の共有（例：「ぐっすり寝ているから」「夜にくるから」），②無回答の2つに分類された。分類の結果，会える理由では「良い行い」と「強い願い」が23名中の各4名（各17%）と最も多く，次いで「時間の共有」と「相応しい状況」が各2名（各9%）であった。「その他」が3名（13%），「無回答」が8名（35%）であった。また，会えない理由では「時間の共有」が14名中の3名（21%），「無回答」が11名（79%）であった。「サンタクロースに会ったことがない」と回答した5歳児でも，21名中13名（62%）が「会うことができる」と回答した。彼らはどうしたら会えるかについて，良い行いをすること，強い願いを持つこと，時間を共有すること，相応しい状況に巡り合うことなどを述べた。また，「会えない」と回答した場合でも，「本当はいないから」というようにサンタクロースの実在性の否定に言及する者は1人もいなかった。

第3章　空想と現実との区別の認識の発達　129

## (5)　プレゼント経験

　プレゼント経験について尋ねた質問7〜9の回答をもとに，子どもを次の
いずれかに分類した。①直接－サンタ…サンタクロースから直接手渡しでも
らったと回答，②直接－家族…お母さんやお父さんなど家族から直接もらっ
たと回答，③間接－サンタ…朝起きたら枕元，机の上，あるいはツリーの下
に置いてあり，サンタクロースがくれたのだと思うと回答，④受取方法不明
…もらったことはあるが誰からどのようにしてもらったかは覚えていないと
回答，⑤未経験…プレゼントをもらったことがないと回答。**図3-4-3**は，回
答結果を年齢別に比較したものである。

　プレゼントの贈り主に関しては，大部分の子どもが「サンタクロースか
ら」と回答した。サンタクロース以外では家族という回答も見られたが，そ
れも各年齢でわずかに見られたのみであった。受取方法に関しては，サンタ
クロースから直接もらったとする「直接－サンタ」回答は3歳児36%，4歳

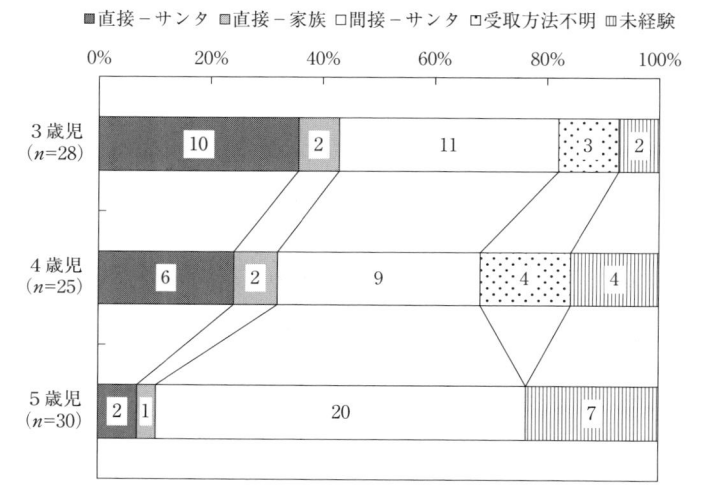

注：数値は人数を示す。

**図3-4-3.　プレゼント受取方法と贈り主に関する回答**

児24%，5歳児7％というように加齢に伴い減少した。この年齢差について，対象児を「直接－サンタ」群と「その他」群とに分け，$\chi^2$検定を行ったところ，有意差が見られた（$\chi^2(2)=7.30, p<.05$）。残差分析（5％水準）の結果，3歳児では他の年齢と比べて「直接－サンタ」群が多く，5歳児では少ないことが分かった。この結果は，1つ目の調査における「直接－本物」回答の出現頻度とほぼ同様であった（3歳児40％，4歳児25％，5歳児9％）。

## Ⅳ．多様なサンタクロースの実在世界に対する認識

### 1．サンタクロースの物語世界との整合性

　3つ目の調査では，先の2つの調査で取り上げた2種類のサンタクロース（「夜中に子どもの寝室に訪れるサンタ」と「昼間に保育園に訪れるサンタ」）に加え，経験可能性が比較的高い反面，登場文脈が伝承されているサンタクロースの物語世界と一致しない2種類のサンタクロース（「昼間にデパートで出会うサンタ」と「昼間に子どもの家を訪れるサンタ」）と，逆に経験可能性が比較的低い反面，登場文脈が伝承されているサンタクロースの物語世界と一致する2種類のサンタクロース（「夜中にトナカイが引くそりに乗って空を飛んでいるサンタ」と「夜中に子どもを自分の国に連れて行くサンタ」）を加えた計6種類のサンタクロースを取り上げる。先ず，それらに関する短い話を子どもに聞かせた後，それぞれについて「本物」か「偽物」かの判断を求め，その根拠を尋ねることにする。それにより，多様なサンタクロースの実在世界に対して子どもがどのような認識を持っているのかを検討することを目的とする。また，この調査では，課題の性質上ある程度の言語能力を必要とすることから，4歳児と5歳児のみを対象とする。

### 2．方法

#### (1)　対象児

　山口市の保育園に在籍する4歳児23名（男児8名，女児15名，平均年齢：5歳

1か月，年齢範囲：4歳9か月から5歳8か月），5歳児33名（男児16名，女児17名，平均年齢：6歳1か月，年齢範囲：5歳9か月から6歳8か月），計56名を対象とした。

### ⑵ 手続き

クリスマス会の数日前に，園の一室で個別に面接調査を行った。調査者は対象児と親和的関係を形成した後，以下の順に質問を行った。調査時間は1人につき約8分であった。

先ず，サンタクロースとの直接経験に関する2つの質問を行った。具体的には，質問1：「これまでにサンタさんに会ったことある？」，質問2：「いつ？　どこで？」であった。

次に，6種類の異なるサンタクロースが登場する6つの短い話を各1枚の絵とともに読み聞かせ，本物／偽物判断を求めた。先ず，「今から私の知っている花子ちゃんっていう子どもの話をします（男児の場合は，太郎君）。花子ちゃんはちょうど○○ちゃん（対象児）と同じくらいの年齢です。花子ちゃんはね，これまでにいろんなところでサンタさんに会ったことがあるんだけど，そのサンタさんが本物なのか偽物なのかわからなくて困っています。これから花子ちゃんがどこでサンタさんに会ったかをお話するから，○○ちゃんはそのサンタさんが本物か偽物かどっちだと思うかを私に教えてくれるかな？」と教示した。続けて6つのお話を無作為な順序に提示し，それぞれに「花子ちゃんが見たサンタさんは本物だと思う？　それとも偽物だと思う？」と質問した。また，「どうしてそう思うの？」とその理由も尋ねた。使用した短い話は以下の通りである。

①デパート編：「花子ちゃんはお母さんと近所のデパートに行った時に，サンタさんに会いました」。②保育園編：「花子ちゃんは保育園のクリスマス会でサンタさんに会いました」。③玄関編：「花子ちゃんがお家でテレビを見ていると，誰かが来たので玄関に行きました。するとそこにはサンタさんが立っていました」。④寝室編：「花子ちゃんが寝ていると，何か物音がするの

でうっすらと目を開けてみました。すると，ちょうどサンタさんが枕元にプレゼントを置いてくれていました」。⑤空の上編：「花子ちゃんはクリスマスの夜，ぼんやりと窓から外を眺めていました。すると雪の中，トナカイの引くそりに乗って空を飛んでいるサンタさんを発見しました」。⑥サンタの国編：「花子ちゃんはクリスマスの夜，寝ていると誰かに起こされました。起きて見るとそれはサンタさんでした。サンタさんは花子ちゃんをそりに乗せて，空の上を飛んでサンタの国まで連れて行ってくれました」。

### 3．結果と考察

#### (1) 出会い経験

　先ず，サンタクロースとの出会い経験について尋ねた質問1の回答をもとに，子どもを「経験あり」と「経験なし」とに分類した。その結果，「経験あり」は4歳児23名中12名（52%），5歳児33名中14名（42%）であった。この割合は，2つ目の調査におけるサンタクロースの目撃経験の結果（4歳児44%，5歳児30%）とほぼ同様であった。

　次に，出会いの場所（質問2）について，「経験あり」回答の26名（4歳児12名，5歳児14名）を対象にその回答を分類した。その結果，回答の分類とその人数は「家庭」11名（42%），「保育園・店」5名（19%），「その他」4名（15%），「覚えていない」6名（23%）であった。この結果も2つ目の調査結果（家庭52%，保育園・店14%）とほぼ同様であった。

#### (2) 本物／偽物判断

　サンタクロースの実在世界ごとの本物／偽物判断の回答は，「本物」「偽物」「分からない」に分けられた。「分からない」は，4歳児では「空の上」，「サンタの国」で各2名，5歳児では「デパート」「保育園」「空の上」「サンタの国」で各1名であった。**図3-4-4**は，「本物」判断の割合を年齢別及びサンタクロースの実在世界別に示したものである。

　図から，4歳児では，「デパート」「保育園」「玄関」といった経験可能性

第3章　空想と現実との区別の認識の発達　133

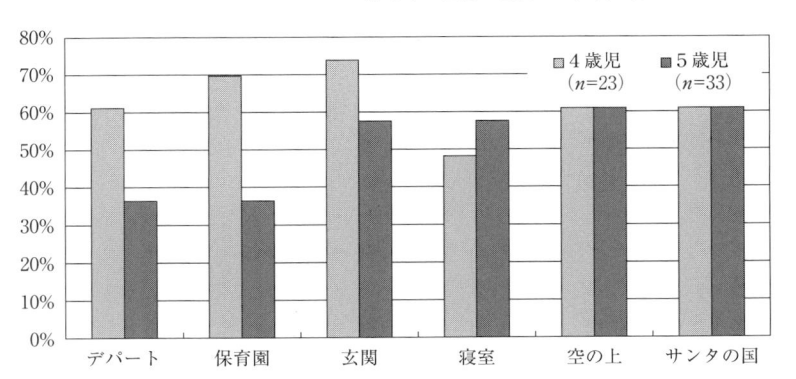

図3-4-4. 本物／偽物判断における「本物」回答の割合

の高いサンタクロースに対して「本物」判断を行うことが多かったのに対し，5歳児ではそれらに対する「本物」判断は減退し，むしろ「空の上」「サンタの国」のように経験可能性は低いものの，登場文脈が伝承物語と一致するようなサンタクロースの方が，より「本物」として判断される傾向があったことが窺える。「分からない」回答は除外して，種類ごとに2（年齢）× 2（本物／偽物）の $\chi^2$ 検定を行った結果，「デパート」で有意傾向（$\chi^2(1)$ = 2.93, $p < .10$），「保育園」で有意差が見られた（$\chi^2(1)$ = 6.63, $p < .05$）。残差分析（5％水準）の結果，4歳児では「本物」判断が多かったのに対し，5歳児では少なく，代わりに「偽物」判断が増加したことが示された。その他の種類では有意差は見られなかった。このことは，4歳から5歳にかけて，デパートや保育園で出会うサンタクロースを「本物」とする認識から「偽物」とする認識へと発達的に変化することを示唆する結果であり，1つ目と2つ目の調査の結果と一致していた。加えて，このように「本物」から「偽物」へと実在性の認識が変化するサンタクロースがいる一方で，認識に変化が見られないサンタクロースも確認された。中でも，トナカイが引くそりに乗って空を飛んだり，子どもをサンタの国に連れて行ったりといった超自然的な力を持つサンタクロースは，4，5歳児の半数以上がともに「本物」だと認

134

識していた。

### (3) 判断の根拠

　判断の根拠に関して，56名の子どもにおける言及の機会は336回であり，そのうち無回答のケースは4歳児40回（29%），5歳児90回（45%）であった。分類は著者とその他1名の評定者とで行い，一致率は89%であった。

　先ず，「本物」判断の根拠は次の7つに分類された。①外見の類似…思い描くサンタクロースとの外見的な類似に言及（例：「○○がある」「○○が似ている」「優しい」「笑ってる」），②本物らしさ…「本物」という言葉を用いて本物らしさを強調（例：「本物っぽい」「○○が本物」），③状況・時間の一致…登場に相応しい状況や時間が整っていることに言及（例：「夜に来た」「空を飛んでいる」「サンタの国から来た」「トナカイに乗ってきた」），④経験との一致…これまでの経験との一致点を強調（例：「○○に行ったことがある」「○○で見たのと一緒」「家に本物が来たことがある」），⑤証言・記憶…登場人物の証言や記憶に言及（例：「（主人公が）見たと言っている」「（主人公が）起きてからも覚えている」），⑥その他…上記のいずれにも当てはまらない場合（例：「サンタが動くから」），⑦無回答であった。

　次に，「偽物」判断の根拠は次の7つに分類された。①外見の非類似…思い描くサンタクロースとの外見的な非類似に言及（例：「○○が違う」「笑ってない」），②本物らしさの欠如…「偽物」「怪しい」という言葉を用いて本物らしくないことを強調（例：「○○のサンタクロースは偽物」「偽物っぽい」），③状況・時間の不一致…登場に相応しくない状況や時間であることに言及（例：「○○にはいない」「夜に来るはず」「煙突から来るはず」），④経験との不一致…これまでの経験との不一致を強調（例：「○○に来たのが偽物だった」「自分がもらったプレゼントと違う」），⑤行動の善悪…サンタクロースの行動が相応しくないことに言及（例：「空を飛ぶと皆騒ぐ」「勝手に連れ出したりしない」「連れて行ったらママがびっくりする」），⑥その他…上記のいずれにも当てはまらない場合（例：「プレゼントの中に爆弾が入っていたから」「ひげでしゃべれないか

第3章　空想と現実との区別の認識の発達　　135

ら」），⑦無回答であった。

　表3-4-1は，サンタクロースの実在世界別の本物／偽物判断の根拠の出現
頻度を示したものである。先ず，年齢別に比較すると，4歳児は「本物」判

**表3-4-1. サンタクロースの実在世界ごとの本物／偽物判断の根拠の出現頻度**

| 判断 | 根拠 | 4歳児 | | | | | |
|------|------|--------|--------|------|------|--------|----------|
| | | デパート | 保育園 | 玄関 | 寝室 | 空の上 | サンタの国 |
| 本物 | 外見の類似 | 26 | 35 | 52 | 9 | 26 | 22 |
| | 本物らしさ | 4 | 4 | 4 | 4 | 0 | 4 |
| | 状況・時間の一致 | 0 | 9 | 4 | 17 | 17 | 0 |
| | 経験との一致 | 4 | 4 | 4 | 4 | 4 | 4 |
| | 証言・記憶 | 0 | 0 | 0 | 0 | 0 | 4 |
| | その他 | 4 | 0 | 0 | 0 | 4 | 13 |
| | 無回答 | 22 | 17 | 13 | 13 | 13 | 9 |
| 偽物 | 外見の非類似 | 13 | 13 | 4 | 13 | 17 | 9 |
| | 本物らしさの欠如 | 9 | 0 | 0 | 9 | 0 | 0 |
| | 状況・時間の不一致 | 9 | 9 | 9 | 0 | 0 | 0 |
| | 経験との不一致 | 0 | 0 | 0 | 4 | 0 | 0 |
| | 行動の善悪 | 0 | 0 | 0 | 0 | 4 | 9 |
| | その他 | 0 | 0 | 0 | 4 | 0 | 0 |
| | 無回答 | 9 | 9 | 9 | 22 | 4 | 17 |
| わからない | | 0 | 0 | 0 | 0 | 9 | 9 |

| 判断 | 根拠 | 5歳児 | | | | | |
|------|------|--------|--------|------|------|--------|----------|
| | | デパート | 保育園 | 玄関 | 寝室 | 空の上 | サンタの国 |
| 本物 | 外見の類似 | 9 | 12 | 15 | 6 | 0 | 12 |
| | 本物らしさ | 3 | 3 | 0 | 0 | 0 | 0 |
| | 状況・時間の一致 | 0 | 15 | 6 | 30 | 30 | 18 |
| | 経験との一致 | 0 | 0 | 0 | 0 | 0 | 0 |
| | 証言・記憶 | 0 | 0 | 0 | 0 | 0 | 0 |
| | その他 | 9 | 3 | 9 | 6 | 3 | 3 |
| | 無回答 | 15 | 3 | 30 | 12 | 24 | 27 |
| 偽物 | 外見の非類似 | 3 | 0 | 3 | 3 | 6 | 3 |
| | 本物らしさの欠如 | 6 | 12 | 3 | 3 | 0 | 0 |
| | 状況・時間の不一致 | 21 | 3 | 9 | 3 | 9 | 3 |
| | 経験との不一致 | 0 | 9 | 0 | 3 | 0 | 3 |
| | 行動の善悪 | 0 | 0 | 0 | 0 | 0 | 3 |
| | その他 | 3 | 6 | 3 | 6 | 0 | 6 |
| | 無回答 | 27 | 30 | 21 | 27 | 24 | 18 |
| わからない | | 3 | 3 | 0 | 0 | 3 | 3 |

注：数値は％を示す。

断と「偽物」判断のいずれにおいても根拠として「外見の類似・非類似」に言及することが多かったのに対し，5歳児は「状況・時間の一致・不一致」に言及することが多かった。このことは，サンタクロースの実在世界を評価する際に，4歳児の多くは単に外見の類似を判断の根拠とする傾向があるのに対して，5歳児の多くはサンタクロースの物語世界との一致の程度を判断の根拠とする傾向があることを示唆している。

　次に，サンタクロースの実在世界別で比較すると，「デパート」「保育園」「玄関」サンタクロースは，4歳児における「本物」判断の根拠として「外見の類似」が多く見られたのに対し，5歳児における「偽物」判断の根拠では「状況・時間の不一致」「本物らしさの欠如」が多く見られた。また，「寝室」「空の上」「サンタの国」サンタクロースは，4歳児における「本物」判断の根拠では「外見の類似」が多く見られたのに対し，5歳児では「状況・時間の一致」が多く見られた。また，他の3種類と比べて，「状況・時間の不一致」を根拠に「偽物」と判断する者があまり見られなかった。さらに，4歳児では「経験との一致」を根拠に「本物」と判断する者が数名見られたのに対し，5歳児では全く見られなかった。他方，5歳児では「経験との不一致」を根拠に「偽物」判断する者が数名見られた。

　以上の結果は，描かれる実在世界によって子どもが抱くサンタクロースの実在性判断の質が異なることを示唆している。中でも，「デパート」「保育園」「玄関」サンタクロースのように子ども自身が直接的に経験する可能性が高く，夜中ではなく昼間に登場するなど登場文脈がサンタクロースの物語世界とは一致しないような場合と，「寝室」「空の上」「サンタの国」サンタクロースのように直接的に経験する可能性が低く，夜中に登場し超自然的な力を発揮するなど登場文脈がサンタクロースの物語世界と一致するような場合とでは，その実在世界に対する評価も異なることが示唆された。

第3章　空想と現実との区別の認識の発達　　137

## V．総合考察

　本節では，幼児期の子どもが思い描くサンタクロースの実在世界の多様性
と，それらに対する認識の発達について明らかにするために，3〜5歳児を
対象に3つの面接調査を行った。以下，順に調査結果の概要を示した上で，
考察を行う。

　1つ目の調査では，保育園のクリスマス会でサンタクロースの扮装物から
直接プレゼントをもらうという経験をした約1週間後に，子どもにプレゼン
トの受取方法に関する面接調査を行った。その結果，「サンタクロースから
直接プレゼントをもらった」「そのサンタクロースは本物だった」と回答し
た者の割合は，3歳から5歳にかけて大きく減少した。次に，2つ目の調査
では，今度はクリスマス会より前に，過去のサンタクロースとの出会い経験
やプレゼントをもらった経験に関する面接調査を行った。その結果，「サン
タクロースを直接見たことがある」「会話をしたことがある」「直接プレゼン
トをもらったことがある」と回答した者の割合は，先の調査と同様に，3歳
から5歳にかけて大きく減少した。以上から，昼間に登場し，直接的に見
る・話すなどの経験ができるサンタクロースは，3歳の段階では「本物」と
認識されるものの，その後5歳までに「偽物」との認識へと変化していくこ
とが示された。

　その一方で，子どもが「偽物」と認識するようになるのは，あくまで容易
に直接経験が可能なサンタクロースであり，全てのサンタクロースを「偽
物」と認識しているわけではなかった。2つ目の調査の結果，「サンタク
ロースに会ったことがない」と回答した5歳児でも，その多くが良い行いを
すれば，強く願えば，時間を共有できれば，相応しい状況に遭遇すれば，
「会うことができる」と回答した。また，「会えない」と回答した場合でも，
「本当はいないから」というようにサンタクロースの実在性を真っ向から否
定する者は1人もいなかった。さらに，プレゼントの経験について「朝起き

たら枕元にプレゼントが置いてあった」と回答した場合でも，多くがその贈り主はサンタクロースであると回答した。これらは，直接に出会ったサンタクロースは「偽物」だったものの，「本物」のサンタクロースはどこかにいて，いくつかの特定の条件さえ整えば会うことができるというように，多様な「本物」のサンタクロースの実在世界を思い描いていることが示された。

　こうした結果は，麻生（1996）が指摘した「一元的思想から多元的思想へ」という発達説と一致する。つまり，3歳から5歳にかけて，直接的に経験する「サンタクロースの扮装物」に対する認識は「見かけがよく似ている＝本物」から「見かけをよく似せた扮装物＝偽物」へと変化する一方で，間接的に経験する「夜中に枕元にプレゼントを届けてくれるサンタクロース」に対する認識は，「サンタクロースの扮装物＝偽物」とは別の「遠くのどこかで自分たちを見守っている＝本物」と見なされるなど，子どもの認識は一元的思想から多元的思想へと変化するのである。

　3つ目の調査では，最初の2つの調査で取り上げた2種類のサンタクロースに，4種類のサンタクロース（「昼間にデパートで出会うサンタクロース」「昼間に子どもの家を訪れるサンタクロース」「夜中にトナカイが引くそりに乗って空を飛んでいるサンタクロース」「夜中に子どもをサンタの国に連れて行くサンタクロース」）を加えた計6種類の異なるサンタクロースの実在世界を取り上げ，その本物／偽物判断と根拠を尋ねた。その結果，「デパート」「保育園」サンタクロースに関しては，最初の2つの調査と同様に，4歳から5歳にかけて「本物」判断から「偽物」判断への変化が確認された。また，有意差こそ見られなかったものの，「玄関」サンタクロースに関しても同様の変化が確認された。他方，「寝室」「空の上」「サンタの国」サンタクロースには，年齢による判断の変化は見られなかった。判断の根拠を調べた結果，「デパート」「保育園」「玄関」サンタクロースに関しては，4歳児では外見の類似性を根拠に「本物」と判断する者が多かったのに対し，5歳児では減少し，代わりに，伝承されている物語世界との状況的・時間的な不一致を根拠に「偽物」

と判断する者が多く見られた。その一方で、「寝室」「空の上」「サンタの国」サンタクロースに関しては，4歳児では外見の類似を根拠に「本物」と判断する者が多く見られたのに対し，5歳児では状況的・時間的な一致を根拠に「本物」とする者が多く見られた。また，先の3種類と異なり，状況的・時間的な不一致を根拠に「偽物」と判断する者はあまり見られなかった。また全体的に，過去の経験をもとに「本物」判断する者は4歳児に多く，逆にそのことを元に「偽物」と判断する者は5歳児に多く見られた。

　以上の結果は，子どもによるサンタクロースに対する認識は，年齢及び思い描くサンタクロースの実在世界によって変化することを示唆するものであった。4歳児にとって，サンタクロースの実在世界は主に経験と外見の類似によって支えられ，それらが「本物」判断の根拠となる。一方，5歳児にとって，サンタクロースの実在世界は主に伝承されている物語世界との整合性によって支えられ，外見の類似はもちろん重要であるものの，経験は逆に弊害となっているようである。物語上のサンタクロースと提示されたサンタクロースとが登場文脈という点において整合しているということが，彼らの「本物」判断の根拠となると考えられる。

　最近の研究において，Harris & Koenig（2006）は，ある特定の存在の実在性について判断する時，子どもは（大人も同様であるが）直接的に観察する経験のみならず，他者の証言のような間接的に得られる経験に基づいて信念を形成していくことを指摘している。それにより子どもは，直接目に見えないような存在（例えば，脳内の精神機能，身体内部の器官，地球の形，神の存在，死後の世界など）の実在性を信じることができるのだという。サンタクロースもまた，直接的な観察経験と他者の証言によって信念が形成されていく。しかし，サンタクロースが他の存在と異なるのは，「実在する」という他者の証言は物語上の真実でこそあれ，客観的，科学的真実ではないという点である。子どもは最初，サンタクロースを「実在の人物」のカテゴリーの中に位置づける。直接的に経験するサンタクロースの扮装物も，外見の類似を根

拠に同様に位置づけられる。しかし，しばらくすると経験や外見の類似はあまり大きな意味を持たなくなり，代わりに子どもはサンタクロースの登場文脈に目を向け，それが伝承されている物語世界と一致するかどうかを判断の根拠とするようになる。その結果，サンタクロースの扮装物は「偽物」として位置づけられ，直接に経験することは困難であるようなサンタクロース，すなわち，夜中に現れ，空を飛び，一夜にして世界中の子どもたちにプレゼントを配って，またサンタの国へと戻っていくという物語世界と一致するサンタクロースが「本物」として位置づけられるようになると考えられる。

　Harris（2000b）によると，経験による振り返りが不在の中で，子どもは啓発を求めて情報収集，議論，会話などを求めるようになるという。また，Harris, Pasquini, Duke, Asscher, & Pons（2006）は，子どもは直接経験できない存在の実在性について確信を得るために，その存在を取り囲む談話構造により注意を向け，それを判断に利用するようになることを示唆している。さらに，Woolley & Van Reet（2006）は，実在性の判断における文脈の利用は3，4歳児よりも5，6歳児において多く見られることを示している。本節の結果と併せて考えると，直接に経験できるサンタクロースは「偽物」であり，「本物」のサンタクロースは容易に経験できないと知った時，子どもはサンタクロースを取り囲む物語や談話により注意を向け，直接経験することは困難であるものの，きっとどこかに実在するであろうサンタクロースの実在世界を，それらを通して構築していくと考えられる。すなわち，幼児期の終わりに，子どもは実物を直接には経験できない中で，文化的に伝承された物語世界や子ども同士あるいは子どもと大人との間での想像豊かな談話を経験することによって，徐々にサンタクロースに対する認識を深め，サンタクロースが実在する多重世界を構築していくのではなかろうか。

〈付記〉
本節の主要部分は，富田（2009b）として公刊されている。

141

# 第4章　想像と現実との境界の揺らぎの発生とその要因

## 概　要

　本章では，幼児期における想像と現実との境界の揺らぎの発生とその要因について明らかにした。

　第1節では，子どもの想像の現実性判断に見られる想像と現実との境界の揺らぎに焦点を当て，その発生に関連すると考えられる要因として状況の迫真性，実在性認識，感情喚起の3つを取り上げ検討した。具体的には，4歳児を対象に，空っぽの箱の中に恐ろしい怪物を想像するように求めた後，子どもを部屋の中に1人で残し，その間の行動的反応とその後の言語的回答を求める課題を実施した。その結果，箱に対する探索行動や現実と違反する言語的回答は約3分の1の子どもにおいて確認され，状況の迫真性，実在性認識，感情喚起の各要因はいずれも子どもの想像と現実との境界の揺らぎと関連するが，その関連の仕方は行動面と言語面とで異なることが示された。

　第2節では，前節と同様に，想像の現実性判断における想像と現実との境界の揺らぎに焦点を当て，空想と現実との区別の認識との関連について検討した。具体的には，先ず，4歳児を対象に空想と現実との区別課題を実施し，その結果をもとに子どもを4つの認識型（肯定型，否定型，統合型，混同型）に分類した。次に，空っぽの箱の中に可愛らしいネズミを想像するように求めた後，子どもを部屋の中に1人で残し，その間の行動的反応とその後の言語的回答を求める課題を実施し，各認識型における行動的反応と言語的回答の違いを比較した。その結果，想像の現実性判断に見られる想像と現実との境界の揺らぎは，子ども個人の空想と現実との区別の認識型と関連があることが示された。

## 第1節　想像の現実性判断における状況の迫真性，実在性認識，感情喚起との関連

### I．想像の現実性判断に見られる想像と現実との境界の揺らぎ

　本節では，子どもの想像の現実性判断に見られる想像と現実との境界の揺らぎに焦点を当て，その発生に関連すると考えられる要因として状況の迫真性，実在性認識，感情喚起の3点を取り上げ，検討することを目的とする。

　先行研究において，Wellman & Estes（1986），Estes, Wellman, & Woolley（1989）は，子どもは3，4歳頃までに想像した事柄と現実の事柄とを区別できるようになることを明らかにしている。これに対して，Harris, Brown, Marriott, Whittall, & Harmer（1991）は，閉じられた扉の向こうに怪物がいるふりをして遊んでいるうちに，本気で怖くなってしまい，自分で扉を開けることができなくなってしまった子どもの事例を紹介しながら，幼児期においては想像と現実との境界は十分に安定的ではない可能性が考えられるとして，次のような実験を行っている。彼らは，4，6歳児を対象に2つの箱を提示し，その中身が空っぽであることを確認した後，いずれか一方に恐ろしい怪物（あるいは可愛らしいウサギ）がいると想像するように求めた。そして，子どもが上手く想像できたことを確かめた後，「箱の中は本当に空っぽだと思うか，それとももしかしたら怪物がいるかもしれないと思うか？」と尋ねた。子どもの大部分はこの時点で「空っぽだと思う」と回答したが，その後しばらく部屋に1人で残され，再度同じ質問をされると，約半数の子どもが最初の主張に反して「怪物がいるかもしれない」と回答したことを報告している。そして，そうした子どもの多くは，部屋に1人で残されている間に箱を触ったり開けたりする探索行為を示し，その探索行為は何も想像しなかった箱よりも怪物やウサギを想像した箱に対して多く示されたこ

とを明らかにしている。こうした結果はその後の研究でも繰り返されている（Johnson & Harris, 1994）。

　以上の結果に対して，Harris（2000）は，子どもは何らかの事柄について想像し，部屋に1人で残されるなど特定の状況下に置かれると，心の中で想像した事柄の利用可能性が相対的に高まり，想像した事柄が現実になるのではないかという主観的な見込みが増大し，その結果，想像と現実とを混同したかのような行動や主張を示すようになると説明している。そして，元来現実的で，物理的因果に基づく原理を支持する傾向にある子どもよりも，元来空想的で，物理的因果よりも魔術的因果に基づく原理を支持する傾向にある子どもの方が，想像した事柄が現実になるという魔術的変化の可能性を信じ易い傾向にあると指摘している。

　しかし，幼児期において想像と現実との境界の揺らぎが生じる時，そこにはどのような状況要因や個人的要因が関与しているのかについては，先述の部屋に1人で残されるという状況や魔術的可能性に対する信じ易さの個人差以外に検討されていない。想像した事柄はあくまでも想像に過ぎず，現実ではないにもかかわらず，想像した当人にとっては現実であるかのように感じられ，それにより子どもの実際的な行動や主張が影響されるといった事実は，岩附・河崎（1987）や斎藤・河崎（1991）による想像的探険遊びを始め，これまで幼児教育・保育の現場において数多く報告されている。にもかかわらず，どのような状況で，どのような子どもが想像と現実との境界の揺らぎを経験し易いのかに関する実証的研究は，ほとんど行われていない。

　そこで本節では，子どもの想像の現実性判断に見られる想像と現実との境界の揺らぎと，その発生に関連する要因について検討する。具体的には，Harris ら（1991）の空箱課題を用いて，①状況の迫真性，②実在性認識，③感情喚起という3つの要因を取り上げ，検討する。その理由は，以下に示す通りである。

　第1に，状況の迫真性であるが，これはある状況が真に迫っているさまを

指す。幼児教育・保育の現場では，保育者はしばしば子どもに絵本などの物語世界に入り込ませるため，真実ではないものをあたかも真実であるかのように見せかける操作を行う。例えば，『おおかみと七ひきのこやぎ』（グリム作・フェリクス・ホフマン絵・瀬田貞二訳）（福音館書店）の世界は現実の世界ではないが，保育者は子どもにその絵本を繰り返し読み聞かせ，その後保育者自身がオオカミになったかのような声色を使ったり，身振りを示したり，お面を被ることによって，子どもに「先生はもしかすると本当はオオカミではないか」という真実とは異なる考えをもたらしたりする。このように物語の読み聞かせや非日常的な演出は，状況の迫真性を高める操作の1つとして考えられるが，これらの要因の検討は，子どもの魔術的思考に関する研究では見られるものの（Chandler & Lalonde, 1994; Subbotsky, 1994)，子どもの想像の現実性判断に関する研究では見当たらない。そこで本節では，状況の迫真性として物語の読み聞かせと非日常的な演出を取り上げ，それらと想像と現実との境界の揺らぎとの関連性について検討する。具体的には，Harris らの空箱課題を基にした「統制条件」に加えて，箱の中に想像する怪物に関する物語をあらかじめ読み聞かせる「例話条件」と，教示をする人物が非現実的な出来事が起きたとしても不思議でなさそうな魔女の扮装をしている「扮装条件」の3条件を設定し，各条件の子どもの行動と主張を比較し検討する。

　第2に，実在性認識であるが，ここでは箱の中に想像する存在に対する実在性の認識を指す。Johnson & Harris (1994) は，部屋に1人で残された後，箱に対して何らかの行動を示した子どもはそれを示さなかった子どもよりも，その後の説明において「魔法」に言及することが多かったという結果から，想像の現実性判断における魔術的可能性に対する信じ易さの個人差の影響を指摘している。しかし，彼らの研究では，箱に対して何らかの行動を示した子どもとそれを示さなかった子どもとで異なる質問が行われており，従って，結果的に見出された行動と主張との間の関連性は誘導的な質問が原因ではないかという指摘もあり（Woolley, 1997)，十分に検討されたとは言え

第4章　想像と現実との境界の揺らぎの発生とその要因　　145

ない。そこで本節では，子どもが箱に対して何らかの行動を示した後にそれ
に対して説明を求めるのではなく，箱の中に空想上の存在を想像する前に，
その存在に対する実在性の認識を尋ね，実在性認識と箱に対する行動や主張
との関連を検討する。それにより，想像と現実との境界の揺らぎと子ども個
人の実在性認識との関連性について検討する。

　第3に，感情喚起であるが，ここでは想像に伴う否定的感情（恐怖や不安
など）の喚起を指す。Samuels & Taylor (1994) は，様々な絵本の中の出来
事の中でも，否定的感情を喚起させる出来事を提示された時の方が，そうで
ない出来事を提示された時よりも，子どもによる空想と現実との区別の判断
に混乱が生じ易かったことを報告している。また，Rozin, Millman, &
Nemeroff (1986) は，成人を対象とした研究ではあるものの，否定的感情を
喚起させる場面が提示された場合に魔術的信念への傾倒が生じ易くなること
を報告している。これらの結果から，想像に伴う否定的感情の喚起は，想像
と現実との境界の揺らぎと何らかの関連がある可能性が考えられる。そこで
本節では，子ども個人の感情喚起にも焦点を当て，想像と現実との境界の揺
らぎとの関連性について検討する。具体的には，空箱課題の最後に，実験参
加時にどのような感情を喚起したかを尋ね，その内容と箱に対する行動や主
張との関連を調べることで検討する。

## II．方法

### 1．対象児

　東広島市の幼稚園に在籍する4歳児49名（平均年齢：5歳0か月，年齢範
囲：4歳8か月から5歳7か月）をそれぞれ統制群16名（男児10名，女児6名），
扮装群17名（男児14名，女児3名），例話群16名（男児10名，女児6名）に無作
為に割り当てた。このうち，扮装群の1名（男児）はテープレコーダーの記
録に不備があったため，分析から除外した。従って，扮装群は16名となる。

## 2．材料

実験に使う2つの箱は，上部に1.5cmほどの小さな穴が開き，背面に扉の付いた，全体が黒で覆われた，縦20cm，横40cm，高さ25cmの箱を使用した。箱は，実験者と対象児が対面する机から約1m離れた所に，約30cmの間隔で並べて設置した。それぞれの脇には直径1.5cm，長さ30cmの棒を置いた。隠し撮り用のビデオカメラは，実験者の背後から対象児の行動が映るように，約2m離れた棚の上に設置した。怪物の絵には，漫画家の水木しげるの『水木しげるの妖怪事典』（東京堂出版）から「ぬえ」の絵をA4判に拡大して用いた。魔女の扮装には，仮装用の黒いとんがり帽子と黒いロングコートを用いた。実験中の会話は全てテープレコーダーに記録した。

## 3．手続き

実験は幼稚園内の静かな部屋で個別に行った。部屋に入ると第1実験者が対象児を第2実験者の前に案内し，「今日はこの女の人（扮装群の場合，"魔女の人"とした）が，○○ちゃんとお話やゲームをしたいからって来てくれました。○○ちゃんがこの女の人とお話やゲームをしている間，私（第1実験者）は向こう（部屋の隅にある椅子を指差す）で待っているからね。それでは，お願いね」と教示した。その後，第1実験者は部屋の隅に置かれた椅子に座り，第2実験者と対象児との面接の様子を見守った。第2実験者は対象児を部屋に置かれた2つの箱の前に誘い，箱の扉を開けて中を確認するように求めた。箱の中が空であることを確認した後，第2実験者と対象児は，2つの箱から1mほど離れたテーブルの椅子に，互いに向き合って座った。

第1実験者は想像段階における対象児の案内役と事後質問段階における質問役を担当し，第2実験者は想像段階における教示・質問役を担当した。ともに行動観察段階では部屋から退室した。このように役割を分けた理由については，後に詳しく述べるように，対象児の不安や恐怖をできるだけ排除するための配慮である。

なお，実験者は対象児と親和的関係を形成するために，実験開始前に3日間ほど幼稚園での活動に参加した。実験は，①想像段階，②行動観察段階，③事後質問段階の3段階で構成され，所要時間は1人につき約10分であった。

### (1) 想像段階

先ず，第2実験者は対象児に怪物の絵を提示して，「これはとても怖い顔をした毛むくじゃらの怪物です」と教示した（ここで例話群の対象児に対してのみ，後述する怪物についての例話を聞かせた）。その後，第2実験者は絵を伏せて，対象児に「今見せたような怪物は本当に本当にいると思うかな？」（質問1）と尋ねた。

対象児が回答した後，今度は目を閉じて，頭の中にその怪物を想像するように求めた。うまく想像できたかどうかを尋ね，確認できた後，目を開けさせて，右（あるいは左）の箱の中にその怪物がいると想像するように求めた。左右どちらの箱に想像するかは無作為であった。対象児が上手く想像できるまで何度も繰り返し，必要であれば怪物の絵をもう一度提示した。

次に，第2実験者は怪物を想像した箱の上部を指差し，対象児に「箱の上の所に穴があるでしょ。ここに指を入れてって言ったらどうする？ 入れることができる？」（質問2）と尋ねた。もしも対象児が「できる」と答えれば，実際に近くまで行って指を入れるよう求めた。もしも対象児が「できない」と答えれば，棒を見せて，「この棒だったら入れることができる？」と尋ねた。「できる」と答えれば実際に近くまで行って棒を入れるように求め，「できない」と答えれば，その質問は打ち切った。

最後に，もう一度テーブルの椅子に戻り，第2実験者は対象児に「今箱を開ければ，箱の中に本当に本当に怪物がいると思う？ それともいないと思う？」（質問3）と尋ねた。以上の第2実験者と対象児のやりとりの間，第1実験者はずっと部屋の隅の椅子に座って静かに見守っていた。

148

## (2) 行動観察段階

第2実験者は対象児に、「ごめんね。私は今から別の用事があるので、少しの間いなくなります。でも、少ししたらまた戻って来るので、その間、○○ちゃんはこのお部屋で待っていてね。私がいない間、椅子を離れて部屋の中を動き回ってもいいですからね」と教示し、部屋を退出した。その時、第1実験者も第2実験者とともに部屋を退出した。対象児は2分間ほど部屋に1人で残され、その間の対象児の行動は隠しカメラで記録された（行動観察）。

## (3) 事後質問段階

実験者の退室から2分後、第2実験者ではなく第1実験者のみが部屋に戻り、対象児に「ごめんね。さっきの女の人は急に用事ができてしまったので、代わりに私ともう少しお話をして、それで終わりにしましょうね」と教示した。

第1実験者は対象児に、先ず、「さっきの女の人とどんなことをしたのか聞かせてくれる？」（記憶確認質問）と尋ね、対象児が答えられない場合には「箱があったよね」などの手掛かりを与えた。次に、「部屋に1人で残っている間、椅子を離れて部屋の中を動き回ったりした？」（質問4）と尋ね、対象児が「はい」と答えれば、「あの箱に触ったり、開けてみたりした？」と尋ねた。その後、全ての対象児に対して、「部屋に1人でいる間、もしかしたら箱の中に本当に怪物がいるんじゃないかと思ったりした？　それとも全然思わなかった？」（質問5）と尋ねた。なお、扮装群の対象児に対してのみ、「さっきお話しした女の人は本物の魔女だと思う？　それとも誰かが魔女の格好をしているだけだと思う？」（質問6）という質問を加えた。

さらに、「女の人とお話をしたり、部屋に1人で残っている間、どんな気持ちがした？」（質問7）と尋ね、対象児が回答できなかったり、曖昧な感情を報告した場合、「怖い気持ちがしたかな？　それとも楽しい気持ちがしたかな？」と尋ねた。対象児が特定の感情を報告すると、「どうして怖い（楽しい）気持ちがした？」と感情の理由を尋ねた。最後に、怪物は突然に箱の

第4章　想像と現実との境界の揺らぎの発生とその要因　149

中に現れたりしないことを伝え，感謝の言葉を言って，対象児を部屋の外まで案内した。

　統制群に対する手続きは以上の通りであった。扮装群では，以上に加えて，第2実験者が魔女の扮装をし，対象児に対して常に低い声色で教示した。例話群では，第2実験者は対象児に怪物の絵を見せた後，次の短いお話を聞かせた。「この怪物の出てくるお話があります。これは私がタロウ君（女児の場合，ケイコちゃん）から実際に聞いたお話です。ある晩，タロウ君はいつものように寝ていました。けれども，夜中にふと目が覚めました。すると，隣のお部屋から，がたがたっと音が聞こえてきました。タロウ君はびっくりしました。『何の音だろう？　何かいるのかな？』と思いながら，隣のお部屋に行きました。すると，そこにはとても恐ろしい顔をした，毛むくじゃらな怪物がいたのです（怪物の絵を見せる）。怪物は，タロウ君の方をじろーりと見ました。それから，ふーっと消えていなくなってしまいました。タロウ君から聞いたお話はこれだけです」。第2実験者は3群全てで同一の女性が務めた。

　なお，本実験では，対象児と面接して教示及び質問をする実験者を常時1名で行うのではなく，2名に分けて行った。この点に関しては主に2つの理由が挙げられる。第1に，本実験では対象児に恐ろしい怪物の絵を見せ，それについて想像するように求めているが，それにより，対象児に恐怖や不安を過度に喚起させる可能性が考えられた。こうした事態を避けるために，対象児に怪物の絵を提示して教示し質問する実験者とは別に，それとは関わりのない第3者の見守りという状況を作り出し，対象児が安心して実験に参加できるように配慮する必要があった。第2に，本実験では扮装条件において，実験者が魔女の扮装をし，対象児の前に現れるという状況を設定した。この条件は，これにより対象児が魔術的可能性の実現を他の条件以上に思い描くことを意図したものであり，故に，その条件の効果を事後質問段階において適切に評価するためにも，魔女の扮装をした第1実験者は想像段階以降

150

で姿を消す必要があった。以上から，本実験では第1実験者と第2実験者を分けて設定した。

## Ⅲ．結果と考察

### 1．状況の迫真性との関連

本実験で観測された子どもの行動と主張は，その内容から，①存在質問に対する回答，②信念質問に対する回答，③指を入れる行動，④実験者不在時の行動，⑤感情質問に対する回答という5つの項目に大別できる。以下では順に結果と考察を述べる。

<u>存在質問に対する回答</u>：存在質問（質問1，6）の結果は，**表4-1-1**に示す通りである。質問1において「怪物は実在する」と回答した者は，統制群3名，例話群4名，扮装群5名であった。3（群）×2（実在／非実在）の $\chi^2$ 検定の結果，群間に差は見られず（ $\chi^2(2) = 0.67$, n.s. ），子どもの多くは「怪物は実在しない」と考えていた。また，扮装群に対してのみ行った質問6において，魔女を「本物」と回答した者は4名であり，多くは「偽物」と考えていた。

<u>信念質問に対する回答</u>：信念質問（質問3，5）の結果は，**表4-1-2**に示す通りである。実験者が退室する前の質問3において，「箱の中に怪物はいるかもしれない」と回答した者は，統制群4名，例話群2名，扮装群5名であった。3（群）×2（いる／空っぽ）の $\chi^2$ 検定の結果，群間に差は見られ

**表4-1-1． 存在質問の各回答の群別の人数**

| | 回答 | 統制群<br>($n=16$) | 例話群<br>($n=16$) | 扮装群<br>($n=16$) |
|---|---|---|---|---|
| 怪物 | 実在 | 3 (19) | 4 (25) | 5 (31) |
| | 非実在 | 13 (81) | 12 (75) | 11 (69) |
| 魔女 | 本物 | — | — | 4 (25) |
| | 偽物 | — | — | 12 (75) |

注：（　）内の数値は％を示す。

第4章　想像と現実との境界の揺らぎの発生とその要因　　151

表4-1-2.　信念質問の各回答の群別の人数

|  | 回答 | 統制群<br>($n = 16$) | 例話群<br>($n = 16$) | 扮装群<br>($n = 16$) |
|---|---|---|---|---|
| 事前 | いる | 4　(25) | 2　(13) | 5　(31) |
|  | 空っぽ | 12　(75) | 14　(88) | 11　(69) |
| 事後 | いる | 5　(31) | 3　(19) | 5　(31) |
|  | 空っぽ | 11　(69) | 13　(81) | 11　(69) |
| 揺らぎ／確信 | 揺らぎ | 5　(31) | 3　(19) | 6　(38) |
|  | 確信 | 11　(69) | 13　(81) | 10　(63) |

注：（　）内の数値は％を示す。

ず（$\chi^2(2) = 1.65$, *n.s.*），幼児の多くは「箱の中は空っぽである」と考えていた。実験者不在を経験した後の質問5では，「箱の中に怪物はいるかもしれない」と回答した者は統制群5名，例話群3名，扮装群5名であり，先と同様の$\chi^2$検定の結果，群間に差は見られなかった（$\chi^2(2) = 0.84$, *n.s.*）。さらに，想像と現実との境界の揺らぎにより注目するために，2度の質問のうち少なくとも1度は「箱の中に怪物はいるかもしれない」と回答した者を「揺らぎ」，2度の質問ともに「箱の中は空っぽである」と回答した者を「確信」として分類した。その結果，「揺らぎ」を示した者は統制群5名，例話群3名，扮装群6名であり，3（群）× 2（揺らぎ／安定）の$\chi^2$検定を行ったところ，群間に差は見られなかった（$\chi^2(2) = 1.41$, *n.s.*）。以上から，想像と現実との境界の揺らぎにおける状況の迫真性との関連は，少なくとも言語的回答の水準では見られないことが示唆された。

　指を入れる行動：箱に指を入れるように要求する質問2において，指を入れることを「拒否」した者は，統制群3名，例話群1名，扮装群7名であり，扮装群は他の2群よりも「拒否」を示す者が多く見られた。**図4-1-1**は，「拒否」の人数とその比率を群別に示したものである。3（群）× 2（同意／拒否）の$\chi^2$検定の結果，有意な群間差が見られ（$\chi^2(2) = 6.60$, $p < .05$），さらに残差分析（5％水準）を行ったところ，扮装群は他の2群よりも「拒否」

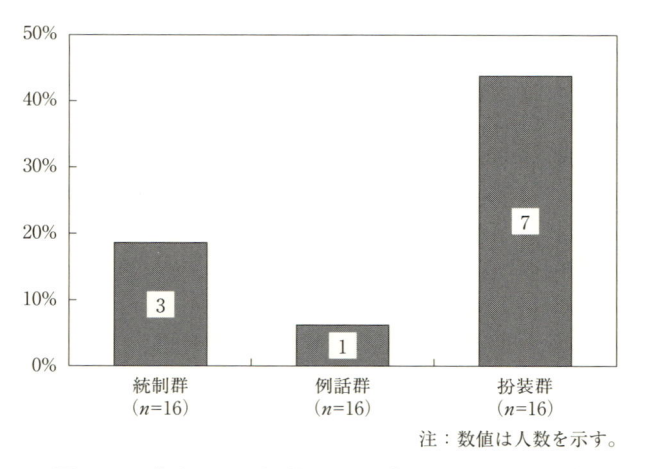

注：数値は人数を示す。

**図4-1-1. 指を入れる行動における拒否の群別の出現率**

者が有意に多いことが示された。このことから，怪物を想像した箱に指を入れるように要求される場面では，魔女の扮装という状況の迫真性の影響が生じ易くなり，想像したことが現実になるのではないかという想像と現実との境界の揺らぎが生じ易くなることが示唆された。

　実験者不在時の行動：実験者不在時の子どもの行動は，隠しカメラによって記録され，実験者の帰還後，その間の行動を子どもは正直に報告するかどうか（質問4）が確認された。箱に触ったり開けたりした17名の子どものうち12名は，事後質問においてそのことを正直に認めた。残る5名は，箱に触ったり開けたりしたことは否定したが，席を離れて動き回ったことについては認めた。従って，本実験に参加した子どもは概ね，自己の行動について正直な報告を行えたことが確認された。

　実験者不在時の行動を，箱に対する行動の有無と行動の仕方という観点から，①大胆型（大胆に開ける），②慎重型（慎重に開ける，慎重に触る，遠巻きに見る，実験者を探す），③非行動型（じっとしている）の3つに分類した。各行動の具体的内容は次の通りである。a．大胆に開ける（怪物を想像した箱に先

に関わり，箱を開けて中を見る），ｂ．慎重に開ける（怪物を想像した箱に関わる前に何も想像していない箱に関わり，箱を開けて中を見る），ｃ．慎重に触る（どちらの箱も開けたりせず，ただ箱に近づいてそっと触ったり，穴から中を覗く），ｄ．遠巻きに見る（箱に近づきはしないが，立ち上がって遠巻きに箱を見つめる），ｅ．実験者を探す（箱に関わろうとせずに実験者を探しに行く），ｇ．じっとしている（席から離れずに静かに待ち続ける）。**表4-1-3**は各行動の人数を群別に示したものである。

　大胆型と非行動型に関しては，群間でほとんど差は見られなかったが，慎重型に関しては下位カテゴリーごとの人数に群間で若干の違いが見られた。しかし，下位カテゴリーをまとめて大胆型，慎重型，非行動型とし，その群別の人数について３（群）×３（大胆型／慎重型／非行動型）の$\chi^2$検定を行ったところ，群間差は見られなかった（$\chi^2(4)=1.57$, $n.s.$）。以上から，実験者不在時の行動に関しては，状況の迫真性による影響は見られないことが示された。

　感情質問に対する回答：質問７に対する回答は，感情の種類によって次の３つに分けられた。①肯定的感情（例：「楽しかった」「うれしかった」「面白かった」），②否定的感情（例：「恐い気持ちがした」），③曖昧（例：「どっちでもない」「いろんな気持ち」）。さらに，①と②は，理由における言及対象によって

表4-1-3．実験者不在時の各行動の群別の人数

| 類型 | 詳細 | 統制群<br>($n=16$) | 例話群<br>($n=16$) | 扮装群<br>($n=16$) |
|---|---|---|---|---|
| 大胆型 | 大胆に開ける | 2（13） | 4（25） | 2（13） |
| 慎重型 | 慎重に開ける | 0（ 0） | 3（19） | 2（13） |
| | 慎重に触る | 2（13） | 0（ 0） | 1（ 6） |
| | 遠巻きに見る | 0（ 0） | 0（ 0） | 2（13） |
| | 実験者を探す | 2（13） | 0（ 0） | 0（ 0） |
| 非行動型 | じっとしている | 10（63） | 9（56） | 9（56） |

注：（　）内の数値は％を示す。

次のカテゴリーに分けられた。肯定的感情は，ａ．実験状況（例：「お姉さんが優しかったから」「お話が面白かったから」），ｂ．実在感（例：「箱の中に怪物はいなかったから」「紙の中にいるから」），ｃ．その他（例：「家でヒーローの戦いをしてるから恐くなかった」），ｄ．理由なしの４つであり，否定的感情は，ａ．実験状況（例：「たぶん偽物だけど魔女の格好をしてたから」「怖い絵を見たから」），ｂ．実在感（例：「怪物が本当に出てくるかと思ったから」「怪物に嚙まれたり，食べられてしまうから」），ｃ．その他（例：「怪物の気持ちがしたから」），ｄ．理由なしの４つであった。分類は２名の評定者が独立で行い，一致率は92％であった。**表4-1-4**は各カテゴリーの人数を示したものである。

感情喚起の種類の出現が群によって異なるかどうかを検討するために，３（群）×２（肯定的感情／否定的感情・曖昧）の $\chi^2$ 検定を行ったところ，有意差は見られなかった（$\chi^2(2) = 2.37, n.s.$）。また，理由に関しても「曖昧」回答を除いて，３（群）×４（実験状況／実在感／その他／理由なし）の $\chi^2$ 検定を行ったが，有意差は見られなかった（$\chi^2(6) = 6.92, n.s.$）。以上から，群間で感情喚起の出現傾向に違いは見られず，本実験では，状況の迫真性との関連は，子どもの感情喚起に関しては見られないことが示された。全体的に，子

**表4-1-4．感情質問の各回答の群別の人数**

| 感情 | 理由 | 統制群<br>($n = 16$) | 例話群<br>($n = 16$) | 扮装群<br>($n = 16$) |
|------|------|------|------|------|
| 肯定的感情 | 実験状況 | 2 (13) | 2 (13) | 6 (38) |
|  | 実在感 | 2 (13) | 6 (38) | 2 (13) |
|  | その他 | 0 ( 0) | 1 ( 6) | 0 ( 0) |
|  | 理由なし | 4 (25) | 3 (19) | 3 (19) |
| 否定的感情 | 実験状況 | 1 ( 6) | 0 ( 0) | 1 ( 6) |
|  | 実在感 | 2 (13) | 1 ( 6) | 2 (13) |
|  | その他 | 1 ( 6) | 1 ( 6) | 0 ( 0) |
|  | 理由なし | 1 ( 6) | 1 ( 6) | 0 ( 0) |
| 曖昧 |  | 3 (19) | 1 ( 6) | 2 (13) |

注：（　）内の数値は％を示す。

第4章　想像と現実との境界の揺らぎの発生とその要因　155

どもの65％は肯定的感情を報告し，否定的感情を報告した者は23％であった。言及対象別に見ると，実在感に言及した者は例話群7名と多いのに対して扮装群4名と少なく，実験状況に言及した者は扮装群7名と多いのに対して例話群1名と少ないなどの違いが見られた。これは，例話群では怪物に関するお話を聞かされるため，恐い話だったけど単なる絵に過ぎないからと自分に言い聞かせる傾向があり，扮装群では実験者が魔女の扮装をしているため，魔女の格好をしていたけど優しい女の人だったからと言い聞かせる傾向があるというように，子どもがそれぞれの状況で迫真性を感じさせる部分に注目し，それに伴う否定的感情の喚起を抑制しようと努めたことの表れと思われる。

## (1)　実在性認識との関連

存在質問と信念質問の各回答間の関連：怪物の実在性認識について調べた存在質問と想像の現実性判断について調べた信念質問との各回答間の関連を検討するため，2（質問1：実在／非実在）×2（質問3と5：揺らぎ／確信）の$\chi^2$検定を行った。その結果，有意差が見られ（イェーツの修正後，$\chi^2(1, N = 48) = 7.61, p < .01$），両者の関連の強さについて検討するためにファイ係数を算出したところ，中程度の連関が見られた（$\phi = .423$）。

**図4-1-2**は両者の関連を示したものである。この結果から，怪物の実在を信じている子どもほど，箱の中にそれを想像した時，箱の中に本当に怪物が現れるのではないかという想像と現実との境界の揺らぎが生じ易くなることが示唆された。

存在質問の回答とその他の測度との関連：怪物の実在性認識について調べた存在質問と指を入れる行動（同意／拒否），実験者不在時の行動（大胆型・慎重型／非行動型），感情喚起（肯定的感情／否定的感情・曖昧）との関連については，**表4-1-5**に示す通りである。それぞれに2×2の$\chi^2$検定を行った結果，いずれも有意差は見られなかった（指を入れる行動との関連　$\chi^2(1) = 0.16, n.s.$; 実験者不在時の行動との関連　$\chi^2(1) = 0.01, n.s.$; 感情喚起との関連　$\chi^2(1) = 1.66,$

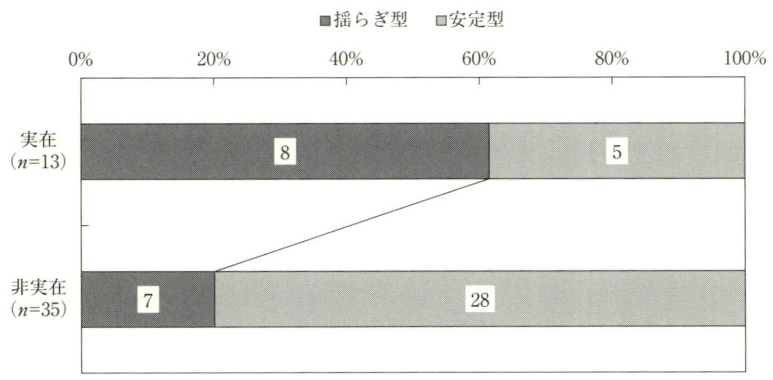

注：数値は人数を示す。

**図4-1-2. 怪物の実在性認識と想像の現実性判断との関連**

**表4-1-5. 怪物の実在性認識と指を入れる行動，実験者不在時の行動，
感情喚起との関連**

|  | | 指を入れる行動 | | 実験者不在時の行動 | | 感情喚起 | |
| --- | --- | --- | --- | --- | --- | --- | --- |
|  | | 同意 | 拒否 | 行動あり | 行動なし | 肯定 | 否定・曖昧 |
| 実在 | ($n=13$) | 9 (69) | 4 (31) | 6 (46) | 7 (54) | 6 (46) | 7 (54) |
| 非実在 | ($n=35$) | 28 (80) | 7 (20) | 14 (40) | 21 (60) | 25 (71) | 10 (29) |

注：（　）内の数値は％を示す。

*n.s.*）。実験者不在時の行動に関しては，さらに行動別に詳しく分析した結果，怪物は実在すると回答した13名のうち，「大胆に開ける」は2名，「慎重に開ける」は2名，「慎重に触る」は1名，「遠巻きに見る」は1名，「実験者を探す」は0名，「じっとしている」は7名であった。怪物は実在しないと回答した35名の内訳はそれぞれ6名，3名，2名，1名，2名，21名であり，ほぼ同様で違いは見られなかった。怪物の実在性認識は実際的行動や感情喚起という点では，関連がないことが示唆された。

## (2) 感情喚起との関連

　感情質問の回答と実験者不在時の行動との関連：感情質問の回答と実験者不在時の行動との関連について検討するため，感情喚起の種類（肯定的感

第 4 章　想像と現実との境界の揺らぎの発生とその要因　　157

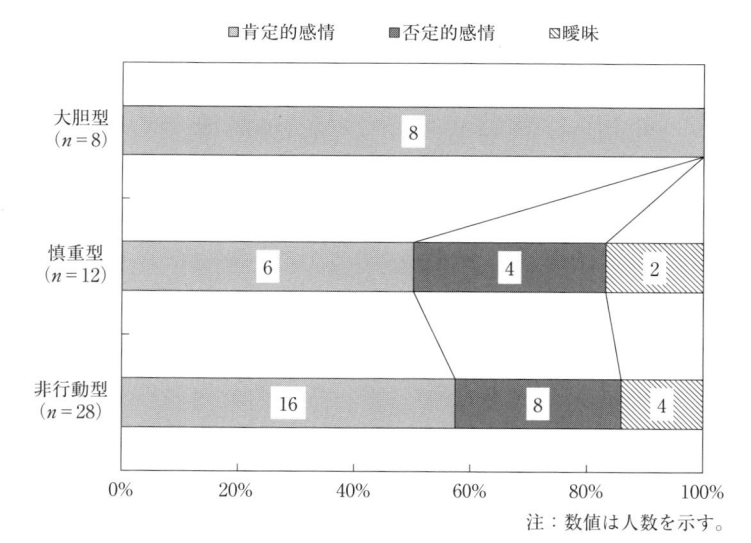

注：数値は人数を示す。

**図4-1-3.　感情喚起の種類と実験者不在時の行動との関連**

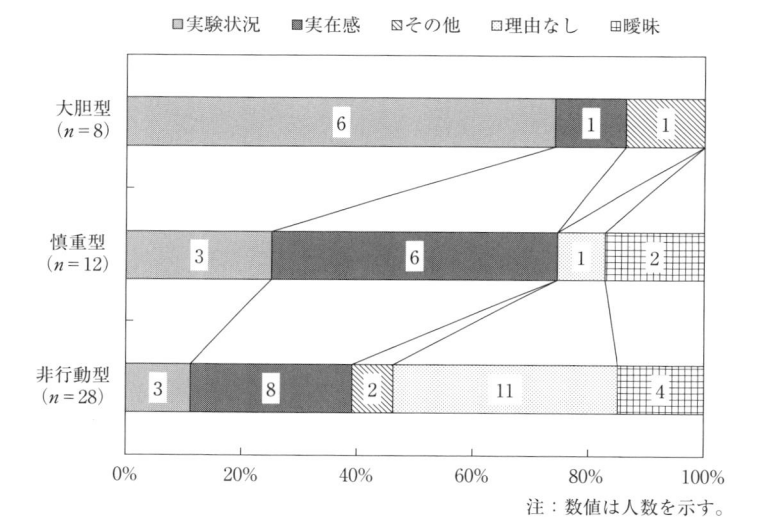

注：数値は人数を示す。

**図4-1-4.　感情喚起の理由と実験者不在時の行動との関連**

情，否定的感情，曖昧）と感情喚起の理由（実験状況，実在感，その他，理由な
し，曖昧）という2つの観点から，実験者不在時の行動との関連を分析した。

**図4-1-3**は感情喚起の種類と実験者不在時の行動との関連を示したもので
あり，**図4-1-4**は感情喚起の理由と実験者不在時の行動との関連を示したも
のである。これらの図に示すように，大胆型の行動を示した8名は全て肯定
的感情を報告し，理由に関しても実験状況に言及することが多かった。

**表4-1-6**は感情質問の回答と実験者不在時の行動との関連に関する具体的
な事例を示したものである。これらは**図4-1-3**と**図4-1-4**で示されたような感
情喚起の種類・理由と実験者不在時の行動との関連が具体的にどのような形
で表れていたのかを示すものであり，選出した事例はそれぞれの典型的な事
例である。事例1は，箱に対して大胆な行動を示した後，肯定的感情を報告

**表4-1-6. 感情と行動との関連についての具体的な事例**

| 事例 | 行動→感情 | 実験者不在時の行動内容 | 感情質問での回答内容 |
|---|---|---|---|
| 事例1<br>（男児） | 大胆型→<br>肯定的感情 | 実験者がいなくなるとすぐに怪物を想像した箱を開ける。その後も箱を開けたり棒を入れたりする行動を繰り返す。 | （どんな気持ちがした？）んー，楽しかった／うーん，ちょっとあの中ね，棒，突っ込んだけん／面白かった／何でも／あんなの，僕好きだもん／あんなね，お話／（恐い気持ちはしなかった？）ぜんぜん／僕，あんなの好きだもん |
| 事例2<br>（女児） | 慎重型→<br>否定的感情 | 怪物を想像した箱にゆっくり近づき，指でタッチした後，それを静かに開ける。 | （どんな気持ちがした？）えっとね，不思議だーっと思った／かいじゅうが，本当にいるのか，いないか，分からん……じゃけん／（恐い気持ちがした？）うん／だってね，家に，あれが来たら恐いもん |
| 事例3<br>（男児） | 慎重型→<br>肯定的感情 | 何も想像していない箱に近づき，穴から中を覗いた後にそれを開ける。その後，怪物を想像した箱にも同様の行動を繰り返す。 | （どんな気持ちがした？）ドキドキした／楽しいドキドキ／だって，……だってね，楽しいと思ったけん／（恐い気持ちはしなかった？）うん／だーってね，何にもおらんかったけん |
| 事例4<br>（女児） | 非行動型→<br>曖昧 | 席を離れずにじっとしている。 | （どんな気持ちがした？）何にもせん……ない／（恐い気持ちがした？　楽しい気持ちがした？）……んん，どっちもない／どしても |

注：“/”は実験者による質問や応答があったことを示す。

第4章　想像と現実との境界の揺らぎの発生とその要因　　159

した男児の事例である。先に述べたように，大胆型では喚起した感情として
肯定的感情を報告する者が多く見られた。これに対して，慎重型の行動を示
した12名のうち半数の6名は否定的あるいは曖昧を報告し，理由に関しても
実在感に言及する場合が多かった。事例2は，慎重な行動を示した後，否定
的感情を報告した女児の事例であり，事例3は，肯定的感情を報告した男児
の事例である。また，非行動型の28名は感情の種類については半々であった
が，「分からない」「どうしても」など理由を説明できない場合が多かった。
事例4は，実験者不在の間，席を離れずにじっとしていた後，曖昧を報告し
た女児の事例である。以上の結果から，箱の中に怪物を想像した後に，魔術
的思考を生じさせたような行動を箱に対して示すかどうかには，その時の感
情喚起の種類や注意の方向が関係することが示唆された。

　<u>感情質問の回答とその他の測度との関連</u>：感情喚起と行動に認識の揺らぎ
がどのように関連しているのかを調べるために，信念質問（揺らぎ／確信）
との関連について分析した。その結果，大胆型の行動を示し肯定的感情を報
告した8名のうち，信念の揺らいだ回答をした者は1名のみという結果が得
られたが，その他については特に偏りは見られなかった。また，指を入れる
行動との関連について検討するため，2（肯定的感情／否定的感情・曖昧）×
2（同意／拒否）の $\chi^2$ 検定を行ったところ有意差は見られなかった（$\chi^2(1)=$
0.19, n.s.）。否定的感情・曖昧を報告した17名のうち箱に指を入れる行動を拒
否した者は5名であり，肯定的感情では31名のうち拒否した者は6名とほぼ
同様であった。

## IV．追加実験

### 1．状況の迫真性を高める操作

　先の実験では，状況の迫真性の効果は扮装条件での指を入れる行動におい
てのみ確認された。このことは，状況の迫真性の効果は限定的で一時的なも
のに過ぎないことを示唆しているが，その一方で，こうした結果は現場の保

育者からすれば納得し難いものかもしれない。なぜなら，先の実験で取り上げた「物語の読み聞かせ」と「非日常的な演出」という状況の迫真性を高める2つの操作は，幼児教育・保育実践の現場では，子どもが物語の世界に入り込み，想像と現実との境界の揺らぎを経験しながら，その遊びや活動自体に大きな楽しさや喜びを見出していく上で効果的であることが，数多くの実践記録（例えば，岩附・河崎，1987；斎藤・河崎，1991）から証明済みだからである。もちろん，これらは個別実験場面と集団保育場面との違いによるものとも考えられるが，状況の迫真性の操作によって子どもの想像の現実性判断における想像と現実との境界の揺らぎが生じ易くなるかどうかに関しては，さらに検討が必要である。そこで本節では，先の実験に若干の修正を加えた追加実験を実施することで，状況の迫真性の効果についてさらに検討を加えることとする。

　具体的には，第1に，先の実験では子どもを部屋に1人で残す前に箱に指か棒を入れさせ，中に何もいないことを再度確認したが，このことが彼らの想像における主観的な見込みの低減に関与した可能性が考えられる。そこで追加実験では，箱に指を入れるという行動の場面を取り除くこととする。第2に，追加実験では魔女の扮装の迫真性をより高めるために，第2実験者は魔女の扮装に加えて「魔法の箱」についての例話も読み聞かせることとする。以上のように追加実験では，先の実験の扮装条件をさらに迫真性が高まるように修正した条件において，状況の迫真性の効果が拡大するかどうかを検討することを目的とする。

## 2．方法

### (1)　対象児

　東広島市の幼稚園に在籍する4歳児16名（男児11名，女児5名，平均年齢：5歳0か月，年齢範囲：4歳9か月から5歳6か月）を対象とし，追加群とした。

### (2) 材料

先の実験と同様である。

### (3) 手続き

質問2を削除したこと，及び，第2実験者が魔女に扮装して以下のような
お話を読み聞かせたことを除いて，基本的に先の実験と同様であった。「こ
れからタロウ君（女児の場合，ケイコちゃん）という子どものお話をします。
タロウ君は，欲しいと思ったものは何でも出てくるという魔法の箱を持って
います。タロウ君はそれを使って玩具やお菓子をたくさん出しました。でも，何だかつまらないです。『そうだ！　箱の中に怪物を出してみよう！』
とタロウ君は思いました。すると，箱の中から，怖い顔をした毛むくじゃら
な怪物が出てきました（怪物の絵を見せる）。タロウ君のお話はこれでおしま
いです」。


## 3．結果と考察

①存在質問に対する回答，②信念質問に対する回答，③実験者不在時の行
動，④感情質問に対する回答という4項目に関して，先の実験の統制群の結
果との比較から，検討を行った。

存在質問に対する回答：質問1において「怪物は実在する」と回答した者
は5名であり，統制群の結果（3名）とあまり違いは見られなかった。2
（追加群／統制群）× 2（実在／非実在）の$\chi^2$検定を行ったところ，有意差は見
られなかった（$\chi^2(1) = 0.17$, $n.s.$）。また，質問6において「魔女は本物であ
る」と回答した者は5名であり，これも先の実験の扮装群の結果（4名）と
違いは見られなかった。

信念質問に対する回答：質問3において「箱の中に怪物はいるかもしれな
い」と回答した者は3名であり，事後質問段階の質問5において同様の回答
をした者は8名であった（統制群ではそれぞれ4名と5名）。先の実験と同様
に，子どもを「揺らぎ」と「確信」とに分けたところ，揺らぎは9名，確信

は7名であった（統制群では揺らぎ5名，確信11名）。この結果について，それぞれ$\chi^2$検定を行ったところ，有意差は見られず（事前 $\chi^2(1)=0.00$, *n.s.*; 事後 $\chi^2(1)=0.52$, *n.s.*; 揺らぎ／確信 $\chi^2(1)=1.14$, *n.s.*），先の実験結果と同様，状況の迫真性の効果は見られなかった。

　<u>実験者不在時の行動</u>：質問4において実験者不在中の行動を正しく報告した幼児は5名中4名であった。実験者不在時の行動は，先の実験と同様に6つのカテゴリーに分類した。大胆型は0名，慎重型は7名，非行動型は9名であり（統制群ではそれぞれ2名，4名，10名），慎重型7名の詳細の内訳は，慎重に開ける5名，慎重に触る1名，遠巻きに見る1名，実験者を探す0名であった（統制群ではそれぞれ0名，2名，0名，2名）。2（追加群／統制群）×3（大胆型／慎重型／非行動型）の$\chi^2$検定を行った結果，有意差は見られず（$\chi^2(2)=2.87$, *n.s.*），こちらも状況の迫真性の効果は確認されなかった。

　<u>感情質問に対する回答</u>：質問7に対する回答は先の実験と同様のカテゴリーに分類した。肯定的感情は12名，否定的感情は4名，曖昧は0名であった（統制群ではそれぞれ8名，5名，3名）。肯定的感情12名の理由の内訳は，実験状況4名，実在感2名，その他2名，理由なし4名であり（統制群ではそれぞれ2名，2名，0名，4名），否定的感情4名の理由の内訳は，実験状況2名，実在感2名，その他0名，理由なし0名であった（統制群ではそれぞれ1名，2名，1名，1名）。感情の種類について，2（追加群／統制群）×2（肯定的／否定的・曖昧）の$\chi^2$検定を行った結果，有意差は見られず（$\chi^2(1)=1.20$, *n.s.*），感情の理由についても，曖昧を除いて2（追加群／統制群）×4（実験状況／実在感／その他／理由なし）の$\chi^2$検定を行ったが，有意差は見られなかった（$\chi^2(3)=1.15$, *n.s.*）。先の実験結果と同様，迫真性の効果は確認されなかった。

# V．総合考察

　本節では，子どもの想像の現実性判断における想像と現実との境の揺ら

ぎと，その発生に関連する要因について明らかにするために，4歳児を対象に実験を行った。具体的には，Harris ら（1991）の空箱課題を用いて，①状況の迫真性，②実在性認識，③感情喚起という3つの要因との関連性について検討した。以下では，要因ごとに順に考察を行う。

先ず，状況の迫真性に関しては，実験の結果，怪物を想像した箱に直接指を入れるように求める行動場面においてのみ確認された。具体的には，扮装条件の子どもは，例話条件や統制条件の子どもよりも，箱に指を入れることを拒否する行動を多く示した。なぜ扮装群の子どもは，箱に指を入れることを嫌がったのであろうか。この点に関して，Woolley & Wellman（1993），Woolley & Phelps（1994）は，想像によって形作られた虚構を現実と認識してしまう誤り（true fiction error）が生じるか否かは，想像した当人の状況認識によって左右されると述べている。Woolley らによると，現実原理に従うことが奨励されているような状況下では，幼児は非現実的に振る舞えば自分に不利益が生じると感じるため，虚構の現実化の誤りが生じ難くなるという。その一方で，魔術原理に従うことが奨励されているような状況下では，非現実的に振る舞うことの方が無難であり不利益を被らないで済むと感じるため，虚構の現実化の誤りが生じ易くなるという。この状況認識仮説に従って本節の実験結果を解釈すると，扮装群の子どもは，怪物を想像した箱に指を入れるように要求された時，目の前にいる魔女は本物ではなく大人が扮装した偽物であると認識しながらも，もしかしたら魔術的可能性が実現して現実に怪物が箱の中に現れるかもしれないという主観的な見込みが一時的に高まり，例えわずかな可能性だとしても，考えられる危険はできるだけ避けた方がよいという考えから，箱に指を入れる行動を拒否したと解釈できる。以上から，実験者が非日常的な演出をし，想像上の危険に対して実際的行動を要求する時，子どもは危険回避の考えから，想像と現実との境界の揺らぎをより生じさせ易くなることを，本節の結果は示したと言えよう。

次に，実在性認識に関しては，実験の結果，「怪物は実在する」と回答し

た13名のうち8名が，少なくとも1度は「もしかしたら箱の中に現実に怪物がいるかもしれない」と回答し，両者の間に有意な関連が確認された。この結果は，言語面での認識の揺らぎと魔術的説明との間に有意な関連を見出したJohnson & Harris（1994）の結果とも一致する。Johnson & Harris は，想像した事柄が現実になるという魔術的可能性を信じ易い軽信型の子どもは，魔術的可能性に対して懐疑的である懐疑型の子どもよりも，自らが潜在的に持つ魔術原理を活性化させ易いのではないかと考察している。そして，このような子どもは想像豊かな子どもであり，イメージを鮮明に作り出すことや長期記憶内から空想の筋書きを引き出すことに長けているのではないかと述べている。関連して，子どもが作り出す空想の友達について数多くの研究を行っている Taylor ら（Taylor & Carlson, 1997; Taylor, Cartwright, & Carlson, 1993）は，空想の友達を作り出すなど想像豊かな子どもは，ふりの能力が高く，ふり遊びに入り込むのが上手であることを明らかにしている。本節の実験では，元来，想像物である怪物の実在性を信じる傾向にある子どもは，想像した事柄が現実になるかもしれないという魔術的思考に傾倒し，想像と現実との境界の揺らぎを生じさせ易いという結果が示されたが，この結果は，子どもの想像の現実性判断における個人差の新たな証拠を示すものであると言えよう。

　最後に，感情喚起の影響に関しては，実験の結果，感情喚起の種類や理由と実験者不在中の行動との間に関連が見られた。実験者不在時の行動において大胆型の行動を示した8名は全て，事後質問において肯定的感情を報告し，理由に関しても実験状況に言及することが多かった。一方，慎重型の行動を示した12名は半数が否定的あるいは曖昧な感情を報告し，理由に関しても実在感に言及することが多かった。また，非行動型の28名は感情の種類に関しては半々であったが，「分からない」「どうしても」など理由を説明できないことが多かった。感情統制の発達について研究した Meerum Terwogt, Shene, & Harris（1986）は，6歳児でさえも，悲しいお話を聞いたとき，そ

れは本当に起きたことではないと考えることによって否定的感情を抑制できることを示している。また，Johnson & Harris（1994）は，ある種の子どもは想像した事柄が現実になるのではないかという主観的な見込みを抑制することが苦手であると述べている。本節の実験では，ある種の子どもは否定的感情を抑制することに長けており，実験状況の楽しい側面に注意を向けることで肯定的感情を喚起させ，怪物を想像した箱に対しても大胆に行動した。他方，別種の子どもは否定的感情の抑制が困難であり，怪物の実在感に注意を向けることで否定的感情を喚起させ，怪物を想像した箱に対して慎重に行動した。あるいは，怪物の実在感を打ち消そうと努力して肯定的感情を喚起させたものの，確信を得ることができずに慎重に行動した。このように本節の実験結果は，子どもが想像の現実性について判断する機会を与えられ，「もしかして…」と認識が揺らぐ時，そこに感情と行動がどのように関わるのかについての新たな証拠を提供したと言えよう。

〈付記〉
本節の主要部分は，富田・小坂・古賀・清水（2003）として公刊されている。

## 第2節　想像の現実性判断における空想と現実との区別の認識との関連

### I．科学的思考と魔術的思考との間の揺らぎ

　本節では，前節に引き続き，想像の現実性判断で見られる想像と現実との境界の揺らぎに焦点を当て，その発生と空想と現実との区別の認識との関連について明らかにする。

　前節では，想像と現実との境界の揺らぎの発生に関連すると考えられる要因として，状況の迫真性，実在性認識，感情喚起の3つを取り上げて検討し

た。その結果，各要因の関連の仕方は行動面と言語面とで異なっており，明確に単一の何かが強く関連しているといった事実は確認されなかった。

　しかし，これらの要因がそれぞれに限定的ながらも子どもの想像と現実との境界の揺らぎに関与し，それらを生じさせているという結果は興味深い。発達心理学における初期の研究（Piaget, 1926）では，幼児期の子どもは実在と思考とを混同するような魔術的思考を有しているとの見方から，比喩的な意味で「魔術師」として描かれることが多かった。1980年代以降，「心の理論」（theory of mind）研究の隆盛の中で，初期の研究に対する反証が数多く示され，その結果，「魔術師」としてよりもむしろ合理的思考を有した「科学者」として描かれることが多くなった（Astington, 1993; Bennett, 1993; Wellman, 1990）。こうした研究の歴史的変遷の後，近年では，幼児期の子どもは常に「科学者」としての立場を保っているわけではなく，初期の研究者達が描いたように「魔術師」としての立場も同時に共存・維持しており，両者の間を「揺れ動く」子ども像が提言されるようになった（Subbotsky, 2010; Woolley, Phelps, Davis, & Mandell, 1999）。前節の結果は，想像と現実とを明確に区別しながらも，状況の迫真性，実在性認識，感情喚起などの様々な要因の関与によって，想像した事柄が現実になるのではないかという魔術的思考を生じさせる4歳児についての実証的なデータを示したという点で，意義があると考えられる。

　想像と現実との境界の揺らぎの発生に関連する個人内要因については，前節でも実在性認識と感情喚起を取り上げて検討しているが，本節ではさらにこの問題に取り組むこととする。この点に関して，Johnson & Harris（1994）は，「軽信型」（credulous）と「懐疑型」（skeptical）という2つの個人差の型を見出している。彼らによると，軽信型の子どもは元来空想的で，物理的因果原理よりも魔術的因果原理を好んで支持する傾向にあるため，魔術的可能性を信じ易く，「箱の中は空っぽである」という事実を確認した後でも，それが魔術的な力によって覆される可能性を打ち消すことができない。故に，

想像した事柄が現実になるという仮説の検証のために箱を探索し，後の言語的回答においても「もしかしたら箱の中に本当にいるかもしれないと思った」と回答する傾向があるという。他方，懐疑型は元来現実的で，物理的因果原理を支持する傾向にあるため，魔術的可能性に対して懐疑的であり，「箱の中は空っぽである」という経験的根拠を基に箱を探索せず，その後の言語的回答においても「箱の中は空っぽである」と回答する傾向があるという。

　このように Johnson & Harris は，子どもによる想像と現実との境界の揺らぎについて，興味深い２つの個人差の型を報告しているが，次のような問題点を指摘できる。第１に，彼らは想像の現実性判断における行動と主張との関連性に基づいて，２つの個人差の型を示しているが，その後のいくつかの研究では有意な関連が示されないなど，必ずしも一致していない（Golomb & Galasso, 1995; 池谷, 1998）。つまり，箱に対して探索行動を示す一方で，魔術的可能性を信じる主張は行わない子どもや，探索行動は示さないが，魔術的可能性については信じる主張をする子どもが一定程度確認されたのである。従って，想像の現実性判断における子どもの箱に対する行動は，単に軽信的な動機のみならず，その動機は実に多様であることが予想される。第２に，彼らの研究では，子どもにおける箱に対する探索行動の有無が確認された後，その行動に沿って質問がなされており，従って，結果的に見出された行動と主張との関連性は，誘導的な質問手続きが影響している可能性が指摘されている（Woolley, 1997）。先述したように，幼児期の子どもは想像と現実との区別について「科学者」的な立場から明確な回答を示す一方で，様々な状況要因や個人内要因の影響を受けて，時に「魔術師」的な行動や主張を示す存在であると考えられる。想像の現実性判断における想像と現実との境界の揺らぎはその端緒であり，その発生の様相は多様であると考えられる。

　そこで本節では，子どもの魔術的可能性に対する認識を測る指標として空想／現実の区別課題を実施し，その課題の成績をもとに子どもをいくつかの

認識の型に分け，空箱課題での行動や主張との関連について検討する。それにより，子どもの想像の現実性判断で見られる想像と現実との境界の揺らぎにおいて空想と現実との区別の認識がどのように多様な仕方で関与しているかを明らかにする。

## Ⅱ．方法

### 1．対象児

東広島市の幼稚園に在籍する4歳児50名を対象とした。そのうち2名は後述のように全課題を終了できなかったため，最終的に48名（男児21名，女児27名，平均年齢：5歳0か月，年齢範囲：4歳8か月から5歳7か月）を対象とした。

### 2．材料

空想／現実の区別課題では，絵本の中の空想上の出来事の絵6枚と現実の出来事の絵6枚の計12枚を使用した。絵の選出には，先ず，絵本50冊の中から空想上の出来事と思われる絵12枚と現実の出来事と思われる絵12枚を抽出し，次に，それを基に絵の現実性と写実性を尋ねる質問紙を作成し，専門学校生47名（年齢範囲：19〜21歳）を対象にした予備調査を行った。調査の結果，現実性が高く，写実性が中程度と評価された絵6枚と，現実性が低く，写実性が中程度と評価された絵6枚をそれぞれ現実の出来事の絵，空想上の出来事の絵として選出した。実験用の絵はB4判の画用紙に白黒で印刷したものを用いた。また，空想／現実の判断を求めるために，「○」が描かれたカードと「×」が描かれたカードをそれぞれ用意した。実験に使用した12枚の絵の内容は**表4-2-1**に示す通りである。

空箱課題では，前節と同様に，上部に1.5cmほどの小さな穴が開き，背面に扉の付いた，全体が黒で覆われた，縦20cm，横40cm，高さ25cmの2つの箱を使用した。箱は，実験者と対象児が対面する机から約1m離れた所に，約30cmの間隔で並べて設置した。それぞれの脇には直径1.5cm，長さ

第4章　想像と現実との境界の揺らぎの発生とその要因　　169

表4-2-1.　空想／現実の区別課題に用いられた絵の内容

| 空想上の出来事 | 現実の出来事 |
| --- | --- |
| 少年が火を吹くドラゴンと出会う | 少女と母親が動物園でゾウを見ている |
| 帽子を被ったクマが人間と話をしている | 少年が海辺で鳥たちを見ている |
| 小人が池の周りに集まっている | 少女がウマの世話をしている |
| 少年がネズミを従えた魔女と出会う | 少年たちが動物園でカバを見ている |
| 少年が怪獣たちと木の上で遊んでいる | 少年が友達の家を訪ねる |
| 服を着たネズミが朝食の支度をしている | 幼稚園で子ども達が服を着替えている |

30cmの棒を置いた。隠し撮り用のビデオカメラは，実験者の背後から対象児の行動が映るように，約2m離れた棚の上に設置した。実験中の会話はすべてテープ・レコーダーに記録した。

## 3．手続き

実験は幼稚園内の静かな部屋で個別に行った。部屋に入ると実験者は対象児を2つの箱の前に連れて行き，それを開けて中が空っぽであることを確認させた後，「空想／現実の区別課題→空箱課題」の順に実験を開始した。なお，実験者は対象児と親和的関係を形成するために，実験開始前に3日間ほど幼稚園での活動に参加した。実験の所要時間は1人約15分であった。

### (1)　空想／現実の区別課題

先ず，実験者は対象児にこれからいくつかの絵を見せること，それらの中には現実に起こり得るものと現実に起こり得ないものとが含まれることを伝えた。次に，対象児に○と×の描かれた2枚のカードを見せ，提示する絵が「本当に起きたっておかしくない」と思えば○，「本当に起きたらおかしい」と思えば×のカードの上に手を置くように教示した。カードの上に手を置く練習をした後，課題とは無関係の2枚の絵による練習課題を行い，最後に本課題として12枚の絵を無作為な順序で提示した。

### (2)　空箱課題

空想／現実の区別課題が終了した後，空箱課題を実施した。実験は，①想

像段階，②行動観察段階，③事後質問段階の３段階で構成された。

　想像段階：先ず，実験者は対象児に２つの箱の中が空っぽであることをもう一度口頭で確認した。次に，「ネズミ」を知っているかどうかを尋ね，ネズミの特徴として，「白い」「小さい」「かわいい」「動物」という情報を伝えた後，今度は目を閉じてそれを頭の中に想像するように要求した。５秒後，上手く想像できたかどうかを尋ね，対象児のできたという回答あるいはうなずきが確認されると，今度は目を開けて，今頭の中に想像したネズミが，実験者の指定する箱の中に存在していると想像するように要求した。先ほどと同様に５秒後，うまく想像できたかどうかを尋ね，対象児のできたという回答あるいはうなずきが確認されると，次の段階に移った。この時，対象児が想像直後すぐに箱の中を見ようとして箱に近づいたり箱を開けたりするかどうかを観察し，記録した（想像直後の行動）。

　なお，ネズミを想像する箱は，２つのうち一方とし，左右の選択は均等になるようにした。また，対象児が「想像する」という言葉の意味が分からない場合，「思い浮かべる」「イメージする」などの言葉に言い換えた。１回の教示で上手く想像できない場合，３回まで教示を繰り返した。教示を３回以上繰り返しても，できたという回答やうなずきが確認できなかった場合，その対象児は想像することが困難と見做し，謝意を伝えて課題を終了した。想像困難であった者は参加50名のうち２名であり，これらは分析から除外した。

　行動観察段階：実験者は対象児に，「用事を思い出したので少しの間１人で待っていてほしい」と伝え，部屋を退室した。その際，実験者は対象児に，１人で待っている間に部屋を動き回っても箱に触っても良いことを伝えた。対象児は２分間ほど部屋に一人で残され，その間の対象児の箱に対する行動が隠しカメラで記録された（行動観察）。

　事後質問段階：２分後，実験者は部屋に戻り，記憶の確認と箱に対して注意を促すことを目的として，対象児に「どちらの箱にネズミを想像したか覚

えていますか？」（記憶確認質問），「1人でいる間に箱のどちらかを開けて見たり触ったりしましたか？（「した」と答えた場合）それをしたのはどちらの箱ですか？」（行動確認質問）という2つの質問を行った。続けて，言語的反応を引き出すために，「1人でいる間，箱は空っぽだと思っていたかな？それとも，もしかしたら中には本当にネズミがいるかもしれないと思ったかな？」（信念質問）と尋ね，対象児が「いるかもしれないと思った」と回答した場合は，「箱の中にネズミがいるとしたら，それは箱の中にどうやって出てくるのかな？」（説明質問A），「空っぽだと思っていた」と回答した場合は，「箱の中にネズミがいないってことはどうしてわかったの？」（説明質問B）と尋ねた。

　次に，対象児が想像の対象であるネズミに対して否定的な感情を喚起していないかどうかを確認するために，「箱の上にある穴に指を入れることはできるかな？」（感情確認質問）と尋ね，「できる」と答えた場合は，「では，ちょっと入れてみてください」と言い，実際に指を入れるよう要求した。「できない」と答えた場合にはそれ以上強要しなかった。その後，実験者はもう一度箱を開け，中が空っぽであることを対象児に確認させた。

　最後に，想像が現実になる可能性についての対象児の考えを探るために，「もしも箱の中にネズミが出てくるようにって，一生懸命お願いしたらどうなるかな？　箱の中にネズミは出てくるかな？」（可能性質問）と尋ね，「出てくる」と答えた場合はその時点で終了し，「出てこない」と答えた場合は，さらに「もしも魔法が使えたらどうかな？　それとも魔法を使っても無理かな？」と尋ねた。

　課題の手順は固定的な順序で行った。課題終了後，箱で遊びたい者には自由に箱を使って遊ばせ，それ以外の者には謝意を伝えて実験を終了した。実験の様子は全て隠しカメラで記録し，実験者と対象児の対話は全てテープ・レコーダーで記録した。

## Ⅲ．結果

### 1．空想と現実との区別の認識

　子どもの回答は，空想上の出来事に対して現実に起こり得ないと判断した場合を1点，現実に起こり得ると判断した場合を0点とし，現実の出来事に関してはこの逆で得点化した（得点範囲：0〜6点）。全体の平均値と標準偏差を算出したところ，空想上の出来事は$M=3.29$，$SD=1.66$であり，現実の出来事は$M=3.65$，$SD=1.66$であった。

　続けて，これらの得点をもとに，子どもを次の4つの型に分類した。①統合型…空想世界は起こり得ないが，現実世界は起こり得ると判断している者（空想4点以上，現実4点以上），②混同型…空想世界は起こり得るが，現実世界は起こり得ないと判断している者（空想3点以下，現実3点以下），③否定型…空想世界・現実世界ともに起こり得ないと判断している者（空想4点以上，現実3点以下），④肯定型…空想世界・現実世界ともに起こり得ると判断している者（空想3点以下，現実4点以上）。結果的に，統合型9名（男児5名，女児4名，空想$M=4.8$，現実$M=4.7$），混同型8名（男児3名，女児5名，空想$M=2.4$，現実$M=2.4$），否定型12名（男児5名，女児7名，空想$M=4.9$，現実$M=1.8$），肯定型19名（男児9名，女児10名，空想$M=1.9$，現実$M=4.8$）を同定した。

### 2．想像の現実性判断

　分析には$\chi^2$検定を用いた。セルの度数が小さいため，全てでイエーツの修正を行い，その都度いくつかのセルをまとめて分析を行った。また，いずれの項目においても男女差は認められなかったため，以下では男女の別は省略することにする。

#### (1) 確認質問

　記憶確認質問では，全ての子どもが正しく回答できた。従って，子どもは

特定の箱に想像を維持できていたと言える。行動確認質問では，48名中13名が「箱を探った」と報告したが，ビデオで確認したところ，実際に実験者不在中に箱を探った者はそのうちの8名であり，「箱を探った」と報告しなかった者は7名であった。今回，子どもによる自己報告は実際の行動を反映するものではなかったため，以下の分析は実際の行動をもとに行った。また，箱に指を入れる行動（感情確認質問）の結果，48名の子どものうち，箱の中に指を入れることを拒否した者は4名のみであり，大部分の対象児は想像物に対して否定的感情を抱いていなかったことが確認された。拒否した者に対しては，もう一度箱の中を確認させ，想像が現実になることはないと伝えた。

### (2) 想像直後の行動

箱の中にネズミを想像した直後の子どもの行動を「行動あり」と「行動なし」とに分類した。「行動あり」とは，箱に近づく，箱を開けるなど，箱の中を確認しようとする行動を示した場合であり，「行動なし」とは，そのままじっとしていた場合である。類型別の人数を**表4-2-2**に示した。数名を除いて，大部分の子どもは箱に対して行動を示さなかった。行動は全てネズミを想像した箱に対するものであり，このことから行動は「箱の中にネズミが本当にいるかどうかを確認したい」という動機に基づくものと考えられる。類型別に見ると，箱に対する行動は否定型に多く，他の類型ではほとんど見られなかった。否定型と他の類型とを比較するために，2（否定型／他の類型）×2（行動あり／なし）の $\chi^2$ 検定を行ったところ，有意差が確認された（ $\chi^2(1)=9.80, p<.01$ ）。

**表4-2-2. 想像直後の行動に関する類型別の人数**

|  | 統合型（$n=9$） | 混同型（$n=8$） | 否定型（$n=12$） | 肯定型（$n=19$） |
|---|---|---|---|---|
| 行動あり | 0（ 0） | 0（ 0） | 6（50） | 2（11） |
| 行動なし | 9（100） | 8（100） | 6（50） | 17（89） |

注：（ ）内の数値は％を示す。

(3)　**実験者不在中の行動**

　実験者不在中の子どもの行動を「行動あり」「別の行動あり」「行動なし」の３つに分類した。「別の行動」とは，窓に近づいて外を眺めたり，絵本を読んだりといった行動を示した場合であり，他の２つについては先述と同様である。類型別の人数を**表4-2-3**に示した。想像直後と同様に，数名を除いて大部分の子どもは箱に対して行動を示さなかった。「行動あり」の10名中９名がネズミを想像した箱に対するものであったが，残る１名も想像直後に同様の箱に対して行動を示していた。次に，類型別に見ると，箱に対する行動は否定型に多く，他の類型ではほとんど見られなかった。否定型と他の類型とで「行動あり」の人数を比較するために，２（否定型／他の類型）× ２（行動あり／なし）の$\chi^2$検定を行ったところ，有意差が確認された（$\chi^2(1)=$6.06, $p< .05$）。

　また，想像直後と実験者不在中の二度の機会において，一度でも箱に対して何らかの行動を示した者の人数（％）はそれぞれ，統合型１名（11％），混同型０名（０％），否定型９名（75％），肯定型５名（27％）であった。想像直後に箱を探った８名のうち，実験者不在中に再び箱を探った者は３名（否定型）であり，残りの５名（否定型３名，肯定型２名）は実験者不在中には箱を探らなかった。また想像直後には箱を探らなかったが，実験者不在時に箱を探った者は７名（統合型１名，否定型３名，肯定型３名）であった。

(4)　**信念質問に対する回答**

　「想像したネズミが箱の中に現実にいるのではないかと怪しんだかどうか」

**表4-2-3.　実験者不在中の行動に関する類型別の人数**

|  | 統合型（$n=9$） | 混同型（$n=8$） | 否定型（$n=12$） | 肯定型（$n=19$） |
|---|---|---|---|---|
| 行動あり | 1（11） | 0（0） | 6（50） | 3（16） |
| 別の行動 | 3（33） | 4（50） | 4（34） | 7（37） |
| 行動なし | 5（56） | 4（50） | 2（17） | 9（47） |

注：（　）内の数値は％を示す。

という実験者の質問（信念質問）に対する対象児の回答を，「揺らぎ」と「確信」とに分類した。「揺らぎ」とは「いるかもしれないと思った」と主張した場合であり，「確信」とは「空っぽだと思っていた」と主張した場合である。類型別の人数を表4-2-4に示した。全体的に，約半数の子どもは想像の現実化が起こり得ないことに確信を持っていたが，残りの半数は確信が持てず揺らいでいた。類型別に見てみると，「揺らぎ」回答は肯定型に多く，他の類型ではほとんど見られなかった。肯定型と他の類型とで「揺らぎ」回答の人数を比較するために，2（肯定型／他の類型）× 2（揺らぎ／確信）の $\chi^2$ 検定を行ったところ，有意差が確認された（$\chi^2(1) = 7.53$, $p < .01$）。

### (5) 行動−主張間の関連

　行動と主張との間の関連を調べるために，子どもを①行動あり−揺らぎ，②行動あり−確信，③行動なし−揺らぎ，④行動なし−確信の4つに分類した。ここで「行動あり」は，想像直後か実験者不在中のいずれかで一度でも箱の中を探ろうとした場合を指す。全体的に，「行動あり−揺らぎ」は5名（10%），「行動あり−確信」は10名（21%），「行動なし−揺らぎ」は15名（31%），「行動なし−確信」は18名（38%）であった。図4-2-1は，行動−主張間の関連を類型別に示したものである。図に示すように，否定型では他の類型と比べて「行動あり」が多く，その多くが「確信」回答を示した。他方，肯定型ではこれと逆のパターンが見られた。肯定型では「行動なし」が多く，その多くが「揺らぎ」回答を示した。また，統合型と混同型では同様のパターンが示された。この類型では「行動なし」が多く，その多くが「確信」回答を示した。

表4-2-4.　信念質問に対する回答の類型別の人数

|  | 統合型（$n=9$） | 混同型（$n=8$） | 否定型（$n=12$） | 肯定型（$n=19$） |
|---|---|---|---|---|
| 揺らぎ | 2（22） | 2（25） | 3（25） | 13（68） |
| 確　信 | 7（78） | 6（75） | 9（75） | 6（32） |

注：（　）内の数値は%を示す。

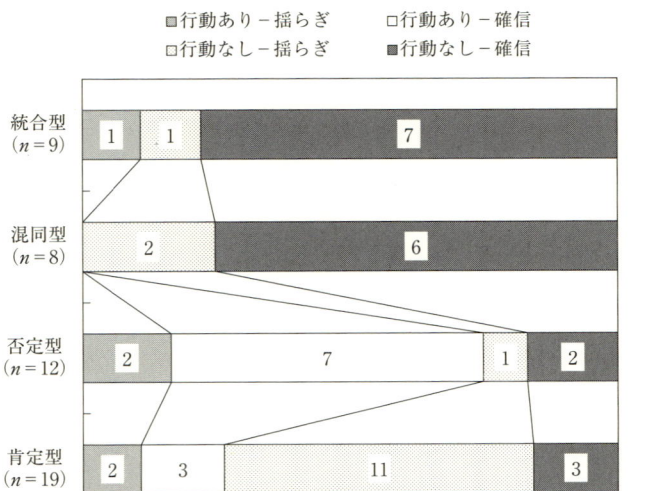

図4-2-1. 行動－主張パターンの類型別の出現率

## (6) 説明質問に対する回答

「箱の中にネズミがいるとしたら，それは箱の中にどうやって出てくるのかな？」という実験者の質問（説明質問 A）に対する回答は，次の5つに分類できた。①侵入…「口で箱の戸を開けて入る」「ジャンプして，入り口を開けて，ピョーンって」など外にいるネズミが箱の中に侵入してくる可能性をほのめかした場合。②トリック…「手品で出てくる」「（実験者を指さして）捕まえて入れる」など実験者によるトリックの可能性をほのめかした場合。③魔法…「変身して入るの，透明人間みたいに」など魔法の力の可能性をほのめかした場合。④その他…「開けたら，いる」など，以上3つのカテゴリーのいずれにも当てはまらない場合。⑤無回答…「分からない」など回答できなかった場合。

また，「箱の中にネズミがいないってことはどうして分かったの？」とい

う実験者の質問（説明質問 B）に対する回答は，次の 4 つに分類できた。①経験…「さっき見たら，いなかったから」「チューチュー言わなかった」など見る・聞くといった経験的根拠に基づいて可能性を否定した場合。②想像…「本当に出てきたら，どんどん大きくなって，街をつぶすから」「じゃないとね，部屋にみんな出てきちゃってね，大変だから」など想像に基づいて可能性を否定した場合。③その他…「いつもあたしんちね，ネズミ出てこんもん」など，以上 3 つのカテゴリーのいずれにも当てはまらない場合。④無回答…「わからない」など回答できなかった場合。

　説明質問 A は「揺らぎ」回答者に対するものであり，説明質問 B は「確信」回答者に対するものである。類型によって説明質問 A と B の回答数が異なるため，ここでは類型による違いについては検討せず，全体的な回答の傾向についてのみ述べる。類型別の人数を表4-2-5に示した。表に示すように，「揺らぎ」回答者の多くは，ネズミは「侵入」などネズミ自身の現実的な力によって現れるだろうと説明し，「魔法」や「トリック」など非現実的な力によって現れるという説明は少なかった。また，「確信」回答者の多くは見る・聞くなどの「経験」に基づいて自らの回答を正当化した。

表4-2-5. 説明質問 A・B に対する回答の類型別の人数

|  |  | 統合型（$n=9$） | 混同型（$n=8$） | 否定型（$n=12$） | 肯定型（$n=19$） |
|---|---|---|---|---|---|
| 説明質問 A | 侵入 | 1（11） |  | 2（17） | 5（26） |
|  | トリック | 1（11） | 1（12） |  |  |
|  | 魔法 |  |  |  | 1（ 5） |
|  | その他 |  |  |  | 2（11） |
|  | 無回答 |  | 1（12） | 1（ 8） | 5（26） |
|  | 合　計 | 2（22） | 2（25） | 3（25） | 13（68） |
| 説明質問 B | 経験 | 3（33） | 5（63） | 6（50） | 4（21） |
|  | 想像 | 2（22） |  |  |  |
|  | その他 |  | 1（12） | 1（ 8） |  |
|  | 無回答 | 2（22） |  | 2（17） | 2（11） |
|  | 合　計 | 7（78） | 6（75） | 9（75） | 6（32） |

注：（　）内の数値は類型ごとの全対象児数を母数とした％を示す。

178

### (7) 可能性質問に対する回答

「もしも箱の中にネズミが出てくるようにって一生懸命お願いしたらどう
なるかな？　箱の中にネズミは出てくるかな？　もしも魔法が使えたらどう
かな？　それとも魔法を使っても無理かな？」という実験者の質問（可能性
質問）に対する子どもの回答は，次の４つに分類できた。①可能…一生懸命
お願いすれば，あるいは魔法を使えば可能であると回答した場合。②不可能
…魔法などないので不可能であると回答した場合。③条件提示…普通の人は
魔法を使えないとした上で，魔法を使える人が使えば可能であると回答した
場合。④保留…「分からない」など判断を保留した場合。類型別の回答の出
現率を**図4-2-2**に示した。

　図に示すように，混同型，否定型，肯定型の３つでは「可能」回答が多
く，統合型のみ少なかった。代わりに統合型では，「条件提示」が33%，「保

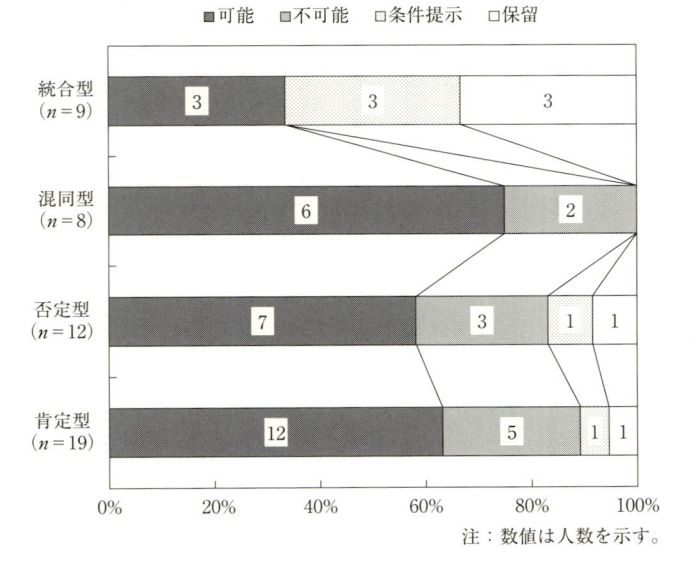

注：数値は人数を示す。

**図4-2-2.　可能性質問に対する回答の類型別の出現率**

留」が33%と多く見られた。統合型と他の類型とで「条件提示・保留」の人数について比較するために，2（統合型／他の類型）×2（条件提示・保留／他の回答）の $\chi^2$ 検定を行ったところ，有意差が確認された（$\chi^2(1) = 10.90$, $p < .01$）。この結果は，統合型では願いごとや魔法によって想像が現実になる可能性について，単純に「可能か不可能か」で考えるのではなく，「Xであれば可能であるがYであれば不可能である」というように条件付きで考えたり，いずれか一方での判断を保留したりする傾向が高いのに対して，他の3類型では願いごとや魔法によって想像が現実になる可能性を単純に「可能か不可能か」で判断する傾向が高いことを示唆していると考えられる。

## Ⅳ．考察

本節では，想像の現実性判断に見られる想像と現実との境界の揺らぎにおける，空想と現実との区別の認識の関連について明らかにするために，4歳児を対象に実験を行った。具体的には，空想／現実の区別課題での回答パターンを基に，子どもを「統合型」「混同型」「否定型」「肯定型」の4類型に分け，類型ごとに見られた空箱課題での行動や主張を比較し分析することを通して検討した。以下では，子どもにおける想像と現実との境界の揺らぎについて，空想／現実の区別課題の回答パターンとの関連から考察する。

先ず，空箱課題において想像直後と実験者不在中に箱を探索した子どもは約3分の1であり，その大部分は否定型の子どもであった。Johnson & Harris の軽信型／懐疑型の個人差説によれば，これらの子どもは軽信型ということになり，彼らは空箱の中にネズミを想像することによって，想像したことの現実感が高まり，想像と現実との境界が揺らいだため，箱の中にネズミが本当に現れるのではないかと怪しみ，箱を探るという行動を示したと解釈できる。しかし，本節では Johnson & Harris の結果とは異なり，これらの子どもの多くはその後の質問において「もしかしたら…」という揺らぎ回答を示さず，「空っぽだと思っていた」という確信的な回答を行った。こ

のことから，本節の否定型の子どもに見られた箱への探索行動は，Johnson & Harris が指摘するような想像と現実との境界の揺らぎによるものではないことが示唆される。では，一体何が原因で彼らは探索行動を行ったのであろうか。ここで空想／現実の区別課題における彼らの回答パターンを振り返ってみると，絵本の中の空想上の出来事と現実の出来事を見せられた時，彼らはその両方に対して現実に起こり得る可能性を否定する回答をした。このように空想のみならず現実をも否定してしまう彼らの回答パターンは，彼らが絵本のような大人が提供する情報を疑わしく感じていることを示唆していると考えられる。故に彼らは，実験者が空箱の中にネズミがいると想像するように要求した時，その実験者の情報を疑わしいと感じ，嘘を見破ろうとして探索行動に出たものと推察される。このように彼らの行動は想像と現実との境界の揺らぎによるものではなく，単に「箱の中は空っぽである」という自らの説を立証したいがための行動であるため，後の質問において「空っぽだと思っていた」と回答したものと考えられる。

　想像直後や実験者不在中に箱への探索行動をほとんど示さなかった他の3類型の子どもは，どのような理由から探索しなかったのであろうか。これに関しては大まかに2つの理由が考えられる。1つは，箱の中は空っぽであると信じているため，箱に対して無関心であった。2つ目に，「もしかしたら…」と思っていたが，あえて探索しなかった。3つの類型の中でも，特に肯定型の子どもは後者の理由から箱を探索しなかった可能性が考えられる。なぜなら，肯定型の多くは箱への探索行動を示していないが，にもかかわらずその後の質問において「もしかしたら…」という揺らぎの回答を示したからである。Johnson & Harris の軽信型／懐疑型の個人差説と照らし合わせると，彼らは軽信型ということになるが，それではなぜ彼らは探索行動をしなかったのかが説明できない。ここで空想／現実の区別課題における彼らの回答パターンを振り返ると，彼らは空想上の出来事と現実の出来事を見せられた時，その両方に対して肯定的な回答をした。つまり，絵本の中に描かれて

いるような世界の実現可能性を強く信じる傾向にあると言える。恐らく肯定型の子どもの多くは，空箱の中にネズミを想像するように要求された時，もしかしたら想像が現実になるかもしれないと思ったに違いないが，それでも箱に本当に現れたかどうか確かめようとはしなかった。恐らく彼らは，想像したことを現実なものにさせるためには，それを疑わず信じて待つことが大切であると考えているものと推察される。例えば，Singer（1960），Singer & Singer（1990）は，想像的な遊びの経験が豊富な子どもほど，与えられた状況の中で長時間待つことができることを実験的に明らかにし，想像豊かな子どもほど退屈な時を上手に過ごす術を知っていると述べている。こうした先行研究の結果と本節の結果とを合わせて考えると，肯定型の子どもは想像や空想を現実にするためには信じて待つことが重要であるということを知っているため，疑うような行動をとらずに待ち続けたとも考えられる。実際，肯定型のある女児は，「ネズミがいるかいないかは，後のお楽しみだと思っていたから」と言い，箱を開けなかったことを理由付けた。

　統合型と混同型の子どもに関して言えば，彼らはともに箱に対して探索行動を示さず，「もしかしたら…」という揺らぎ回答も示さなかった。Johnson & Harris の軽信型／懐疑型の個人差説によれば，彼らは懐疑型ということになるが，しかし両者がともに同様の理由からそのような回答パターンを示したのかと言えば，恐らくそうではない。そのことを示唆するように，本節では実験の最後に，一生懸命お願いしたら箱の中にネズミは出てくるかどうか，もしも魔法が使えたらどうかについて質問したところ，混同型の子どもの多くは単純に「可能」と答えたのに対し，統合型の子どもの多くは魔法を使える人が使えばと断った上で「可能」とするか，あるいは「分からない」など判断を保留した。このことから，統合型の子どもは混同型の子どもとは異なり，空想上の存在や出来事の実現可能性についてより深い認識を持っていることがうかがえる。ただし，統合型と混同型の間に違いが見られたのはこの点のみであることから，結果については慎重に受け止める必

要がある。空箱課題のような想像の現実性判断を求める課題において，子ども
が行動面でも言語面でも何ら魔術的思考の兆候を示さない場合，その時の
彼らの心理をどのように解釈すべきかについては今後の課題と言えよう。

　総括すると，本節の結果，子どもによる想像の現実性判断に見られる想像
と現実との境界の揺らぎには，空想と現実との区別の認識が関連しているこ
とが明らかにされた。その際，その関連のあり方は Johnson & Harris が指
摘したように，空想と現実との区別が十分に確立されておらず（あるいは魔
法を信じ易く）揺らぎ易い場合には探索行動を起こし，十分に確立され安定
している場合には探索行動を起こさないといった単純なものでなく，区別の
成熟度に加えて，空想上の存在や出来事に対する態度が関連していることを
示唆するものであった。具体的には，大人の嘘を見破ろうとする態度はあか
らさまな探索行動と関連し，魔法を叶えるために信じて待とうとする態度は
待機行動と関連があった。本節では，これらの態度は空想／現実の区別課題
における回答パターンから推察したに過ぎないため，幼児が真にそのような
態度を持っていたのかどうかについては検討の余地が残るが，「魔術師」と
「科学者」という立場間を揺れ動く子ども像を今後描いていく上での新たな
証拠を提供したと言えよう。

　〈付記〉
　本節の主要部分は，富田（2004）として公刊されている。

# 第5章　空想世界を楽しむ心理の発達

## 概　要

　本章では，幼児期における空想世界を楽しむ心理の発達について明らかにした。

　第1節では，幼児期における不思議を楽しむ心理の発達に焦点を当てた。具体的には，3〜5歳児を対象に3つの手品を見せ，その時の顔の表情や探索行動を分析した。また，空想／現実の区別課題を実施し，手品に対する反応との関連についても検討した。その結果，手品の不思議に気づき，それを楽しみ，探究することは，幼児期を通して発達すること，そして，そうした発達の背景には，空想と現実との区別の認識発達が存在することが明らかにされた。

　第2節では，幼児期における怖いもの見たさの心理の発達に焦点を当てた。具体的には，3〜5歳児を対象に動物とお化けの絵カードによって構成された怖いカード選択課題を実施し，怖い動物（またはお化け）と知りながらもあえてそのカードを選択して見ようとする傾向を調べた。また，見かけ／本当の区別課題と想像／現実の区別課題を実施し，怖いカード選択課題での選択傾向との関連についても検討した。その結果，怖いもの見たさの心理は，幼児期において怖いものを避けようとする段階から，怖いものをあえて見ようとする段階へと発達的に変化することが示された。また，そうした発達の背景には，特に5歳児において，想像と現実との区別の認識が関連しており，虚構の安全性を認識するに従って，怖いものを楽しめるようになることが明らかにされた。

# 第1節　不思議を楽しむ心理の発達

## I．不思議に対する好奇心と探究心

　本節では，幼児期における手品の不思議を楽しむ心理の発達，及び，空想と現実との区別の認識との関連について明らかにすることを目的とする。

　子どもの魔術的思考や信念に関する近年の研究では，子どもはただ現実的に思考する存在でも魔術的に思考する存在でもなく，両方の立場を自らの認知構造の中に併せ持ち，場面に応じて両者の間を揺らぎながら，その揺らぎを通して成長していく存在であることが，数多くの実証的研究によって明らかにされている（Rosengren, Johnson, & Harris, 2000; Subbotsky, 1993; Woolley, Phelps, Davis, & Mandell, 1999）。そこでは，子どもの認知発達を単により現実的な思考様式の獲得へと向かうものではなく，発達初期からの魔術的な思考様式も共存的に残しつつ，2つの思考様式間の揺らぎを通して進行していくものとして捉えており，認知発達研究の新たな地平を示したという点で意義があると考えられる。

　しかし，これまでの研究では，主に知識や推論などの子どもの認知的側面の発達に焦点が当てられ，想像や空想に従事することによって生じる喜びや楽しさ，恐れや不安，好奇心や探究心など感情的側面の発達には全くと言ってよいほど焦点が当てられてこなかった。子どもが現実的な思考様式を獲得した後でさえも，魔術的な思考様式を残存させ続ける理由としては，考えられる危険をできるだけ回避するといった適応的な理由とともに，魔術的な思考様式に従事することで得られる感情的体験が極めて魅力的である（Subbotsky, 2010）といった感情充足的な理由も十分に考えられる。

　そこで本節では，子どもが現実原理に反するような出来事に遭遇したとき，そこに不思議を感じとり，それを楽しみ，探究するといった一連の心の

動き（以下では，「不思議を楽しむ心理」と呼ぶ）はいつ頃からどのように可能になるのかに焦点を当てる。「不思議」とは，「思いはかることのできないこと。どう考えても原因や理由などがわからないこと。また，そのさま」（『大辞林（第三版）』（三省堂））と定義される。人は不思議な出来事に遭遇したとき，それが否定的感情よりも肯定的感情を喚起させるものである場合，先ず，その出来事の不思議に気づき，次に，興味を持ってそれを楽しみ，さらに，不思議の原因を探究しようと行動を起こすものと推測される。本節の第1の目的は，以上のような不思議な出来事に遭遇した後に生じる一連の心の動きが，幼児期においてどのように発生するのかを明らかにすることである。

　具体的には，幼児期の子どもに3つの手品によって構成された手品課題を実施し，手品を見ているときの子どもの反応を顔の表情，探索行動，言語的回答という点から観察し分析を行う。それによって，子どもが不思議を感じとり，それを楽しみ，探究することができるようになるまでの発達を明らかにする。手品とは，「指先や器具を巧みに操り，人の注意をそらせておいて，不思議なことをして見せる芸」（『大辞林（第三版）』（三省堂））と定義されるが，子どもが日常比較的気軽に接することができること，また目にする不思議の背景に現実的な原因が存在することが広く知られているため，子どもに誤った知識や推論を植えつけるものではないと考えられたことから，今回取り上げることとした。

　また，不思議な出来事に遭遇したとき，人間はその一方で今生きている世界での可能の限界を考慮しながら，不思議を感じ取ったり，楽しんだり，探究したりするものと推測される。そこで本節では，現実世界での可能の限界について認識する上で基礎となる空想と現実との区別の認識を取り上げ，その認識と手品に対する反応との関連を探ることによって，子どもの不思議を楽しむ心理において空想と現実との区別の認識能力がどのように貢献しているかを明らかにすることを第2の目的とする。

　具体的には，手品課題に参加した幼児に空想／現実の区別課題（Samuels

& Taylor, 1994; Taylor & Howell, 1973）を実施する。この課題は，第3章第1節で示したように，絵本の中の現実の出来事と空想上の出来事を数枚見せ，その絵に描かれているような出来事が現実に起こり得るかどうか判断を求めるというものである。もしも手品課題における子どもの反応と空想／現実の区別課題における彼らの成績との間に有意な相関が見られたならば，不思議を楽しむ心理の発達には，空想と現実との区別の認識能力の発達が関与していると考えることができるであろう。

## II．方法

### 1．対象児

　山口市の幼稚園に在籍する3歳児29名（男児16名，女児13名，平均年齢：4歳0か月，年齢範囲：3歳8か月から4歳7か月），4歳児34名（男児19名，女児15名，平均年齢：5歳0か月，年齢範囲：4歳8か月から5歳7か月），5歳児33名（男児16名，女児17名，平均年齢：6歳0か月，年齢範囲：5歳8か月から6歳7か月）の計96名を対象とした。なお，空想／現実の区別課題では一部で実験参加への承諾が得られなかったため，対象児は3歳児23名（男児13名，女児10名），4歳児30名（男児17名，女児13名），5歳児33名（男児16名，女児17名）の計86名であった。

### 2．材料と手続き

　実験は，手品課題と空想／現実の区別課題とで別々の機会に行った。実験を行うにあたって，事前に園長，主任，担任教諭に調査内容を説明し，協力を求め，了解を得た上で実施した。

#### (1)　手品課題

　実験者は3名ずつ2チームが2部屋に分かれ，一度に5〜7名ずつ対象児を呼んで3つの手品を実践した。実験者は著者を含む6名であり，著者以外の5名は短期大学保育学科2年の女子学生であった。彼女らは調査実施時点

ですでに保育士資格及び幼稚園教諭二種免許状の取得に関わる全ての実習を終了しており，子どもと関わることにも慣れていた。手品はいずれのチームも女子学生２名がペアで実験者となり，残る１名（著者を含む）がビデオカメラによる記録係を担当した。ビデオカメラは対象児の表情や行動を記録するため，対象児の座席の斜め正面に設置した。部屋は幼稚園２階のホールと研修室を使用した。これらの部屋は１階の保育室から離れた静かな場所に位置しており，対象児は手品を見ることに集中することができた。手品は**表5-1-1**に示す３つであり，その内容は大きく３つの時点に分けられた。

３つの手品の実践は全て同じ順序で行った。なお，３つの手品の選択は，実験者として参加した学生の１人が保育実習で子どもの前で行った際の反応の報告と，別の保育園で予備的に行った手品公演での子どもの反応をもとに選択した。また，今回３歳未満児を対象にしなかったのは，予備的な手品公

### 表5-1-1. 3つの手品の内容

| 名称 | 時点 | 手品の内容 |
| --- | --- | --- |
| 魔法のロープ | 時点１ | 白いロープを対象児に見せる。ロープが見えない糸で立ち上がる。見えない糸をハサミで切るとロープが倒れる。 |
| | 時点２ | ロープがこれからどうなるかを対象児に予想させる。ロープに呪文をかける。 |
| | 時点３ | 掛け声をかけてロープを持った手を伸ばすと，ロープが赤いハンカチに変化する。 |
| 消えるグラス | 時点１ | お盆の上に乗ったグラスを対象児に見せる。グラスの上に黒い布をかぶせる。布の上からグラスを持ち上げる。お盆を取り除く。 |
| | 時点２ | 布の奥のグラスがこれからどうなるかを対象児に予想させる。グラスに呪文をかける。 |
| | 時点３ | 掛け声をかけてグラスを対象児に向かって放り投げる（ふりをする）。しかし，グラスは消失している。 |
| 魔法の鉛筆 | 時点１ | 透明なビニール袋と透明なペットボトルを対象児に見せる。ビニール袋に水を入れる。鉛筆を見せる。 |
| | 時点２ | 鉛筆をビニール袋に突き刺すとどうなるかを対象児に予想させる。鉛筆に呪文をかける。 |
| | 時点３ | 掛け声をかけてビニール袋に鉛筆を刺す。しかし，ビニール袋に入った水はこぼれない。 |

演において3歳未満児を対象に行った時，ほとんど反応が見られなかったためである。

手品の実践が全て終わった後，「今見た手品は魔法だと思う？　それとも何か仕掛けがあると思う？」（魔法／トリック質問）と一斉に尋ねた。そして，「魔法だと思う」「何か仕掛けがあると思う」「分からない」のいずれか同意できる回答で挙手をさせた。質問は常に同じ順序で行った。最後に，保育室に戻っても他児に今見た手品の内容を教えないように対象児に約束を求めて，謝意を伝えて保育室に戻した。

本節では，対象児が手品を見た時のごく自然な表情や行動を観察し分析することが目的であった。その点を考えたとき，1名ずつの面接法では緊張から表情の変化や行動の表出が抑制されたり，手品を見た時に生じる驚きや歓喜の表情が弱まったりすることが予想された。従って，より日常に近く，またリラックスした状態で手品を見ることができるであろう5〜7名の小集団で行うことにした。

### (2) 空想／現実の区別課題

絵本の物語に描かれた絵のうち空想上の出来事の絵12枚，現実の出来事の絵8枚，計20枚の絵を材料とした。空想上の出来事の絵12枚は，①擬人的動物（動物が人間のような格好と振る舞いで生活している），②架空生物（実在しない架空の生物が登場する），③魔術的人物（人間が魔法の力で空を飛ぶなどしている）の3タイプ各4枚で構成された。現実の出来事の絵8枚は，①普通の人間（人間が普通に生活している），②普通の動物（動物が普通に生活している）の2タイプ各4枚で構成された。

実験は手品課題とは別の日に幼稚園の応接室で個別に実施した。実験者は，対象児に「今から絵本の中の絵をいくつか見せるが，絵本の中の絵には現実世界で本当に起こり得ることと，夢の中や絵本の世界でしか起こり得ないこととがあり，そのことについて今から判断して欲しい」という趣旨の教示を行った。実験者は，対象児の目の前に，○と×のカードを提示し，「本

当に起こり得る」と思ったら○，「夢の中や絵本の世界でしか起こり得ない」
と思ったら×を指差すように求めた。課題の内容が理解できたかどうかを確
かめるために，本試行前に2回ほど練習試行を行った。練習試行で○×カー
ドへの指差しが正しく行えることを確認した後，本試行を実施した。

　本試行では，20枚の絵を無作為な順序で提示した。対象児の回答について
は，あらかじめ間違っても問題がないことを伝えておき，その回答が正しく
ても間違っていても実験者は同様の反応をした。また，回答の正誤にかかわ
らず，その判断の理由を尋ねた（「どうしてそう思ったの？」）。ただし，理由の
質問については，20枚の絵全てに要求することは対象児の負担が大きいと考
えたため，全てではなく数回無作為に理由づけを求めるにとどめた。

## Ⅲ．結果

### 1．顔の表情

　顔の表情の分析では，第1に，ビデオ録画映像をもとに，3つの手品実践
時の各時点における顔の表情を観察した。時点1は，「これなーんだ？」と
実験者に手品の道具を見せられた時の表情であり，手続きの時点1「○○を
対象児に見せる」に該当する。時点2は，「どうなると思う？」と実験者に
結果の予測を求められた時の表情であり，手続きの時点2「どうなるかを対
象児に予想させる」に該当する。時点3は，手品による変化の結果を見せら
れた時の表情であり，これは手続きの時点3「しかし，○○である」に該当
する。それぞれその瞬間から約3秒間を観察した。従って，顔の表情は子ど
も1人につき9つの時点で観察したことになる。

　第2に，子どもの顔の表情は，「変化なし」「小さい喜び」「大きい喜び」
のいずれかに分類した。「変化なし」は，表情の変化があまりなく，特定の
感情を示す表情よりもむしろ中立的な表情が見られた場合とした。「小さい
喜び」は，軽く微笑む，声をあげずに笑うなど，小さく喜びの表情が見られ
た場合とした。「大きい喜び」は，声をあげて笑う，うれしそうに驚くな

ど，大きく喜びの表情が見られた場合とした。なお，不安や恐怖を感じているような表情もごくわずかであるが観察されたが，今回の分析では喜び感情の強さに特に注目したことから，これらの否定的な感情を表す顔の表情は「変化なし」に分類した。評定にあたって，著者以外の第三者（実験に参加していない保育学科の学生）にも約半数の50名分について評定を求めた。第三者には事前に上記の評定基準について説明し，具体例として評定を求めないその他の子どものビデオ録画映像を見せ，各表情カテゴリーに含まれる表情の例を確認した後，評定してもらった。その結果，評定者間の一致率は92％であった。不一致の項目については協議のうえ決定した。残りのデータについては著者が単独で評定を行った。表情の分類を行った結果，3つの手品による9つの時点における年齢ごとの表情反応の出現度数は**表5-1-2**に示す通りであった。

この表に示したデータは対応のあるデータであるため，$\chi^2$検定や直接確率計算法が使えないことから，統計的な検定を行うために各表情反応の出現度数を得点化し，表情反応得点を算出した。例えば，9つの時点のうち2つの時点で「変化なし」，4つの時点で「小さい喜び」，3つの時点で「大きい喜び」を示した場合，その対象児の持ち点は「変化なし」2点，「小さい喜

**表5-1-2. 手品課題における年齢別及び時点別の各表情反応の人数**

| | 時点 | 魔法のロープ | | | 消えるグラス | | | 魔法の鉛筆 | | |
| | | 1 | 2 | 3 | 1 | 2 | 3 | 1 | 2 | 3 |
|---|---|---|---|---|---|---|---|---|---|---|
| 3歳児 | 変化なし | 23 | 19 | 14 | 22 | 18 | 15 | 18 | 16 | 20 |
| ($n=29$) | 小さい喜び | 6 | 8 | 10 | 7 | 9 | 11 | 11 | 13 | 6 |
| | 大きい喜び | 0 | 2 | 5 | 0 | 2 | 3 | 0 | 0 | 3 |
| 4歳児 | 変化なし | 20 | 10 | 6 | 10 | 7 | 9 | 10 | 6 | 2 |
| ($n=34$) | 小さい喜び | 14 | 20 | 24 | 24 | 24 | 22 | 18 | 25 | 21 |
| | 大きい喜び | 0 | 4 | 4 | 0 | 3 | 3 | 6 | 3 | 11 |
| 5歳児 | 変化なし | 5 | 7 | 6 | 9 | 5 | 3 | 4 | 2 | 0 |
| ($n=33$) | 小さい喜び | 28 | 8 | 1 | 24 | 11 | 5 | 13 | 14 | 7 |
| | 大きい喜び | 0 | 18 | 26 | 0 | 17 | 25 | 16 | 17 | 26 |

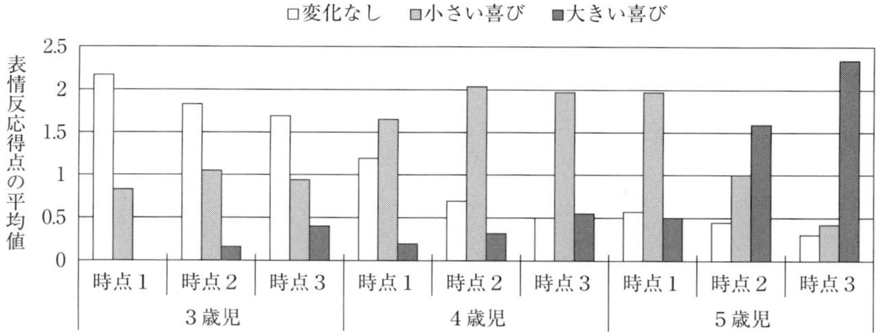

第 5 章　空想世界を楽しむ心理の発達　　191

図5-1-1.　手品課題における年齢別及び時点別の各表情反応得点の平均値

び」4点，「大きい喜び」3点となる。その得点をさらに3つの時点ごとに
配分した（0～3点の範囲）。**図5-1-1**は，年齢別及び時点別の各表情反応得
点の平均値を示したものである。

　各表情反応得点を従属変数として，3（年齢）×3（時点）の分散分析を
繰り返し行った。まず，「変化なし」得点に関しては，年齢（$F_{(2, 93)} = 21.71$,
$p < .001$）と時点（$F_{(2, 186)} = 22.19, p < .001$）の主効果が有意であった。下位検
定（Tukey の HSD 検定，以下同じ）を行った結果，3歳児の得点は4，5歳児
よりも高く，時点1の得点は時点2・3よりも高いことが示された
（$p < .001$）。次に，「小さい喜び」得点に関しては，年齢（$F_{(2, 93)} = 12.77$,
$p < .001$）と時点（$F_{(2, 186)} = 5.54, p < .005$）の主効果，及び交互作用（$F_{(4, 186)}$
$= 14.25, p < .001$）が有意であった。交互作用について下位検定を行った結
果，4歳児の時点1～3及び5歳児の時点1の得点は，3歳児の時点1～3
及び5歳児の時点2～3よりも高いことが示された（$p < .001$）。最後に，「大
きい喜び」得点に関してもまた，年齢（$F_{(2, 93)} = 36.33, p < .001$）と時点（$F_{(2, 186)} = 58.74, p < .001$）の主効果，及び交互作用（$F_{(4, 186)} = 20.38, p < .001$）が有
意であった。交互作用について下位検定を行った結果，5歳児の時点2～3
の得点は，3，4歳児の時点1～3及び5歳児の時点1よりも高いことが示
された（$p < .001$）。

192

以上のように，3歳児では手品による事物の変化や消失を目にした場合でも，ほとんど表情に変化が見られなかった。また，時点1から3へと手品が進展していった場合でも，表情にあまり違いが見られなかった。このことは3歳児では手品の不思議に対する気づきがまだ十分でないことを示唆している。他方，4歳児になると表情に変化が見られ始め，軽く微笑む，声をあげずに笑うなど少しずつ喜びの表情が見られるようになった。さらに，5歳児になると声をあげて笑うなどの大きな喜びの表情が見られるようになり，時点1で見せていた小さい喜びが，時点2から3へと手品が進展するに従って大きい喜びへと変化するなど，手品の一連の流れと合わせて表情の変化も見られるようになった。このことは4歳児になると手品の不思議に気づき，気づいた上でそれに関心を持ち，楽しむことができるようになること，また，5歳児になると手品に対する理解もより深まり，展開そのものも楽しむことができるようになっていることを示唆していると言えよう。

## 2．探索行動

探索行動の分析では，席から離れて実験者の方向に接近して行ったり，手品の変化の原因を探ろうとしたりする行動を探索行動と定義し，その数を課題全体を通して数えた。具体的には，手品の道具に触ったり，周辺に置かれているものを探ったり，言葉で実験者に問いかけたり，部屋の中に何か手掛かりがないか探して回ったりする行動がこれに当たる。また，足は前に出していないものの，その場で立ち上がって実験者に向かって身を乗り出すような姿勢を示した場合もこれに加えた。ただし，手品を見ている最中に，手品とは無関係に席を離れて徘徊したり，他児とのじゃれ合いやふざけの文脈で立ち上がったりした場合には，これに含めなかった。対象児一人による探索行動の最小は0回であり，最大は9回であった。**表5-1-3**は探索行動の回数を小分割し年齢別にその人数を示したものである。

表に示されるように，3歳児では探索行動を示した者は0名であった。

第5章　空想世界を楽しむ心理の発達　　193

表5-1-3.　手品課題における年齢別の探索行動の人数

|  | 0回 | 1〜3回 | 4〜6回 | 7〜9回 |
|---|---|---|---|---|
| 3歳児（$n=29$） | 29（100） | 0（0） | 0（0） | 0（0） |
| 4歳児（$n=34$） | 13（38） | 14（41） | 6（18） | 1（3） |
| 5歳児（$n=33$） | 14（42） | 7（21） | 8（24） | 4（12） |

注：（　）内の数値は％を示す。

　従って，統計的な分析が困難であるため，ここではセルごとの出現頻度の比較を通して結果の考察を行うことにする。先ず，1度でも探索行動を行った対象児の割合は，3歳児の0％に対し，4，5歳児ではそれぞれ62％，58％と半数以上において探索行動が観察された。探索行動を行った4歳児と5歳児とを比較すると，4歳児では「3回以下」が最も多かった（67％）のに対して，5歳児では「4回以上」が最も多かった（63％）。以上から，年少から年中にかけて子どもは探索行動を多くとるようになり，年中から年長にかけては探索の回数そのものが増加していくこと示された。この探索行動の背景には，対象児の好奇心や探究心が存在すると考えた場合，探索行動の発達的増加は，この時期における不思議に対する好奇心や探究心の高まりを示唆していると考えられよう。

　また，3歳児では探索行動が1度も観察されなかったが，3歳児が極度に大人しく行儀がよかったのかと言えば，そうではない。本節では，探索行動以外の，単に席から離れて徘徊したり，他児とのじゃれ合いやふざけ合いで立ち上がったりした行動の出現回数も観測した。この種の行動は，手品を見た興奮や小集団での楽しい雰囲気による興奮などから生じたものと推察されるが，3歳児の8名（28％），4歳児の21名（62％），5歳児の18名（55％）においてそのような行動が観察された。従って，3歳児における探索行動の欠如は彼らの活動性の低さを意味するというよりもむしろ，不思議に対する好奇心や探究心の低さを意味するものと考えられよう。

## 3. 魔法／トリック質問に対する回答

課題の最後に行われた魔法／トリック質問に対する回答は，「魔法」「トリック」「わからない」のいずれかに分類された。**表5-1-4**はその結果を示したものである。「魔法」を1点，「わからない」を0.5点，「トリック」を0点として得点化し，年齢を独立変数とした一元配置の分散分析を行ったところ，有意差が見られた（$F(2, 93) = 3.33$, $p < .05$）。下位検定（Tukey の HSD 検定）を行った結果，5歳児は4歳児よりも「魔法」判断が有意に少ないことが示された（$p < .05$）。この結果は，3歳から5歳にかけて，手品によって生じた不思議な結果の因果について推論するとき，「魔法」という説明よりも「トリック」という説明を多く用いるようになることを示唆していると言える。

ただし，この結果は以下の点に留意する必要がある。第1に，ここでの対象児の回答は実験者との1対1のやりとりを通して得られたものではなく，5名から7名の小集団の場における挙手による回答であった。従って，本実験で得られた子どもの言語的回答は集団の潜在的な影響を当然のことながら受けていると予想される。子どもの挙手回答の中身は，例えば5名いれば5名全員が「魔法」回答に挙手するというように偏ったものではなかったが，それでも個人のありのままの回答が得られたとは言い難い。この点については顔の表情や探索行動の分析でも同様のことが言えるが，慎重に扱う必要があろう。第2に，本実験では参加・協力を求めるにあたって，子どもに「お姉ちゃんたちが楽しい手品を見せてくれる」とあらかじめ伝えていた。従っ

表5-1-4. 手品課題における年齢別の言語的回答の人数

|  | 魔法 | トリック | わからない |
|---|---|---|---|
| 3歳児（$n = 29$） | 17（59） | 9（31） | 3（10） |
| 4歳児（$n = 34$） | 17（50） | 16（47） | 1（3） |
| 5歳児（$n = 33$） | 13（39） | 19（58） | 1（3） |

注：（ ）内の数値は％を示す。

て，本実験において子どもは「種も仕掛けもある手品」という文脈のもとで手品を見ており，故に，実験者による魔法／トリック質問は，トリックを前提としながら魔法の可能性を尋ねるものであり，子どもにとっては内的葛藤を生じさせる矛盾を含んだ質問であったと言える。よって，子どもは自らの判断をありのままに回答するより以前に，この文脈においてどう答えることが適切かを思案した可能性も考えられる。そうした意味でも，個人のありのままの回答が得られたとは言い難く，慎重に扱う必要があると言えよう。

## 4．空想と現実との区別の認識との関連

　手品の不思議に気づき楽しむことと空想と現実との区別との間には，特定の関係が見られるのであろうか。本節ではこの点について探るために，空想／現実の区別課題を実施した。分析では，現実の出来事の絵に対して「現実に起こり得る」，空想上の出来事の絵に対して「現実に起こり得ない」と判断した場合に正答として1点を与えた。そして，逆の判断を行った場合または「分からない」と回答した場合に誤答として0点を与えた。空想／現実の区別課題の結果の詳細については，すでに第3章第1節で述べているため，ここでは割愛し，以下では手品課題の結果との関連性についてのみ触れることとする。

　空想／現実の区別課題の得点（0〜20点）と手品課題における喜び反応得点（0〜18点），探索行動得点（0〜9点），及び言語的回答得点（0〜1点）との間の相関係数を算出したところ，空想／現実の区別課題の得点と喜び反応得点との間に有意な相関が確認された（$r=.27, p<.05$）。探索行動得点（$r=.02, n.s.$），及び言語的回答得点（$r=-.15, n.s.$）との間には有意な相関は見られなかった。しかし，年齢の効果を制御した偏相関係数を算出したところ，空想／現実の区別課題の得点と喜び反応得点との間で有意な相関は確認されなかった（$r=-.01, n.s.$）。

　次に，空想／現実の区別課題の正答得点が16点から20点の範囲であった者

196

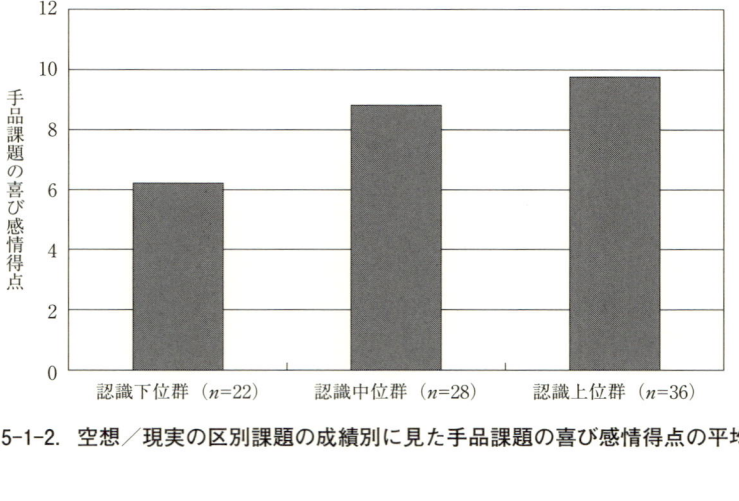

図5-1-2. 空想／現実の区別課題の成績別に見た手品課題の喜び感情得点の平均

を認識上位群（36名），11点から15点の範囲であった者を認識中位群（28名），0点から10点の範囲であった者を認識下位群（22名）として分類し，手品課題における喜び反応得点を比較した。**図5-1-2**は，空想／現実の区別課題の成績（認識上位群，中位群，下位群）ごとに手品課題の喜び感情得点の平均を比較したものである。3群を独立変数，喜び反応得点を従属変数として，一元配置の分散分析を行った結果，有意差が見られた（$F_{(2, 83)} = 3.38$, $p < .05$）。下位検定を行った結果，認識上位群（$M = 9.69$）は認識下位群（$M = 6.09$）よりも喜び感情得点が有意に高いことが示された（$p < .05$; 認識中位群 $M = 8.79$）。しかし，年齢の効果を除外するため，年齢別に分散分析を行った場合には，いずれの年齢でも有意差は見られなかった（3歳児 $F_{(2, 20)} = 1.57$, $n.s.$; 4歳児 $F_{(2, 27)} = .19$, $n.s.$; 5歳児 $F_{(2, 30)} = 1.54$, $n.s.$）。

以上から，空想と現実との区別の認識能力と手品の不思議に遭遇した時の喜び反応との間には関連が見られるものの，年齢の効果を制御すると両者の間に関連は見られず，両者の関連性は限定的なものであることが示唆された。

## Ⅳ. 考察

　本節では，子どもが不思議に気づき，それを楽しみ，探究することができるようになるまでの発達について検討するために，幼児を対象に手品課題を実施し，手品を見せられたときの幼児の反応を顔の表情，探索行動，言語的回答という点から観察し分析を行った。その結果，3歳児では手品を見せられても顔の表情にあまり変化がなく，手品の不思議の原因を探ろうとする探索行動も全く見られなかったのに対して，4歳児では軽く微笑んだり声を上げずに笑うなど喜びの反応や探索行動も多く見られるようになり，さらに5歳児では声を上げて笑ったりうれしそうに驚くなど喜び反応も大きくなり，探索行動も増加するなどの一連の発達的変化が確認された。

　3歳児において見られた顔の表情の多くは「変化なし」であり，この表情は手品の道具を見せた時点1から，手品による変化が起こる直前の時点2，そして手品による変化が起こった直後の時点3へと，局面が時間的に変化しても大きく変化は起こらなかった。このことは，3歳児の多くが手品によって生じた不思議，すなわち，現実原理に照らし合わせて考えれば起こるはずのないことが，実際に起こったという不思議にまだあまり気づいていないことを意味していると考えられる。その一方で，4，5歳児において見られた顔の表情の多くは「小さな喜び」または「大きな喜び」であり，特に5歳児では時点1から3へと局面が時間的に変化するのに合わせて，彼らの表情も大きく変化した。加えて，3歳児では全く見られなかった探索行動も，4，5歳児では多く見られた。これらのことは，3歳児と異なり4，5歳児になった彼らは，手品によって生じた不思議に気づいていることを意味していると考えられる。また，4歳児に比べて5歳児では，「大きな喜び」の表情もより多く見られ，時点ごとの表情の変化もより顕著であり，探索行動もより多く見られた。このことは，不思議に気づいた後に生じると予想される，不思議を楽しみ，その原因を探究するという心の動きが，5歳児においてよ

り深化したことを意味していると解釈できる。

　また，不思議を楽しむ心理の発達において，空想と現実との区別について正しい認識を持つことがどのように関連しているかを探るために，幼児に対して空想／現実の区別課題を実施し，手品課題における反応との関連を検討した。その結果，空想と現実との区別の認識能力と手品を見た時の喜び反応との間に有意な関連が確認された。しかし，年齢の効果を制御したところ，両者の間に有意差は見られず，この点については今後さらなる検討が必要であろう。

　従来の研究では，子どもは現実的思考をいつどのように獲得し発達させていくのか，魔術的思考をいつどのように捨て去るのか，あるいは捨て去らずに残存させるとすれば，それはどのように残存していくのか，どのような状況要因あるいは個人内要因によって魔術的思考は活性化されるのかという点に焦点が当てられてきた（Harris, 2000a; Rosengren et al., 2000; Subbotsky, 1993）。子どもの想像や空想を主題として扱った場合でも，それは思考や推論などの認識の問題としてであり，想像や空想がもたらす効果の1つである喜びや楽しさ，恐れや不安，好奇心や探究心といった感情の問題は扱われてこなかった。ここで取り上げた「手品」は，本来その構造上に現実的原理を持つものであるため，厳密には想像や空想とは言えない部分もある。しかしながら，それがもたらす不思議は人々に喜びや楽しさ，好奇心や探究心を喚起させるものであり，そうした意味で子どもの想像や空想の発達を感情体験の側面から接近した研究の1つと位置づけることができるであろう。

　それと同時に，本節では空想と現実との区別の認識発達との関連を探り，それによって不思議を楽しむ心理の発達には，空想と現実との区別の認識発達が関与している可能性を示した。想像や空想がもたらす効果の1つに感情面の豊かな経験とそれに伴う感情発達が考えられるが，同時にそれらは，空想と現実とを区別するといった認識面の発達を抜きにしては考えられない可能性を本節の結果は示したと言えよう。

〈付記〉
本節の主要部分は，富田（2009a）として公刊されている。

## 第2節　怖いもの見たさの心理の発達

### Ⅰ．怖いもの見たさの魅力

　本節では，幼児期における怖いもの見たさの心理の発達，及び，虚構と現実との区別の認識との関連について明らかにすることを目的とする。

　物理的因果原理に反するような出来事に遭遇した時，子どもはその不思議さや奇妙さに魅力を感じ，喜びや楽しさなど肯定的な感情を示す一方で，時に恐怖や不安など否定的な感情を示したりする。さらに，そうした不思議さや奇妙さに恐怖や不安を感じながらも，同時に心魅かれ，目を背けながらもあえて見ようとしたり，近づこうとしたりする。こうしたことは子どもに限らず大人も含めて，誰しも経験があることであろう。子どもであれば，怖い絵本を怖いと知りながらも何度も「読んで」とせがむ，怖い怪物がいると想像した押し入れの中をあえて見ようとするなどの行動が当てはまるであろうし（加用，1990：田代，2001），大人であれば，ジェットコースターに乗る，お化け屋敷に入る，ホラー映画を見るなどの行動が当てはまるであろう。こうしたいわゆる「怖いもの見たさ」の心理は極めて身近で一般的な現象であるにもかかわらず，これまで実証的研究はほとんど行われてこなかった。

　怖いもの見たさの心理に関して，Bloom（2010）は，人間が怖いものをあえて見たがるのは，それがあくまでも見かけや想像に過ぎず，本物でも現実でもないことを認識できているからだと述べている。つまり，虚構の安全性を理解できているが故に，私達は安全な距離で，安全な環境からそれを楽しむことができるのである。しかし，人間は虚構の安全性の認識をもとに，「これは本物ではないから安心だ」と感じる一方で，本物とよく似たその見

かけを目にすると，つい「もしかしたら…」と感じてしまう傾向を持つ。「本物ではない」「見かけがよく似ているに過ぎない」という信念を持ちながらも，「もしかしたら…」という偽念を拭い去ることができず，両者の間を揺れ動く。これこそが怖いもの見たさの本質であると言えよう。

　こうした Bloom の説に従えば，子どもは虚構と現実との区別がまだ十分でない段階では，目の前にある「見かけ」上の怖いものを「本物」の怖いものであると誤って認識してしまうため，怖いものを楽しむことができない。しかし，虚構と現実との区別が行えるようになると，目の前にある怖いものが「本物」ではなく「見かけ」に過ぎないことに気づくようになり，虚構の安全性の認識に基づいて，怖いものを楽しむことができるようになると予想される。

　そこで本節では，幼児期における怖いもの見たさの心理の発達に焦点を当て，次の2つの仮説について検討する。第1に，怖いもの見たさの心理は，前節の不思議を楽しむ心理と同様に幼児期を通して発達し，怖いものの虚構性を認識できずに単純に避けようとする段階から，怖いものの虚構性を認識した上でそれを楽しもうとする（あえて見ようとする）段階へと発達的に変化するのではなかろうか。第2に，怖いものを楽しむ前提として虚構の安全性の認識が考えられることから，怖いもの見たさの心理には想像や見かけなどの虚構／現実の区別に関する認識能力の発達が関連しているのではなかろうか。

　具体的には，怖い（または怖くない）動物とお化けが描かれた絵カードを用いて，その怖いカードと怖くないカードのいずれか一方のみを選択しなければならない状況において，子どもがどちらのカードをより好んで多く選択するかを調べる怖いカード選択課題を作成し実施することとする。この課題の作成に当たっては，実験に参加する子どもが深刻な恐怖や不安を感じないように配慮した。もしも怖いものをあえて見ようとする怖いもの見たさの心理の傾向が強い場合には，子どもは怖くないカードではなく怖いカードをより

好んで選択するであろう。また，怖いカードに対する好悪感情を調べるために，一連のカード選択終了後に全てのカードを子どもの前に提示し，最も欲しい（欲しくない）カードを選択するように求める質問も加える。さらに，虚構と現実との区別の認識を調べる課題として想像／現実の区別課題と見かけ／本当の区別課題を実施し，怖いもの見たさの心理との関連性についても検討する。

## Ⅱ．方法

### 1．対象児

　岡山市の２つの保育園に在籍する３歳児20名（男児13名，女児７名，平均年齢４歳０か月，年齢範囲３歳７か月～４歳６か月），４歳児33名（男児16名，女児17名，平均年齢５歳０か月，年齢範囲４歳７か月～５歳６か月），５歳児39名（男児19名，女児20名，平均年齢６歳０か月，年齢範囲５歳７か月～６歳６か月），計92名（男児48名，女児44名）を対象とした。

### 2．手続き

　実験は，保育園の静かな一室で個別に行った。実験時間は１人当たり15分程度であった。対象児に名前，年齢，所属クラスについて尋ねた後，怖いカード選択課題，見かけ／本当の区別課題，想像／現実の区別課題の順に実験を行った。

　なお，実験者である女子学生２名は，事前に２日間ほど保育園で過ごし，対象児と十分に親和的関係を形成した上で実験を行った。ともに保育士資格及び幼稚園教諭一種免許状の取得に関わる全ての実習を終了しており，子どもと関わることには慣れていた。本実験を行うにあたって事前に園長，担任保育士に調査内容を説明し協力を求め，了解を得た上で実施した。

#### ⑴　怖いカード選択課題

　本課題は動物カード10枚とお化けカード10枚で構成された。各10枚のうち

5枚は怖いカードであり，5枚は怖くないカードであった。動物カード及びお化けカードともに，動物図鑑，昆虫図鑑，妖怪図鑑，お化け絵本の中から「怖い」または「怖くない」と感じられる動物及びお化けの画像を複数枚選出した後，大学生4名から意見を聴取し，最終的に20枚の画像（怖い動物5枚，怖くない動物5枚，怖いお化け5枚，怖くないお化け5枚）を選出し，カードを作成した。具体的には，怖い動物カードはヘビ，クモ，ハチ，ムカデ，コウモリの5枚，怖くない動物カードはイヌ，ネコ，ウサギ，ゾウ，パンダの5枚の写真であった。また，怖いお化けカードは全て漫画家・水木しげる氏による『妖怪画談』（岩波書店）から選出し，牛鬼，海坊主，大入道，輪入道，縊鬼の5枚の絵であった。怖くないお化けカードは全て絵本作家・せなけいこ氏による絵本『おばけのこもりうた』（童心社）から選出し，一つ目小僧，傘お化け，ろくろ首，ひとだま，雪女の5枚の絵であった。カードは縦15cm×横10cmのカラー刷りであり，カードの裏面には対象児が選択する際にカードの見分けがつくよう，全てに2cm四方の表情図（怖い，怖くない）をシンボルとして中央に記した。

　本実験を行うに際して，「怖い」と評価されたカードが「怖くない」と評価されたカードと比較して，大学生のみならず子どもにおいても本当に「怖い」と評価されるのかを確認するために，幼稚園の3歳児9名，4歳児12名，5歳児15名，そして大学生15名を対象に予備実験を行った。予備実験では，対象者に20枚のカードを1枚ずつ無作為な順序で提示し，カードを「怖い」「怖くない」「分からない」のいずれかに分類するように求めた。分析では，「怖い」を1点，「分からない」を0.5点，「怖くない」を0点として得点化した。その結果，表5-2-1に示すように，動物カードとお化けカードともに，いずれの年齢においても「怖い」と評価されたカードの方が「怖くない」と評価されたカードと比較して，より「怖い」と評価されることが示された。

　動物カードとお化けカードそれぞれに4（年齢）×2（怖い／怖くない）の

第5章　空想世界を楽しむ心理の発達　　203

表5-2-1.　実験に使用するカードの怖い／怖くない判断の平均値（標準偏差）

|  | $n$ | 動物 | | お化け | |
|---|---|---|---|---|---|
|  |  | 怖い | 怖くない | 怖い | 怖くない |
| 3歳児 | 9 | 0.68 (0.11) | 0.11 (0.04) | 0.88 (0.13) | 0.63 (0.12) |
| 4歳児 | 12 | 0.76 (0.09) | 0.05 (0.03) | 0.83 (0.11) | 0.72 (0.10) |
| 5歳児 | 15 | 0.70 (0.08) | 0.01 (0.03) | 0.69 (0.10) | 0.42 (0.09) |
| 大学生 | 15 | 0.80 (0.08) | 0.09 (0.03) | 0.75 (0.10) | 0.27 (0.09) |

　混合計画による分散分析を行ったところ，動物カードでは年齢の主効果と交互作用は有意でなかったが（$F(3, 47) = .66$, n.s.; $F(3, 47) = .40$, n.s.），属性の主効果に有意差が見られた（$F(1, 47) = 192.58$, $p < .001$）。下位検定（Tukey の HSD 検定，以下同じ）を行った結果，怖いカードは怖くないカードと比較してより「怖い」と評価されていることが示された（$p < .001$）。お化けカードでは年齢の主効果は有意でなかったが（$F(3, 47) = 2.04$, n.s.），属性の主効果と交互作用に有意差が見られた（$F(1, 47) = 46.35$, $p < .001$; $F(3, 47) = 3.83$, $p < .05$）。下位検定を行った結果，怖いカードは怖くないカードと比較してより「怖い」と評価されていることが示された（$p < .001$）。また，大学生は子どもと比較して怖くないカードをより「怖くない」と評価していることが示された（$p < .05$）。以上から，本課題で使用する怖いカードと怖くないカードは，子どもにおいても大学生と同様にそれぞれ「怖い」「怖くない」と評価されていることが確認された。

　本実験では，先ず，対象児にカードの山を見せ，今から動物カードとお化けカードを使った簡単な質問を行うことを伝えた後，2枚のカードを抜き取って対象児の前に伏せた状態で提示し，次のように教示した。「まずは動物カードから始めるね。（一方のカードを指さして）こちらのカードにはとってもとっても怖い動物が描かれています。そして，（もう一方のカードを指さして）こちらのカードには全然怖くない動物が描かれています。どちらか1枚だけ見ることができるとしたら，○○ちゃん（対象児の名前）はどちらの

カードが見たいかな？　どちらか1枚だけだよ」（見たいカード選択）。対象児が一方のカードを指さして選択すると、「めくっていいよ」と声をかけ、カードをめくって絵を見てもらった。選択されなかったもう一方のカードは伏せたままで右隅に寄せた。このカード選択を5回繰り返した。

　次に、「めくったカードを全部並べてみるよ。見られなかったカードも見たい？　じゃあ、見せてあげるね」と言い、10枚のカード全ての絵を対象児の前に並べて提示した後、次のように教示した。「このカードの中でもしももらえるとしたらどのカードが欲しいかな？　2枚だけ選んでみてくれる？」（欲しいカード選択）。対象児が選択すると、それぞれについて「どうしてこのカードが欲しいなって思ったの？」とその理由を尋ねた。さらに、「今度はあまり欲しくないと思うカードを2枚だけ選んでみてくれる？」（欲しくないカード選択）と教示し、対象児が選択した後、同様に「どうしてこのカードがあまり欲しくないなって思ったの？」とその理由を尋ねた。その後、「今度はお化けカードを始めるね」と言い、動物カードの場合と同様の教示及び質問をお化けカードでも繰り返した。

　なお、動物カードとお化けカードの提示順序は均等になるようにした。また、見たいカード選択における怖いカードと怖くないカードの提示位置は左右で無作為に配置し、カードの提示順序も各5枚内で無作為とした。

## ⑵　見かけ／本当の区別課題

　本課題は Flavell, Flavell, & Green（1983）に準じて、本物に見かけをよく似せた玩具3つ（スポンジ製の岩、スポンジ製のパン、ゴム製の鉛筆）を使用して次のように行った。先ず、対象児に今から3つのものを見せて質問を行うことを伝えた後、目の前にスポンジ製の岩（またはスポンジ製のパン、ゴム製の鉛筆）を提示して、「これは何だと思う？」と尋ねた。対象児が「岩（または石）」と答えると、「そうだね。岩（または石）に見えるね」と同意した。対象児が無回答または異なる回答を行った場合には、「これは岩に見えるね」と教示した。次に、「今度はこれをちょっと触ってみて」と言い、対象児に

触らせた後,「これは岩かな？」と尋ねた。対象児が「スポンジ」と答えると,「そうだね。スポンジでできているね」と同意した。対象児が無回答または異なる回答を行った場合には,「これはスポンジでできているね」と教示した。対象児が事物の見かけと本当について確認できた後に,次の2つの質問を行った。「これは本当は何かな？　本当は岩かな,スポンジかな？」(本当質問),「これは見た目は何に見えるかな？　見た目は岩かな,スポンジかな？」(見かけ質問)。その後,スポンジ製のパンとゴム製の鉛筆を見せて,それぞれに同様の教示及び質問を行った。

　なお,本当質問と見かけ質問の順序は均等になるようにし,3つの事物の提示順序は無作為とした。

### (3) 想像／現実の区別課題

　本課題は Wellman & Estes (1986) に準じて,男の子と女の子の絵各2枚(縦27cm×横19cm) を使用して次のように行った。先ず,対象児に今から2人の男の子（対象児が女児の場合には女の子）についての質問を行うことを伝えた後,対象児に男の子の絵を提示して,次のように教示した。「この絵を見てね。この男の子はクッキーが大好きです。今ちょうどお腹がすいていて,クッキーについて考えています」。引き続き質問を行った。「この男の子は今そのクッキーを見ることができますか？」(視覚質問),「そのクッキーに触ることができますか？」(触覚質問),「そのクッキーを友達にあげることができますか？」(客観性質問),「そのクッキーをとっておいて明日食べることができますか？」(永続性質問)。次に,別の男の子の絵を提示して,次のように教示した。「今度はこの男の子を見てください。彼もクッキーが大好きです。ちょうど今,お腹がすいていてお母さんにクッキーをもらいました」。引き続き,同様に4つの質問を行った。

　なお,質問の順序は常に同じであったが,「クッキーについて考えている男の子」と「クッキーを持っている男の子」の提示順序は均等になるようにした。男女の4枚の絵はいずれも手に何も持たない状態で全身が描かれてい

206

た。

# III. 結果

## 1. 怖いものを見ようとする行動

### (1) 見たいカード選択

　幼児期における怖いもの見たさの心理について検討するために，怖いカード選択課題の結果について分析を行った。分析では，動物とお化けカードによる計10回の選択機会において，怖いカードを選択した回数を怖いカード選択得点として得点化した（得点範囲 0 ～10点）。**図5-2-1**は，怖いカード選択得点の平均値を年齢別及び性別に比較したものである。怖いカード選択得点を従属変数として 3 （年齢）× 2 （性別）の分散分析を行った結果，性別の主効果と交互作用は有意でなかったが（$F(1, 86) = 1.23$, $n.s.$; $F(2, 86) = .85$, $n.s.$），年齢の主効果に有意差が確認された（$F(2, 86) = 3.57$, $p < .05$）。下位検定を行った結果， 5 歳児（$M = 5.23$）は 3 歳児（$M = 3.75$）よりも有意に得点が高いことが示された（$p < .05$， 4 歳児 $M = 4.41$）。なお，カードに描かれた対象（動物とお化け）の効果に関しては，予備分析の結果，いずれの分析においても有意差が見られなかったため，以後の分析でも取り扱わないこととする。

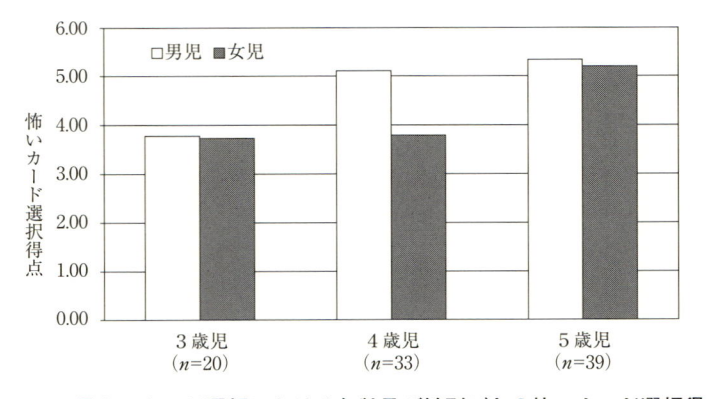

図5-2-1．見たいカード選択における年齢及び性別ごとの怖いカード選択得点

第5章　空想世界を楽しむ心理の発達　207

　次に，カード選択は回数を重ねるほどに，前の選択が後の選択に影響を及ぼす可能性が考えられることから，各カードの初回選択のみに焦点を当てて分析を行った（得点範囲 0 ～ 2 点）。3 （年齢）× 2 （性別）の分散分析を行った結果，性別の主効果と交互作用は有意でなかったが（$F(1, 86) = .74, n.s.; F(2, 86) = .02, n.s.$），年齢の主効果に有意傾向が確認された（$F(2, 86) = 2.83, p < .10$）。下位検定を行った結果，5 歳児（$M = 1.05$）は 3 歳児（$M = 0.52$）よりも有意に得点が高いことが示された（$p < .05$，4 歳児 $M = 0.79$）。

　以上から，怖いもの見たさの心理は幼児期を通して高まり，見たいカードとして怖いカードを選択する傾向は加齢に伴い増加することが示された。

### (2)　見たいカード選択における反応型

　10回の選択機会における子どもの選択行動には特定のパターンが確認されたことから，幼児の選択行動を精査し，以下の 4 つのいずれかの反応型に分類した。①恐怖選択型…10回中 7 回以上で怖いカードを選択した場合であり，15名（16%）がこれに含まれた。②非恐怖選択型…10回中 7 回以上で怖くないカードを選択した場合であり，21名（23%）がこれに含まれた。③交互選択型…各 5 回の選択機会において怖いカードと怖くないカードを交互に選択した場合であり，14名（15%）がこれに含まれた。④不規則選択型…上記 3 つのいずれにも含まれず，怖いカードと怖くないカードの選択に何ら規則性が見出されなかった場合であり，42名（47%）がこれに含まれた。**表 5-2-2**は各反応型の出現頻度を年齢別及び性別に比較したものである。

　出現度数の偏りについて検討するために，年齢差について 3 （年齢）× 4 （反応型）の $\chi^2$ 検定を行ったところ，有意差は見られなかった（$\chi^2(6) = 6.99, n.s.$）。しかし，男女差について 2 （性別）× 4 （反応型）の $\chi^2$ 検定を行ったところ，有意差が確認された（$\chi^2(3) = 9.072, p < .05$）。残差分析（5 % 水準）を行った結果，恐怖反応型は女児よりも男児が多いという有意傾向が示され（$p < .10$），交互選択型は男児よりも女児に有意に多いことが示された（$p < .05$）。この結果は，怖いものをあえて見ようとする怖いもの見たさの行

208

表5-2-2. 見たいカード選択における各反応型の年齢及び性別ごとの人数

|  |  | $n$ | 恐怖選択型 | 非恐怖選択型 | 交互選択型 | 不規則選択型 |
|---|---|---|---|---|---|---|
| 3歳児 | 男児 | 13 | 1 | 3 | 1 | 8 |
|  | 女児 | 7 | 0 | 2 | 3 | 2 |
| 4歳児 | 男児 | 16 | 5 | 4 | 1 | 6 |
|  | 女児 | 17 | 0 | 7 | 3 | 7 |
| 5歳児 | 男児 | 19 | 5 | 3 | 1 | 10 |
|  | 女児 | 20 | 4 | 2 | 5 | 9 |

動傾向は，女児よりも男児に多いことを示唆するものであった。

## 2．怖いものに対する好悪感情

### (1) 欲しい・欲しくないカード選択

怖いカードに対する好悪感情について調べるために，カード選択終了後に全てのカードの内容を子どもに見せ，欲しいカードと欲しくないカードをそれぞれ2枚ずつ選択するよう求めた。全体的に，欲しいカード選択（選択機会368回）における幼児の怖くないカードの選択率は73％（269回）であり，怖いカードの選択率は27％（99回）であった。直接確率計算（両側検定）を行ったところ有意差が確認された（$p < .01$）。欲しいカード選択における選択率は，動物カードでは，ウサギ（46％），ネコ（41％）の順に多く，上位6つのうち5つを怖くない動物が占めた（ゾウ（15％）よりもヘビ（17％）が多く選択された）。また，お化けカードでは，ひとだま（45％），傘お化け（30％）の順に多く，上位6つ全てを怖くないお化けが占めた。

欲しくないカード選択では，2枚以上のカードを選択した者が6名確認されたため，選択機会は412回であった。全体的に，欲しくないカード選択における怖いカードの選択率は82％（336回）であり，怖くないカードの選択率は18％（76回）であった。直接確率計算（両側検定）を行ったところ有意差が確認された（$p < .01$）。欲しくないカード選択における選択率は，動物カード

では，ムカデ（49%），クモ（45%）の順に多く，上位6つ全てを怖い動物が占めた。また，お化けカードでは，牛鬼（45%），縊鬼（39%）の順に多く，上位6つ全てを怖いお化けが占めた。

以上から，本実験に参加した子どもの大部分は怖いカードに対して否定的感情を持ち，怖くないカードに対して肯定的な感情を持っていたことが示唆されたと言えよう。

なお，カード選択の理由に関しては，いずれの年齢でも「怖い」「かっこいい」「かわいい」「面白い」「好き」「嫌い」「気持ち悪い」など，対象を見て生じた自らの感情や主観的評価についての言及が最も多く見られ（67%），その他に，「足がたくさんある」「尻尾が長い」「顔が怒っている」「笑っている」「つのがある」など，対象の外観的特徴についての言及（14%）や，「刺される」「捕まえられる」「本当にいそう」「寝てる時に出てくる」「噛まれる」「飛び出しそう」など，対象を見て連想した架空の出来事や経験の想像についての言及（7%），「見たことがある」「触ったことがある」「テレビで見た」「お家にいる」「お人形で持っている」など，対象によって想起された自らの過去経験についての言及（4%）が見られた。

次に，欲しい・欲しくないカード選択に見られる怖いカードに対する好悪感情の発達差及び男女差について検討するために，動物とお化けカードによる計4回の選択機会における欲しい・欲しくないカード選択それぞれでの怖いカードの選択回数を怖いカード選択得点として得点化した（0〜4点の範囲）。欲しくないカード選択において2枚以上のカード選択を行った6名については分析から除外した。**図5-2-2**は，欲しい・欲しくないカード選択における怖いカード選択得点の平均値を年齢別及び性別に比較したものである。

怖いカード選択得点を従属変数として3（年齢）×2（性別）の分散分析を行った結果，欲しいカード選択に関しては，有意な性別の主効果が確認された（$F(1, 86) = 20.25$, $p < .001$）。下位検定を行った結果，男児（$M = 1.69$）は女

210

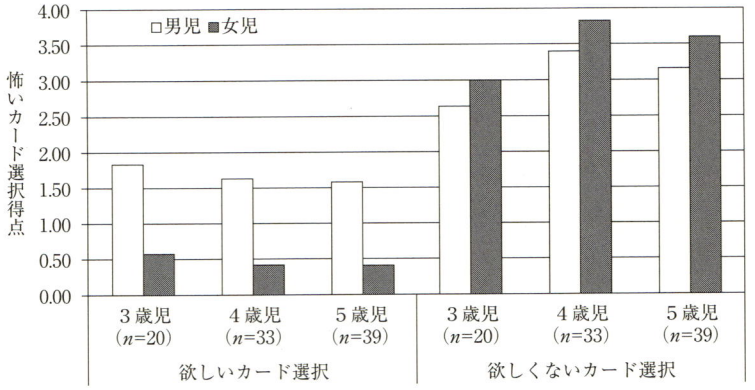

図5-2-2. 欲しい・欲しくないカード選択における年齢及び性別ごとの
怖いカード選択得点

児（$M = 0.46$）よりも有意に得点が高いことが示された（$p < .001$）。欲しくな
いカード選択に関しては，年齢（$F(2, 80) = 3.36, p < .05$）と性別（$F(1, 80) = 3.41,$
$p < .10$）の主効果が確認された。下位検定を行った結果，4歳児（$M = 3.61$）
は3歳児（$M = 2.73$）と比べて有意に得点が高いことが示された（$p < .05$；5歳
児 $M = 3.38$）。また，女児（$M = 3.47$）は男児（$M = 3.00$）よりも有意に得点が高
いことが示された（$p < .05$）。このことから，怖いものを好む傾向には男女差
があり，男児は女児よりも欲しいカードとして怖いカードを選択し，欲しく
ないカードとして怖いカード以外を選択する傾向が見られた。

　他方，発達差に関しては，予測とは異なる結果が得られた。年少の子ども
ほど怖いカードに対して「怖いけれど絵に過ぎないから安全」という虚構の
安全性の認識がまだ不十分であるため，怖いカードを極力避け，怖くない
カードをより欲しがるだろうと予測したが，本実験の結果，そうした傾向は
3歳児よりもむしろ4歳児や5歳児に多く見られた。この点に関して，1つ
考えられる解釈として，3歳児において怖いカードの「怖さ」に対する気づ
きが十分でなかった可能性が挙げられる。3歳児にとって怖さとは得体の知

第5章　空想世界を楽しむ心理の発達　211

れない怖さであり，対象そのものの怖さと言うよりも，対象が醸し出す雰囲気やそこから生じる気分としての怖さなのかもしれない。故に，怖いものを回避しようとする選択行動があまり現れなかった可能性が考えられる。

### (2)　欲しい・欲しくないカード選択と反応型との関連

　次に，カード選択の反応型との関連性について検討するため，欲しい・欲しくないカード選択のそれぞれについて1要因の分散分析を行った。**図5-2-3**は，欲しい・欲しくないカード選択における怖いカード選択得点を先述の反応型別に示したものである。

　分散分析の結果，欲しいカード選択（$F(3, 88) = 5.87, p < .01$），欲しくないカード選択（$F(3, 88) = 3.55, p < .05$）ともに有意差が確認され，下位検定を行った結果，欲しいカード選択では，恐怖選択型の怖いカード選択得点が他の3つの反応型と比較して有意に高く（$p < .01$），欲しくないカード選択では，恐怖選択型の怖いカード選択得点が交互選択型，不規則選択型と比較して有意に低いことが示された（$p < .10$）。つまり，恐怖選択型の子どもは，他の3つの反応型がいずれも怖いカードを回避し，怖くないカードへの接近を

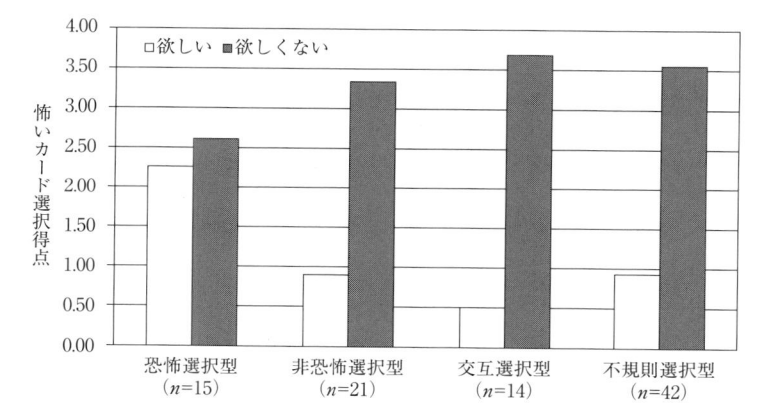

**図5-2-3.** 見たいカード選択における反応型ごとの欲しい・欲しくないカード選択における怖いカード選択得点

示したのに対し，怖いカードを回避しようとせず，むしろ接近することを求めていたのである。このことは，怖いものをあえて見ようとする子どもは，怖いものをより好む傾向があることを示唆するものであった。

## 3. 怖いもの見たさと虚構と現実との区別との関連

### (1) 虚構と現実との区別の認識の発達

　怖いもの見たさと虚構と現実との区別との間には，特定の関係が見られるのだろうか。本節ではこの点について探るために，子どもの虚構と現実との区別の認識を測る指標として見かけ／本当の区別課題と想像／現実の区別課題の2つを実施した。

　先ず，見かけ／本当の区別課題では，3つの対象物（スポンジ製の岩，スポンジ製のパン，ゴム製の鉛筆）に対して2つの質問（見かけ／本当）を行った。分析では，見かけ質問と本当質問ともに正答した場合に各1点を与えた（得点範囲0〜3点）。例えば，スポンジ製の岩の場合，見かけ質問で「岩」，本当質問で「スポンジ」と回答した場合を正答とした。正答得点を従属変数として3（年齢）×2（性別）の分散分析を行った結果，性別の主効果と交互作用は有意でなかったが（$F(1, 86) = .12, n.s.; F(2, 86) = .07, n.s.$），年齢の主効果で有意差が確認された（$F(2, 86) = 6.48, p < .01$）。下位検定を行った結果，5歳児（$M = 1.94$）は3歳児（$M = 0.89$）よりも有意に得点が高く（$p < .001$），4歳児（$M = 1.27$）よりも有意に得点が高いことが示された（$p < .05$）。

　次に，想像／現実の区別課題では，Xを現実に持っている人物とXについて想像している人物に対して4つの質問（視覚，触覚，客観性，永続性）を行った。分析では，視覚，触覚，客観性，永続性それぞれの2つの質問でともに正答した場合に各1点を与えた（得点範囲0〜4点）。例えば，視覚質問の場合，前者に対して「はい」，後者に対して「いいえ」と回答した場合を正答とした。この前者に対して「はい」，後者に対して「いいえ」という回答パターンは残り3つの質問でも同様であった。正答得点を従属変数として

第5章　空想世界を楽しむ心理の発達　213

3（年齢）× 2（性別）の分散分析を行った結果，性別の主効果と交互作用は有意でなかったが（$F(1, 86) = .13$, n.s.; $F(2, 86) = .63$, n.s.），年齢の主効果で有意差が確認された（$F(2, 86) = 6.69$, $p < .01$）。下位検定を行った結果，5歳児（$M = 1.34$）は3歳児（$M = 0.34$）よりも有意に得点が高く（$p < .001$），4歳児（$M = 0.60$）よりも有意に得点が高いことが示された（$p < .05$）。

### (2) 虚構と現実との区別と反応型との関連

怖いもの見たさと虚構と現実との区別との関連について検討するために，怖いカード選択得点（0〜10点）と見かけ／本当区別得点（0〜3点），及び想像／現実区別得点（0〜4点）の間の相関係数を算出した。その結果，想像／現実区別得点との間に有意な相関が確認された（$r = .21$, $p < .05$）。見かけ／本当区別得点との間には有意な相関は見られなかった（$r = .08$, n.s.）。しかし，年齢の効果を制御した偏相関係数を算出したところ，怖いカード選択得点と想像／現実区別得点との間で有意な相関は確認されなかった（$r = .14$, n.s.）。

次に，怖いカード選択課題の結果から得られた4つの反応型を独立変数として，課題ごとに一元配置の分散分析を行った。**表5-2-3**は，怖いカード選択課題における反応型別の見かけ／本当の区別課題及び想像／現実の区別課題の成績を示したものである。

分析の結果，見かけ／本当の区別課題では有意差は見られなかったが（$F(3, 88) = .21$, n.s.），想像／現実の区別課題では有意差が見られた（$F(3, 88) = 4.69$, $p < .01$）。下位検定を行った結果，恐怖選択型（$M = 1.66$）は不規則選択型

**表5-2-3.　怖いカード選択課題における反応型別の見かけ／本当の区別及び想像／現実の区別の平均値（標準偏差）**

|  | 恐怖選択型<br>($n = 15$) | 非恐怖選択型<br>($n = 21$) | 交互選択型<br>($n = 14$) | 不規則選択型<br>($n = 42$) |
|---|---|---|---|---|
| 見かけ／本当区別得点（0-3点） | 2.92 (0.23) | 2.81 (0.26) | 3.05 (0.26) | 2.84 (0.23) |
| 想像／現実区別得点（0-4点） | 1.53 (0.11) | 1.24 (0.91) | 1.36 (0.11) | 1.12 (0.06) |

（$M = 0.52$）よりも有意に得点が高いことが示された（$p < .01$; 非恐怖選択型 $M = 0.71$; 交互選択型 $M = 1.21$）。また，年齢の効果を除外するため，年齢別に分散分析を行った結果，3歳児と4歳児では有意差は見られなかったが（$F(3, 16) = 1.79$, $n.s.$; $F(3, 29) = .55$, $n.s.$），5歳児において有意傾向が確認された（$F(3, 35) = 2.83$, $p < .10$）。下位検定を行った結果，同様に恐怖選択型（$M = 2.22$）は不規則選択型（$M = 0.78$）よりも有意に得点が高いことが示された（$p < .05$; 非恐怖選択型 $M = 1.40$; 交互選択型 $M = 1.67$）。

　以上から，子どもの怖いもの見たさの行動は彼らの想像と現実との区別の認識能力と弱いながらも関連があり，特に虚構と現実との区別の認識能力が発達する5歳児において関連があることが示唆された。このことは，怖いもの見たさの心理は虚構と現実との区別の認識発達を基盤として発達するとした，本節の仮説を部分的に支持するものであると言えよう。

## Ⅳ．考察

　本節では，幼児期における怖いもの見たさの心理の発達，及び虚構と現実との区別の認識との関連について明らかにするために，3歳から5歳の幼児を対象に実験を行った。具体的には，子どもに怖い動物やお化けのカードと怖くない動物やお化けのカードを提示し，どちらか1枚だけ見ることができるとしたらどちらを選択するかと尋ねる怖いカード選択課題を実施し，そこでのカード選択の傾向を見ることで，彼らの怖いもの見たさの心理を探った。併せて，見かけ／本当の区別課題，及び想像／現実の区別課題を実施し，虚構と現実との区別の認識との間の関連性についても検討した。以下では，幼児期における怖いもの見たさの心理の発達と，虚構と現実との区別の認識との関連について順に考察を行う。

　先ず，怖いもの見たさの心理の発達に関して，実験の結果，怖いカードと怖くないカードの二者択一的な選択状況において，怖いカードを選択する傾向は，年長の幼児ほど高いことが示された。この結果は，複数の選択経験に

第5章　空想世界を楽しむ心理の発達　215

よる影響を受ける以前の初回のカード選択においても同様であった。このことから，怖いもの見たさの心理は怖いものを避けようとする段階から，怖いものをあえて見ようとする段階へと発達的に変化することが示された。ただし，怖いカードを選択する傾向は，最も多く見られた5歳児でさえも全10回の選択機会のうち平均で5.23回程度の選択回数に過ぎず，従って，本節の結果は仮説1に沿う傾向を示すものとして慎重に扱う必要があろう。

　ところで，3歳児は見たいカードとして怖いカードではなく怖くないカードを選択する傾向が4歳児や5歳児よりも多く見られた一方で，その後の好悪感情の測定においては欲しくないカードとして怖いカードを選択する，すなわち，怖いカードを除外しようとする傾向が4歳児や5歳児と比較してあまり見られなかった。このことは，3歳児がまだ見ぬ怖いカードに描かれた対象を避けようとする一方で，対象そのものを目の当たりにした時には，そこに描かれた対象の怖さに気づいていないことを意味していると考えられる。このことから，3歳児が怖いものを避けようとする時，それはまだ見ぬ怖い対象（動物やお化け）の視覚的表象を想像して，それに基づいて怖い対象を避けようとするというよりはむしろ，具体的な視覚的表象の想像なしに，単に怖い雰囲気やそこから生じる主観的な怖い気分によって避けようとしていることが考えられる。実際，幼児期の子どもが怖い絵本を繰り返し楽しむようになる過程について数多くの観察事例を報告している田代（2001）は，子どもはなぜ同じ絵本を繰り返し読んで欲しがるのかという問題に触れ，子どもが繰り返したがっているのは，ハラハラドキドキそのものであり，その雰囲気そのものであると述べている（193頁）。そして，そうした姿は2歳児のクラス集団においてすでに見られることを報告している。その一方で，2，3歳児は「怖い」とは何かについて，それほど明確な答えを持ち合わせていないようである。例えば，「怖い」という言葉に対する理解について検討した上原（2002）は，3，4，5歳児に様々な感情を表した6種類の顔の表情カードを提示して，「怖い人は誰か？」「怖がっている人は誰

か？」と尋ねたところ，3歳児ではほとんどの子どもが正しく回答できず，4歳児でも完全に正答できた者は約半数に過ぎなかったことを報告している。こうしたことから，3歳児は怖いものをその雰囲気や気分によって避けることはできるが，怖さそのものについてはまだ十分に理解していない可能性が考えられる。

　以上を踏まえて考えると，本節の実験が示した幼児期における怖いもの見たさの発達に関する仮説は，次のような修正が必要であろう。すなわち，幼児期において，子どもは最初怖いものの怖さに気づかない段階から，怖いものの怖さに気づいてそれを避けようとする段階を経て，その後，虚構と現実との区別による虚構の安全性の認識に基づいて，怖いものをあえて見ようとする，楽しもうとする段階へと発達的に変化するのではなかろうか。ただし，この仮説を支持する証拠として本節の結果は必ずしも十分とは言えず，今後のさらなる検討が必要であろう。

　次に，怖いもの見たさの心理と虚構と現実との区別の認識との関連に関して，本節の結果，想像／現実の区別課題においてのみ弱いながらも両者の有意な関連性が示され，年齢別の分析の結果，そうした関連性は5歳児においてのみ見られた。つまり，怖いものをあえて見ようとする恐怖選択型の5歳児は，他の3つの反応型の5歳児と比較して，想像／現実の区別課題の成績が有意に高かった。このことは，想像と現実を区別し，想像は虚構に過ぎないと認識している5歳児ほど，怖いものを見たがる傾向にあったことを意味し，怖いもの見たさの背景には虚構と現実との区別の認識発達が存在すると主張した仮説2を部分的に支持するものであると言えよう。

　逆に言えば，想像と現実の区別の認識が十分でない子どもほど，想像上の怖さが想像の範囲を超えて現実にまで影響を及ぼすと考えて強い恐怖を感じ，怖いものに対して容易に近づこうとしない可能性も考えられる。この点に関して示唆的な研究として，Zisenwine, Kaplan, Kushnir, & Sadeh（2013）の研究が挙げられる。彼らは，深刻な夜間恐怖に悩む子どもはそうでない子

どもと比較して，空想と現実の混同をより多く示したことを報告している。つまり，夜の闇の中で何かよからぬことが起きるのではないか，恐ろしい怪物が闇の向こうから現れるのではないかといった想像は，あくまでも想像であり虚構に過ぎないが，夜間恐怖に悩む子どもにとっては，それらは現実に影響を及ぼし得る想像であり，その意味で彼らにおいては虚構の安全性の認識は確立できていないと言える。本実験に参加した子どもにおいても，特に虚構と現実との区別の認識が十分でない子どもにおいては，想像上の恐怖の影響力を過大に評価し，虚構の安全性の認識を保持し得なかったため，怖いカードをあまり選択できなかった子どもがいた可能性は十分に考えられよう。

　しかし，虚構と現実との区別の認識が十分に発達した児童期後半の子どもや青年においてさえも，映画や小説によって喚起される想像上の恐怖にあえて近づきそれを楽しむ一方で，時に深刻な恐怖を感じてできるだけ近づくまいとする姿がよく見られる。そこには虚構と現実との区別の認識のみならず，彼らの知識や経験，感受性や想像力が関与していることも容易に予想され，それらの点については今後検討すべき課題であると言えよう。


〈付記〉
　本節の主要部分は，富田・野山（2014）として公刊されている。

# 第6章　子どもの日常生活における空想とその役割

## 概　要

　本章では，子どもの日常生活における空想とその役割について明らかにした。

　第1節では，幼児期における空想の友達とその周辺現象に焦点を当てた。2〜6歳児の親を対象に，空想の友達，事物の擬人化，なりきり遊びの出現状況と特徴，遊びや玩具の好み，親の科学的／魔術的説明，そして，きょうだい数及び出生順位について尋ねる質問紙調査を行った。それにより，幼児期の日常生活における空想の内容と特徴を明らかにした。

　第2節では，子どもの空想の友達とそれに対する親の態度や支援に焦点を当てた。2〜6歳児の親を対象に，空想の友達の出現状況と特徴及びそれに対する親の態度，空想上の存在に対する子どもの信念及び親の奨励，そして，親の科学的／魔術的説明について尋ねる質問紙調査を行った。それにより，幼児期の空想に親が果たす役割について明らかにした。

　第3節では，児童期以降の空想の友達に焦点を当てた。10〜12歳児を対象に，空想の友達の出現状況や特徴，移行対象や日記習慣，空想上の存在及び超常現象に対する信念，そして，空想の友達を持つ子どもの各種行動傾向について尋ねる質問紙調査を行った。それにより，幼児期とは異なる児童期以降の空想の友達の特徴やそれを持つ子どもの個人的特徴について明らかにした。

## 第1節　幼児期の空想の友達とその周辺現象

### I．空想の友達の出現状況と特徴

　本節では，幼児の日常生活における空想の中でも空想の友達を取り上げ，事物の擬人化やなりきり遊びなどの周辺現象と併せて，その出現状況と特徴について明らかにすることを目的とする。

　先行研究では，幼児期に空想の友達を持つ子どもの割合は10〜30％程度であり（Ames & Learned, 1946; Manosevitz, Prentice, & Wilson, 1973; Taylor & Carlson, 1997），早くて2歳半頃から見られ，4歳頃にピークを迎え，多くの場合，就学前にはその子の元から消失することが示されている（富田，2002）。家庭環境との関連で言えば，空想の友達を持つ子どもは第2子以下よりも1人っ子や第1子に多く，遊び友達の不在による寂しさや孤独感がしばしば出現の動機として指摘されている（Gleason, Sebanc, & Hartup, 2000）。他方，空想の友達を持つ子どもの特徴に目を向けると，むしろ社交的で，空想の友達は彼らにとって友達付き合いの一種であり，空想の友達を持つ子どもはそれを持たない子どもよりもふり遊びに長けており，より高い社会的認知能力を持つことが示されている（Partington & Grant, 1984; Taylor, Cartwright, & Carlson, 1993; Taylor & Carlson, 1997）。

　このように，空想の友達現象は近年欧米を中心に注目を浴び，研究も盛んに行われるようになってきているが，我が国に目を向けると，その基礎的な研究もほとんど行われていないのが現状である。唯一の例外として，麻生（1989）や犬塚・佐藤・和田（1991）の研究が挙げられるが，それらも大学生や短大生を対象とした回想報告に頼ったものであり，実際のところ，我が国における幼児期の空想の友達の出現状況やその特徴については十分に明らかにされたとは言えない。

第6章　子どもの日常生活における空想とその役割　　221

　そこで本節では，我が国における幼児期の空想の友達とその周辺現象について探り，それにより，彼らの日常生活における空想の実態について明らかにすることを目的とする。具体的には，第1に，2歳から6歳の子どもを持つ親を対象に質問紙調査を実施し，空想の友達の出現状況や頻度，特徴について尋ね，我が国において幼児期に空想の友達を作り出す子どもはどの程度存在するのか，それはどの程度頻繁に現れ，どのような特徴を持っているのかについて明らかにする。第2に，空想の友達の周辺的な現象としてしばしば比較される，ぬいぐるみや人形をあたかも人間のように扱う事物の擬人化や，テレビ・キャラクターや動物など自分以外の誰かになりきる遊びであるなりきり遊びについても同様に尋ね，その共通点や相違点について明らかにする。第3に，幼児期に空想の友達を持つ子どもの個人的特徴について，遊びや玩具の好み，親の科学的／魔術的説明，きょうだい数及び出生順位との関連から検討する。

## Ⅱ．方法

### 1．被調査者

　広島市，山口市，防府市，山陽小野田市，下関市の5つの幼稚園・保育園に在籍する2〜6歳の子どもの親461名に担任を通じて質問紙を配布し，約1週間後に回収した。その結果，302名（男児145名，女児157名）分のデータが回収され，回収率は65.5％であった。各年齢の内訳は，2歳児11名（男児5名，女児6名），3歳児54名（男児27名，女児27名），4歳児115名（男児49名，女児66名），5歳児122名（男児64名，女児58名）であった。

### 2．手続きと質問項目

　質問紙は園長の許可を得た上でクラス担任の教諭・保育士を通じて子どもの親に配布し，約1週間後に回収した。質問紙では子どもの年齢，性別，きょうだい数，出生順位，日常的なテレビ視聴時間について回答を求めた

後，①空想の友達，②事物の擬人化，③なりきり遊び，④遊びや玩具の好み，⑤親の科学的／魔術的説明の5分野に関して，以下の質問を行った。なお，質問項目は先行研究（Rosengren & Hickling, 1994; Singer & Singer, 1981; Taylor & Carlson, 1997）を参考に設定した。

### (1) 空想の友達

質問1：幼児期の子どもというものは，たまに，目に見えない空想の世界だけの友達を持つことがあります。例えば，アメリカのある3歳の女の子は，ルイーザという目に見えない空想の友達を持っていて，家族の者は夕食の時，ルイーザのために椅子と場所を用意し，寝る時には余分な枕を用意していたという話があります。あなたのお子さんはそのような目に見えない空想の友達を持っていますか。または，これまでに持ったことがありますか（現在持っている／これまでに持ったことがある／持ったことはない）。また，「現在持っている」または「これまでに持ったことがある」と回答した場合，質問2と3への回答を求めた。質問2：その空想の友達はどのくらい頻繁に現れますか。または，持っていた当時，どのくらい頻繁に現れていましたか（1か月に1度／2週間に1度／1週間に1度／ほぼ毎日）。質問3：その空想の友達の特徴について，できるだけ詳しく教えて下さい（自由記述）。

### (2) 事物の擬人化

質問1：幼児期の子どもというものは，たまに，ぬいぐるみや人形などをまるで生きた友達のように扱います。例えば，イギリスの童話作家ミルンは，我が子クリストファー・ロビンがぬいぐるみのクマをまるで生きた友達のように扱う様子を見て，それを『クマのプーさん（Winnie the Pooh）』という有名な本にしています。あなたのお子さんは，そのように玩具をまるで生きた友達のように扱うといったことをしますか。または，これまでにしていたことがありますか（している／これまでにしたことがある／したことはない）。また，「している」または「これまでにしたことがある」と回答した場合，質問2と3への回答を求めた。質問2〜3では，空想の友達と同様に，その

出現頻度と特徴について尋ねた。

### (3) なりきり遊び

質問1：幼児期の子どもというものは，たまに，自分の好きな動物や身近な人間，テレビや本のキャラクターになったふりをします。例えば，2歳の一時期，ずっとライオンの真似ばかりしていた子どもや，テレビのヒーローになりきっていた子どもなどがこれまで報告されています。あなたのお子さんは，そのように動物や何らかのキャラクターになりきるといったことをしますか。または，これまでにしていたことがありますか（している／これまでにしたことがある／したことはない）。また，「している」または「これまでにしたことがある」と回答した場合，質問2と3への回答を求めた。質問2～3では，空想の友達と同様に，その出現頻度と特徴について尋ねた。

### (4) 遊びや玩具の好み

質問1：一人でやる遊びの中でお子さんの一番好きな遊びは何ですか。質問2：二人以上でやる遊びの中でお子さんの一番好きな遊びは何ですか。質問3：お子さんの一番好きな玩具は何ですか。各質問について，子どもが最も好きな内容を1つだけ自由に記述するよう求めた。

### (5) 親の科学的／魔術的説明

質問1：お子さんが普段の生活の中で複雑な科学的回答を必要とするような質問をすることはどのくらいありますか（一度もない／一度だけある／たまにする／よくする）。質問2：お子さんの質問に対して「それは魔法なんだよ」といった回答をすることはどのくらいありますか（一度もない／一度だけある／たまにする／よくする）。

質問紙の表紙には「幼児期の空想生活に関する調査」であること，調査内容などの秘密は厳守される旨を記入し，調査への協力をお願いした。質問紙はB4用紙を袋とじにした6頁に，表紙を付けたもので構成された。

## III．結果

### 1．空想の友達，事物の擬人化，なりきり遊びの出現状況

　幼児期において空想の友達，事物の擬人化，なりきり遊びはどの程度見られるのであろうか。それぞれの現在または過去における出現状況について尋ねたところ，**表6-1-1**に示すような結果が得られた。

　出現率は，過去の出現も含めると，空想の友達が10%（32名），事物の擬人化が55%（165名），なりきり遊びが80%（241名）であった。性差について，それぞれ2（性別）×2（出現の有無）の$\chi^2$検定を行った。その結果，空想の友達では有意傾向（$\chi^2(1) = 3.31, p < .10$），事物の擬人化では有意差（$\chi^2(1) = 25.26, p < .01$）が確認された（なりきり遊び $\chi^2(1) = 0.26, n.s.$）。残差分析（5%水準）を行った結果，空想の友達では，女児は男児よりもそれを持つ子どもが多く，事物の擬人化でも同様に，女児は男児よりもそうした遊びに従事することが多いことが示された。

**表6-1-1．空想の友達，事物の擬人化，なりきり遊びの出現に関する各カテゴリーの人数**

|  |  | 男児<br>（$n = 145$） | 女児<br>（$n = 157$） | 全体<br>（$n = 302$） |
|---|---|---|---|---|
| 空想の友達 | 現在あり | 2 （1） | 14 （9） | 16 （5） |
|  | 過去あり | 8 （6） | 8 （5） | 16 （5） |
|  | なし | 135 （93） | 135 （86） | 271 （90） |
| 事物の擬人化 | 現在あり | 23 （16） | 61 （39） | 84 （28） |
|  | 過去あり | 34 （23） | 47 （30） | 81 （27） |
|  | なし | 88 （61） | 49 （31） | 137 （45） |
| なりきり遊び | 現在あり | 71 （49） | 64 （40） | 135 （45） |
|  | 過去あり | 47 （32） | 59 （38） | 106 （35） |
|  | なし | 27 （19） | 34 （22） | 61 （20） |

注：（　）内の数値は%を示す。

## ２．空想の友達，事物の擬人化，なりきり遊びの出現頻度

空想の友達，事物の擬人化，なりきり遊びは日常どの程度出現しているのであろうか。「１か月に１度」「２週間に１度」「１週間に１度」「ほぼ毎日」のいずれかでの回答を求めたところ，**表6-1-2**に示すような結果が得られた。

少なくとも「１週間に１度」以上は出現していると報告した者は，空想の友達で75%，事物の擬人化で77%，なりきり遊びで82%であり，本調査における事例の報告は，いずれも日常高い頻度で見られるものであることが分かる。

## ３．空想の友達，事物の擬人化，なりきり遊びの特徴

空想の友達，事物の擬人化，なりきり遊びはどのような特徴を伴って現れるのであろうか。**表6-1-3〜5**は，特徴についての自由記述から得られたそれぞれの代表的な記述例を示したものである。

空想の友達では32名中28名（88%），事物の擬人化では165名中160名（97%），なりきり遊びでは241名中233名（97%）が何らかの記述の提供があった。空想の友達に関しては，現在保有者のうち最年少の報告は２歳７か月であり，最年長の報告は５歳６か月であった。出現する対象は，人間の子どもの場合が多いが，怪獣や妖精，お化け，ペット動物なども中には見られた。事物の擬人化に関しては，現在保有者のうち最年少の報告は１歳５か月であり，最年長の報告は６歳４か月であった。擬人化の対象は，動物のぬいぐるみが最も多く，その他に赤ちゃん人形やキャラクターものの人形などが

表6-1-2. 空想の友達，事物の擬人化，なりきり遊びの出現頻度に関する各カテゴリーの人数

| | １か月に１度 | ２週間に１度 | １週間に１度 | ほぼ毎日 | 無回答 |
|---|---|---|---|---|---|
| 空想の友達（$n=32$） | 4 (13) | 2 ( 6) | 11 (34) | 13 (41) | 2 (6) |
| 事物の擬人化（$n=165$） | 19 (12) | 16 (10) | 52 (32) | 74 (45) | 4 (2) |
| なりきり遊び（$n=241$） | 17 ( 7) | 21 ( 9) | 93 (39) | 104 (43) | 6 (3) |

注：（　）内の数値は%を示す。

## 表6-1-3. 空想の友達の事例

| No. | 性別 | 現在の年齢 | 概要 |
|---|---|---|---|
| 1 | 女児 | 2歳7か月 | 友達という感じでもないのですが、本人は「安岡おいちゃん」と呼んでいます。(安岡に親戚がいるわけではありません。誰も安岡なんて行ったこともないです。)このおいちゃんは最近急に登場しました。よく家で自分の玩具(プラスチックの箱)を電話に見立てて、そのおいちゃんにTELしています。「あー、安岡おいちゃん?!…うん…うん…そうなん」とか一人で言っています。ときどき安岡おいちゃんが私たちに代わってくれと言うそうなので、代わって話すふりをするととても喜んでいます。 |
| 2 | 女児 | 4歳3か月 | 名前は「あり子」(女の子)。小学生でかわいい女の子だそうです。いつも一緒におままごとをして、あり子ちゃんにご馳走しています。もう一人「まるきくん」という男の子がよく出てきます。小学生です。最近は「くいちゃん」という幼稚園の女の子も出てきます。私もあり子ちゃんとまるきくんのことは、よくお話を聞いてあげるようにしています。 |
| 3 | 女児 | 4歳5か月 | 2人目の子どもが生まれて、1歳くらいのとき、夕食時に2、3回ほどでしたが、自分のイスの隣に向かって、「○○ちゃん、一緒にご飯、食べようね」と話しかけていました。名前は忘れましたが、女の子でした。その後は現れません。 |
| 4 | 男児 | 4歳7か月 | 「ズラーフ」という名のおばけ。家では「ズラーフごっこ」と呼んでいますが、夜、電気をつける前の暗い部屋で「ズラーフ」と言いながら、子どもの身体をくすぐると、キャーキャーいって喜んで遊ぶ。また、「早く寝なさい」と注意すると、「早く寝ないとズラーフがやってくるかなあ」と言いながら寝ようとする。 |
| 5 | 女児 | 4歳11か月 | 2年くらい前なので私もほとんど忘れてしまいましたが、名前は時々変わっていたようです。(あるときはシッシーちゃん、あるときはゴゴちゃんなど)「すごーく大きい!」と言っていました。やさしい、遊んでくれる怪獣だったようです。 |
| 6 | 男児 | 5歳3か月 | 幼稚園に入園する前に、「僕には幼稚園に、せきやくんとはきやくんという友達がいるんだ」とよく言っていたので、そのときは話をあわせて、「じゃあ幼稚園に行くの楽しみだね」などと言って、その子の存在を認めてあげていた。 |
| 7 | 男児 | 5歳6か月 | 息子は昨年の夏から、「ほばくん」「ほばくん」「ほばくん」の3人の友達がよく遊びに来ます。特に「ほばくん」は毎日です。近頃は「じゅういちくん」「あやこちゃん」という友達もいます。「ほばくん」は息子の等身大らしく、自分にできないことなど全て「ほばくん」はできるらしいです。例えば、鉄棒の「逆上がり」とか…。心の親友のようです。優しくて、いつも助けてくれているようです。私は、この友達のことは否定しません。遊びにきたときは話しかけてやります。 |
| 8 | 女児 | 5歳6か月 | 妖精のような存在です。眠たいときは「アクビン」や「ネムタイ」がやって来て、お話をしました。夢の中で一緒にほうきに乗ったり、空を飛ぼうそうです。他にいろいろな妖精が、悲しいときやおなかがすいたときに来ました。性別はそれぞれです。上の2人の子の時も、それぞれ空想の友達がいました。家族、特に母親は、一緒に話をしたり、姉妹全員の友達として、日常生活でごく自然に話題に入れていました。 |
| 9 | 女児 | 6歳2か月 | りなちゃん(同い年)、かなちゃん(りなの姉)、小郡のケンタッキーの近くにすんでいる。岩国に引っ越したこともあるらしい。さかちゃん(1つ上)、ななちゃん(さかの姉)、宇部に住んでいる。いずれも「夢の中の透明のお友達」で、最初にりなちゃんと公園で出会ったらしい。最近はあまり彼女たちの話をしないが、年少の頃は実在の友達に誘われたが行きたくない(来てもらうほうが好きだったので)ときなど「だって、りなちゃんと約束してるから」などといっていた。私(母)は、彼女たちのまねをしたりしていた。 |
| 10 | 男児 | 6歳5か月 | ブルとベリーとゆう→トンボ。チェリーとゆう→カラス。友達というか、ペットだと言っていた。(みんなに教えたため、本人は怒って二度とこの話をすることがなくなった。) |

第 6 章　子どもの日常生活における空想とその役割　　227

## 表6-1-4.　事物の擬人化の事例

| No. | 性別 | 現在の年齢 | 概　要 |
|---|---|---|---|
| 11 | 女児 | 2歳7か月 | お気に入りの人形は2つあります。ひとつはぽぽちゃん（いろんなぽぽちゃんが玩具屋で売られています）。名前ははじめからついていたので、そのままぽぽちゃんとよんでいます。ぽぽちゃんはよく服を脱がされて、段ボール箱のお風呂に入れられています。もう一つは古い感じの赤ちゃん人形。お古をもらったので相当ぼろになっているにもかかわらず、気に入っているようで、名前は「赤ちゃん」です。この赤ちゃんはよくうんちをするらしく、いつもお尻を拭かれています。 |
| 12 | 女児 | 4歳3か月 | ドレミちゃんの中に出てくる、はなちゃんという赤ちゃん人形が大好きで、バブバブとお話したり、エーンエーンと泣いたりするので、本当の赤ちゃんのようにあやして、泣くと人のせいにしたり、喜ぶとてれて笑ったりと、はなちゃんのお母さん気分でいる。あと、自分のおなかに赤ちゃんがいるなどと言って話しかけたりすることもある。 |
| 13 | 女児 | 4歳9か月 | 犬や人形に自分の好きな名前をつけて楽しんでいます。例えば犬の首にひもをつけて家の中で散歩させたり、折り紙を小さく切って小さな箱に入れ、「ご飯よ」といって食べさせたり、抱き上げて優しくなでてやったり、また、食事をするとき、人形や犬に食べさせて自分が食べたりなどです。（食事の前にいっしょに手を洗ったりもさせているようです。） |
| 14 | 女児 | 4歳11か月 | マフラーちゃん。あみぐるみの人形で女の子。子ども（妹）のように接しているので2～3歳くらい。ちょっと泣き虫でいたずら好きな子。出かけるとき一緒に車に乗せ、買い物中は車の中で留守番させる。／バブちゃん。ミルクのみ人形で女の子。1～2歳くらいの赤ちゃん。まだ自分のことができない子。寝かせてあげたりお世話をしてあげる。 |
| 15 | 女児 | 4歳11か月 | キティちゃんのお人形で、名前はその日によって違います。新しくお友達になってもらった子や、幼稚園で一緒に遊んだ子の名前を付けることが多いです。ちょうど娘が抱っこできるくらいの大きさです。着替えの服やお布団、おんぶ紐を作ってあげたら、大喜びで大切に使ってくれてます。自分がお母さんになったつもりで、口調は母のまねをしています。 |
| 16 | 女児 | 5歳1か月 | 家にあるぬいぐるみは、ほとんど「バブちゃん」「ララちゃん」「ビビちゃん」などと名前をつけ、そのときそのときで思いついた名前を付けるので、いつも「クマ」のぬいぐるみが「バブちゃん」という名前ではないということが多い。ぬいぐるみは大体自分の子どもとして扱い、0～3歳くらいが多く、女の子らしい。いつも同じぬいぐるみと遊ぶことはない。家族も娘の考えや行動（そのぬいぐるみや人形への接し方）に合わせている。「あらー、かわいい赤ちゃんね。名前は、ララちゃんって言うの？」などと話を合わせてやる。 |
| 17 | 男児 | 5歳1か月 | 1歳の頃からずっと一緒に寝ていたミッキーのぬいぐるみです。モノクロのミッキーで、UFOキャッチャーでミニーマウスのぬいぐるみと一対で持っていましたが、なぜかミッキーがお気に入りで、ミッキーの右足を鼻にこすりつけて寝ないと眠れず、困りました。いつも一緒で本を読んであげたり、ご飯を食べさせてあげたり。私たちは優しさのお稽古だと見守っていました。 |
| 18 | 男児 | 5歳10か月 | テディベアのクーちゃん。ゲームをしたり、何かして遊んでいるときに、自分のそばに置いていることがある。時にはお菓子を食べさせる真似をしたりしていた。たまに引っ張ってみたり、投げたりしたときは「クーちゃんも生きているから、大事にしなさい」と言い聞かせていた。 |
| 19 | 男児 | 5歳11か月 | ポケットモンスターにでてくるポケモンで、（コダックという）名前もそのままで、自分でつけたりはしていません。2歳の頃だったでしょうか？　どこに行くのも離すことができず、そのぬいぐるみを忘れたら大変で、とりに帰らなくてはいけなくなるなどで…。寝るときもそのぬいぐるみを抱っこして寝ないと寝れないという感じでした。とにかく忘れないよう、常にチェックしていました。 |

## 表6-1-5. なりきり遊びの事例

| No. | 性別 | 現在の年齢 | 概要 |
|---|---|---|---|
| 20 | 女児 | 3歳11か月 | ねこ。にゃーにゃーとないて、四つんばいで足元に擦り寄ってくる。甘えてくるので、「よしよし」とか、「かわいいね」とか、「にゃんこちゃん、なあに？」とか言って、抱っこしてあげると喜ぶ。忙しくてかまわずにいると、「私、今ねこなんよ。にゃんこちゃんどうしたのっていって。」とアピールしてくる。 |
| 21 | 男児 | 4歳1か月 | 仮面ライダー・クウガで、一人でキックをしたり、投げ飛ばされて転げて回っています。「クウガ頑張れ」とか、時々声をかけています。 |
| 22 | 女児 | 4歳3か月 | 犬です。何を聞いてもワンワンとしか答えず、何か言いたいときにもワンワンといってくるので、しばらくの間、わけわかりませんでした。私たちもたまに、ワンワンって答えると、笑いながらワンワンとワンワン会話をしていました。(少しの間でしたけど…) |
| 23 | 男児 | 4歳10か月 | キャラクターの名前はウルトラマン、仮面ライダーアギトなどのテレビキャラクターのヒーローもの。自分は強く、正義の味方になった気分で格好をつけたりする。本人はその反面、とても弱虫、泣き虫なので、キャラクターになっている気分のときには、「強いねー。カッコイイねー」って調子をあわせている。 |
| 24 | 女児 | 5歳1か月 | 女の子らしいのが好きらしく、動物ならウサギになりたがる。キャラは、以前は「スーパードール・リカ」で、今は「タイムピンク」など、女のキャラクターになりたがる。年はそのキャラクターと同じようにお姉さんになったり、子どもになったりする。かわいく見せようとする。そのキャラの取り合いで友だちとケンカになるときは、「順番に、そのキャラになろうね」というが、一人で家でなりきるときは、私が「タイムレッド」など、他のキャラになってやったりする。 |
| 25 | 男児 | 5歳1か月 | 電車ごっこが大好きな子だから、車掌さんになりきって、運転したり、生活の中に車掌さんという身分で出張したりしている。家族、特に母親がそのとき子どもを車掌さんと呼ぶことにしている。 |
| 26 | 女児 | 5歳5か月 | 魔法のスティックを持って、魔法をかけるまねをしたり、車に乗っていてトンネルに入ると、必ず！片手をかざして、トンネル内の電気を利用して変身のまねをしていました。 |
| 27 | 女児 | 5歳10か月 | まいちゃんという小学1年生の女の子。まいちゃんになりきって、お掃除したり、お料理の手伝い、洗濯をしたりしています。家族は見守っています。 |
| 28 | 女児 | 5歳10か月 | 「おじゃ魔女ドレミ」のドレミちゃん。ときどきほうきにまたがって、空を飛ぶ練習をしている。家族は「頑張ってね！」と応援している。 |
| 29 | 男児 | 5歳11か月 | 仮面ライダー・クウガになったり、父親と戦っています。自分が必ず正義の味方なので、相手は悪者で、自分が勝つまでやりたがる。また、ゴジラにもなり、町を壊したりするまねをします。 |
| 30 | 女児 | 6歳2か月 | 幼稚園の先生になったつもりで、人形に向かって声色を変えて話をしていることがありました。どんなことを言っているのかそうっと聞いてみた。見ると照れてしまうので…。 |
| 31 | 女児 | 6歳5か月 | 4歳のとき、3〜4か月。よくネコになっていました。名前はそのときどきで違ったり、ついていなかったりで、ただネコのふりをして「ニャーニャー…。これは○○○って言っているのよ」と話をします。下の子ども、友だちも一緒になって遊んでいました。親は会話に参加したり、ネコのまねの食べ方だけは注意したりしていました。 |
| 32 | 男児 | 6歳7か月 | カーレンジャー、タイムレンジャーのような、幼児に人気(男の子向け)のキャラクターになりきる。アクション(身振りや手振り)をまねて、歌を歌い、特に兄弟に向かって立ちふるまっていた。家族は「かっこいいねー」とか「上手だね」と言って楽しんでいた。兄は幼稚だと感じていて、にやっと笑う。 |

見られた。なりきり遊びに関しては，現在保有者のうち最年少の報告は1歳8か月であり，最年長の報告は6歳7か月であった。なりきる対象は，ヒーロー／ヒロインものが最も多く，その他にペット動物や現実の職業の人物などが見られた。

　次に，空想の友達，事物の擬人化，なりきり遊びの特徴についての自由記述をもとに，子どもがその対象とのかかわりにおいてどのような他者を想定しているのかという観点から，①憧れ型，②仲間型，③世話型，④分類不能，⑤無回答の5つのカテゴリーのいずれかに分類した。「憧れ型」は，その対象が子ども自身よりも能力が上だったり，年上だったり，スーパーヒーローやヒロインだったりした場合に含まれた。「仲間型」は，その対象が子ども自身と能力が対等であったり，同い年くらいであったりした場合に含まれた。「世話型」は，その対象が子ども自身よりも能力が下あるいは年下で，世話の必要な存在であったり，なりきる対象が小動物であったりした場合に含まれた。「分類不能」は，上記3つのいずれにも含まれない場合に含まれた。なお，自由記述の内容は多様であり，1つの事例が複数のカテゴ

表6-1-6. 空想の友達，事物の擬人化，なりきり遊びで見られる仮想他者の各カテゴリーの人数

|  |  | 憧れ型 | 仲間型 | 世話型 | 分類不能 | 無回答 |
|---|---|---|---|---|---|---|
| 空想の友達 | 男児 ($n=10$) | 1 (10) | 4 (40) | 2 (20) | 1 (10) | 2 (20) |
|  | 女児 ($n=22$) | 4 (18) | 11 (50) | 4 (18) | 2 ( 9) | 2 ( 9) |
|  | 全体 ($n=32$) | 5 (16) | 15 (47) | 6 (19) | 3 ( 9) | 4 (13) |
| 事物の擬人化 | 男児 ($n=57$) | 9 (16) | 6 (11) | 32 (56) | 7 (12) | 3 ( 5) |
|  | 女児 ($n=108$) | 1 ( 1) | 7 ( 7) | 91 (84) | 7 ( 7) | 2 ( 2) |
|  | 全体 ($n=165$) | 10 ( 6) | 13 ( 8) | 123 (75) | 14 ( 9) | 5 ( 3) |
| なりきり遊び | 男児 ($n=118$) | 106 (90) | 1 ( 1) | 7 ( 6) | 3 ( 3) | 4 ( 3) |
|  | 女児 ($n=123$) | 92 (75) | 3 ( 2) | 31 (25) | 4 ( 3) | 4 ( 3) |
|  | 全体 ($n=241$) | 198 (82) | 4 ( 2) | 38 (16) | 7 ( 3) | 8 ( 3) |

注1：複数回答のため出現度数の総数は必ずしも対象児の総数と一致しない。
注2：（　）内の数値は各列の男児，女児，全体の人数を母数とした％を示す。

230

リーにまたがることもあった。従って，データは排他的ではなく，統計的検定は行わなかった。分類は著者以外に大学生4名がデータの約4分の1ずつを分類した後，著者との協議の上で決定した。**表6-1-6**は，空想の友達，事物の擬人化，なりきり遊びにおける仮想他者の出現状況を示したものである。

空想の友達では「仲間型」（47%），事物の擬人化では「世話型」（75%），なりきり遊びでは「憧れ型」（82%）が最も多いことが示された。

## 4．遊びや玩具の好みとの関連

空想の友達を持つ子どもはそれを持たない子どもよりも，想像的な遊びをより好む傾向にあるのだろうか。一人遊び，共同遊び，玩具のそれぞれについて子どもが最も好きなものを1つ挙げてもらい，得られた回答をSinger & Singer（1981）に準じて，①想像的遊び，②非想像的遊び，③分類不能に分類した。「想像的遊び」には，ままごとやごっこ遊び，ぬいぐるみや人形，ミニカー，電車などを使った遊びが含まれ，「非想像的遊び」には，お絵かき，パズル，文字，折り紙，ピアノ，読書，ボール遊び，ブランコなどが含まれ，「分類不能」には，上記2つのカテゴリーのいずれにも分類困難なものが含まれた。玩具についてもほぼ同様である。なお，以上の分類は極めて大まかなものであり，ある種の遊びや玩具が想像的か否かは状況や子どもの操作の仕方によって変動するものであり，常に安定的ではない。従って，大いに疑問の余地が残る分類法ではあるが，ここでは便宜上このように分類することにする。**表6-1-7**は，結果を空想の友達の有無別に示したものである。なお，IC群（imaginary companionの略記）は空想の友達を持った経験がある子どもの群を指し，NIC群（non imaginary companionの略記）はそうした経験がない子どもの群を指す。

「分類不能」の人数が少なかったため，「想像的遊び」と「非想像的遊び・分類不能」に分けて，一人遊び，共同遊び，玩具のそれぞれに2×2のクロ

第6章　子どもの日常生活における空想とその役割　　231

**表6-1-7.　空想の友達の有無別による遊びや玩具の好みに関する各カテゴリーの人数**

| | IC 群 ($n=32$) | | | NIC 群 ($n=270$) | | |
|---|---|---|---|---|---|---|
| | 1人遊び | 共同遊び | 玩具 | 1人遊び | 共同遊び | 玩具 |
| 想像的遊び | 11 (34) | 19 (59) | 20 (63) | 97 (36) | 131 (49) | 138 (51) |
| 非想像的遊び | 21 (66) | 13 (41) | 12 (38) | 160 (59) | 123 (46) | 122 (45) |
| 分類不能 | 0 ( 0) | 0 ( 0) | 0 ( 0) | 13 ( 5) | 16 ( 6) | 10 ( 4) |

注：（　）内の数値は％を示す。

ス表を作成して $\chi^2$ 検定を行ったところ，いずれも有意差は見られなかった（一人遊び $\chi^2(1)=0.01$, n.s.; 共同遊び $\chi^2(1)=0.95$, n.s.; 玩具 $\chi^2(1)=1.07$, n.s.）。このことから，日常生活における想像的な遊びへの従事という点に関して，空想の友達を持つ子どもとそれを持たない子どもとで違いはないことが示唆された。

## 5.　親の科学的／魔術的説明との関連

　空想の友達を持つ子どもはそれを持たない子どもよりも，親から科学的説明をあまり受けていない一方で，魔術的説明を多く受けているといった傾向があるのだろうか。子どもが親に科学的説明を要するような質問をする頻度と，子どもの質問に対して親が魔術的説明をする頻度に関して，得られた回答を「よくする」3点，「たまにする」2点，「一度だけある」1点，「一度もない」0点として得点化した。**表6-1-8**は，空想の友達の有無別にそれぞれの平均値を示したものである。

　空想の友達の有無を独立変数，科学的説明に関する得点及び魔術的説明に関する得点を従属変数として一元配置の分散分析を行ったところ，子どもの質問の頻度に関しては有意差が見られなかったものの（$F(1, 292)=1.42$, n.s.），親の魔術的説明の頻度に関しては有意差が見られた（$F(1, 295)=3.94$, $p<.05$）。空想の友達を持つ子どもはそれを持たない子どもよりも，家庭において親による魔術的説明を多く経験していることが示された。

表6-1-8. 空想の友達の有無別による親の科学的／魔術的説明の頻度の平均値

|  | IC 群（$n = 32$） | NIC 群（$n = 270$） |
|---|---|---|
| 親の科学的説明 | 1.94 （0.89） | 1.71 （1.02） |
| 親の魔術的説明 | 1.19 （0.97） | 0.83 （0.97） |

注：（　）内の数値は標準偏差を示す。

表6-1-9. 空想の友達の有無別によるきょうだい数及び出生順位に
関する各カテゴリーの人数

|  | IC 群（$n = 32$） | NIC 群（$n = 270$） |
|---|---|---|
| 1 人っ子 | 8 （25） | 41 （15） |
| 長子 | 13 （41） | 94 （35） |
| 中間子 | 3 （ 9） | 37 （14） |
| 末っ子 | 8 （25） | 96 （36） |
| 無回答 | 0 （ 0） | 2 （ 1） |

注：（　）内の数値は％を示す。

## 6. きょうだい数及び出生順位との関連

空想の友達の出現において，きょうだい数や出生順位には何らかの関連が見られるのであろうか。きょうだい数及び出生順位に関する回答をもとに，子どもを①1人っ子，②長子，③中間子，④末っ子，⑤無回答のいずれかに分類した。**表6-1-9**は，結果を空想の友達の有無別に示したものである。無回答の2名を除外して2（空想の友達の有無）×4（カテゴリー）のクロス表を作成して$\chi^2$検定を行ったところ，有意差は見られなかった（$\chi^2(3) = 3.28$, n.s.）。このことから，少なくとも本調査結果においては，空想の友達を持つことときょうだい数及び出生順位との間には関連がないことが示唆された。

## Ⅳ. 考察

本節では，幼児期における空想の友達とその周辺現象について調べるために，幼児の親302名を対象に，質問紙調査を行った。質問紙では，①空想の友達，②事物の擬人化，③なりきり遊び，④遊びと玩具の好み，⑤親の科学

的／魔術的説明の5点について尋ねた。調査の結果は次の3点にまとめることができる。第1に，空想の友達，事物の擬人化，なりきり遊びの出現率は，それぞれ10％，55％，80％であった。第2に，空想の友達は「仲間型」で描かれることが多いのに対して，事物の擬人化は「世話型」，なりきり遊びは「憧れ型」で描かれることが多いことが示された。また，なりきり遊びでは男女に違いは見られなかったが，空想の友達と事物の擬人化については，男児よりも女児において多く見られることが示された。第3に，子どもが空想の友達を持つことと日常生活において想像的遊びにより多く従事すること，親による科学的説明を多く経験することとの間には関連が見られなかったが，親による魔術的説明を多く経験することとの間には関連が見られた。また，きょうだい数及び出生順位との間には関連が見られなかった。以下では順に考察を行うこととする。

　先ず，出現率に関しては，空想の友達の出現率（10％）は欧米の研究結果（10〜30％）と比較して低かったものの，同じく10％前後を示した我が国の先行研究の結果（麻生，1989：犬塚ら，1991）とはほぼ一致する結果であった。先行研究では，空想の友達は，お気に入りの毛布やぬいぐるみを習慣的に持ち歩いたり身に着けたりする移行対象との関連が指摘されており，2，3歳頃に移行対象を急に手放すことが困難である子ども，あるいは移行対象とのかかわりを遊びへと発展させたい子どもの一部が，代償的に彼らの想像世界の中で空想の友達を作り出すのではないかとの見解が示されている（Singer & Singer, 1990）。この見解に依拠すれば，我が国における空想の友達の出現率が，欧米での出現率と比較して低いことは，その前触れである移行対象の出現率が欧米（50〜60％）と比較して我が国で低い（30％）ことと関連した結果であると理解することができよう。移行対象に見られる欧米と日本との出現率の違いに関しては，親の発達期待や伝統的な育児法の違いなど，様々な文化的要因が関係していると考えられている（富田，2002）。いずれにしても，我が国においても幼児期に空想の友達を持つ子どもは一定程度確認さ

れ，発達的にごく一般的な現象であることが改めて確認された。併せて，事物の擬人化となりきり遊びに関しても，先行研究（Taylor & Carlson, 1997）と同様の高水準の出現率（55％と80％）が確認されたことにより，空想世界を作り出し，それを楽しむといった行為が，幼児期に日常的に見られる現象であることが改めて確認されたと言えよう。

　次に，空想の友達，事物の擬人化，なりきり遊びのそれぞれで子どもが描出する仮想他者の特徴についての分析結果は，3タイプの想像的活動の相違点を改めて強調するものであった。空想の友達は子ども自身とほぼ対等の能力を持ち，年齢も同じくらいという「仲間型」の特徴を備えて描かれる場合が多いのに対して，事物の擬人化は子ども自身よりも能力が低く，年下の世話すべき対象であるという「世話型」の特徴を備えて描かれることが多く，なりきり遊びは子ども自身よりも能力が高く，年齢も上で，ときに超自然的な力を発揮するという「憧れ型」の特徴を備えて描かれることが多かった。また，空想の友達と事物の擬人化は男児よりも女児に多く見られた。こうした結果は，「目に見えない友達との関係性は多くの場合，社交的で仲間的な雰囲気で描写されるのに対して，擬人化される事物はたいてい保護すべきものとして描写される」としたGleasonら（2000）の結果や，男児は自分にはない強さや能力を備えた空想の友達を作り易いのに対して，女児は身の回りの世話が必要であるような空想の友達を作り易いとしたHarter & Chao（1992）の結果と一致するものであり，想像や空想が幼児期の子どもにとって彼ら自身が思い描く憧れや願いを一時的にしろ満足させてくれる，喜びや楽しさなどの感情的な幸福に満ちた活動であることを改めて示唆する結果であると言えよう。

　最後に，空想の友達を持つ子どもはそれを持たない子どもと比較してどのような特徴が見られるのかについて検討するために，日常生活における遊びの好みや，親の科学的／魔術的説明，きょうだい数や出生順位との関連について検討したところ，親による魔術的説明との関連を除いて，有意な関連性

は見られなかった。例えば，先行研究（Prentice, Manosevitz, & Hubbs, 1978; Rosengren, Kalish, Hickling, & Gelman, 1994）においては，サンタクロース，イースターバニー，歯の妖精についての子どもの信念は，それらの存在に対する親の奨励と関連があるというように，空想的存在に対する子どもの信念は親による影響を強く受けることが示されている。他方，子どもの信念と親の奨励との間には関連がないといった逆の結果も先行研究では示されており（Prentice & Gordon, 1986; Woolley & Cornelius, 2012），一致を見ていない。本節の調査結果においても関連は一部の項目に限られていたことから，今後さらなる検討が必要であると考えられる。また，きょうだい数及び出生順位との関連に関しては，空想の友達を持つ子どもは1人っ子や第1子に多いという先行研究の結果（Singer & Singer, 1990）に反して，本節では関連が見られなかった。先行研究では，子どもは寂しかったり不安だったりする場合に，空想の友達を作り出すことでその寂しさや不安を紛らわすという情動的補償仮説が示されており，特に1人っ子や第1子は一人で過ごす時間が多く，想像や空想をすることで情動的な安定化を図ろうとするのではないかと考えられている。本節ではそのような仮説を支持する結果は得られなかったが，今後も引き続き検討する必要があろう。

〈付記〉
本節の主要部分は，富田・山崎（2001），富田（2003）として公刊されている。

## 第2節　空想の友達に対する親の態度

### I．空想の友達と文化的環境

本節では，子どもの空想の友達とそれに対する親の態度や支援との関連について明らかにすることを目的とする。

先行研究では，子どもの空想の友達に対して受容的で肯定的な態度を示し，それとの遊びに従事できるよう積極的に支援する親の事例が数多く報告される一方で（Singer & Singer, 1990; Taylor, 1999），子どもの空想の友達に対して煩わしさを感じたり，年齢的な不適切さや行き過ぎた空想への懸念を表明する親の事例も報告されている（Brooks & Knowles, 1982; Newman & Newman, 1975）。また，Taylor & Carlson（2000）による近年の研究では，宗教的信念を始めとする文化的文脈の違いもまた子どもの空想の友達に対する親の態度や支援に影響を及ぼすことが示されている。

では，我が国の親たちは子どもの空想の友達に対してどのような考えを持ち，どのような態度を示すのであろうか。また，それらに対する親の日常的な支援は，子どもが空想の友達を作り出すことと関連があるのであろうか。このことは極めて興味深い問題であるが，現時点ではそれに関する実証的研究は見当たらない。空想の友達に対する認知度が欧米諸国と比べて低いという我が国の現状を考えると，子どもの空想に対する親の態度はより多様であることが予想され，そこで織り成される文化的環境の影響について検討しておくことは重要であると思われる。

そこで本節では，子どもの空想の友達に対する我が国の親の態度や支援に焦点を当てる。具体的には，幼児期の子どもを持つ親に対して，仮に自分の子どもが空想の友達を持つ場合にはどのように感じるか，また児童期以降もそれを持ち続けた場合にはどのように感じるかを尋ねることで，空想の友達に対する態度とその変容について明らかにする。また，子どもの空想に対する親の支援，例えば，子どもが空想上の存在を信じるように親が奨励したり，子どもが魔術的思考に従事することを後押しするような説明の仕方を親が用いたりすることは，子どもが空想の友達を持つこととどのように関連があるのかについても検討し，明らかにする。

## Ⅱ．方法

### 1．被調査者

　岡山市と倉敷市の3つの幼稚園・保育園に在籍する2～6歳の子どもの親162名に担任を通じて質問紙を配布し，2週間後に回収した。その結果，91名（男児39名，女児52名）分のデータが回収され，回収率は56.1％であった。各年齢の内訳は，2歳児10名（男児5名，女児5名），3歳児18名（男児7名，女児11名），4歳児24名（男児12名，女児12名），5歳児27名（男児11名，女児16名），6歳児12名（男児4名，女児8名）であった。

### 2．手続きと質問項目

　質問紙は園長の許可を得た上でクラス担任の教諭・保育士を通して子どもの親に配布し，約2週間後に回収した。質問紙では子どもの性別，月齢，きょうだい数，出生順位について回答を求めた後，①空想の友達，②空想の友達に対する親の態度，③空想上の存在に対する子どもの信念及び親の奨励，④子どもの質問及び親の科学的／魔術的説明に関して，以下の質問を行った。なお，質問項目の設定にあたっては先行研究（Singer & Singer, 1981; Rosengren & Hickling, 1994; Taylor & Carlson, 1997）を参考にした。

#### (1)　空想の友達

　質問1：あなたのお子さんは目に見えない空想の友達を持っていますか。または，これまでに持ったことがありますか（現在持っている／過去に持ったことがある／持ったことはない）。質問2：（「現在持っている」と回答した場合）空想の友達を持つようになったのはいつ頃からですか。質問3：（「過去に持ったことがある」と回答した場合）空想の友達を持っていたのはいつ頃からいつ頃までですか。質問4：その空想の友達の特徴について，できるだけ詳しく教えて下さい（自由記述）。

### (2) 空想の友達に対する親の態度

質問1：もしもお子さんが空想の友達を持ったとしたら，あなたはどのように感じられますか（すでにお子さんが持たれている場合は，最初にどのように感じたかをお書きください：自由記述）。質問2：もしもお子さんが空想の友達を小学生以降も持ち続けたとしたら，あなたはどのように感じられますか（すでにお子さんが持たれている場合も同様にお書きください：自由記述）。

### (3) 空想上の存在に対する子どもの信念及び親の奨励

質問1：以下の空想の存在のうち，お子さん自身が現在信じている存在はありますか。信じているものに○をしてください（サンタクロース，妖精，妖怪，魔法使い，幽霊のうち複数回答可）。質問2：以下の空想の存在のうち，親であるあなた自身がお子さんに「信じていてほしい」と思う存在はありますか。該当するものに○をしてください（サンタクロース，妖精，妖怪，魔法使い，幽霊のうち複数回答可）。

### (4) 親の科学的／魔術的説明

質問1：もしもお子さんが自動ドアを見て，「どうして何もしていないのにドアが開くの？」と尋ねてきたら，あなたはどのように答えますか（自由記述）。質問2：もしもお子さんが虹を見て，「虹っていったい何なの？　どうしてできるの？」と尋ねてきたら，あなたはどのように答えますか（自由記述）。質問3：お子さんが普段の生活の中で，科学的な説明を必要とするような質問をすることはどの程度ありますか（一度もない／一度だけある／たまにする／よくする）。質問4：あなた自身がお子さんの質問に対して，「それは魔法なんだよ」というように魔法を引用した回答をすることはどの程度ありますか（一度もない／一度だけある／たまにする／よくする）。

## Ⅲ．結果

### 1．空想の友達の出現状況

幼児期における空想の友達の出現率に関しては，すでに前節において検討

済みであるが，ここでは後述する親の態度との関連について検討するために
再度質問を行った。現在または過去に空想の友達を持った経験について尋ね
たところ，**表6-2-1**に示す結果が得られた。現在と過去を合わせた空想の友
達の出現率は16%（15名）であり，前節の調査結果とほぼ同様の出現率が示
された。性差を比較したところ，男児の出現率13%（5名）に対して女児の
出現率は19%（10名）であり，女児では男児よりも高い出現率が示された。
この結果は前節の調査結果と一致していた。

　また，空想の友達の出現時期と，過去に持っていた場合の消失時期につい
て尋ねたところ，**表6-2-2**に示す結果が得られた。出現時期のピークは2～
3歳頃（73%）であり，消失時期のピークは3～4歳頃（63%）であった。
ただし，5歳を過ぎた現在も持ち続けている者も15名中4名（27%）ほど存
在し，消失時期については就学前に2度目のピークが訪れることが予想され
る。出現時期で最も早いのは1歳6か月頃であり，最も遅いのは4歳であっ
た。

　出現期間に関しては，最も多かったのは1年以上2年未満（40%）であ
り，次いで，6か月以上1年未満（20%），2年以上（20%）の順に多かっ
た。3か月以上6か月未満は1名（7%）に過ぎず，大部分の幼児が空想の
友達を6か月以上経験していた（不明が2名，13%）。中でも，出現期間が最
も長かったのは2歳6か月から5歳11か月現在までの3年5か月であった。

　空想の友達についての自由記述は15名全てから得られた。前節の調査結果
と同様に，名前が特徴的であり，みやこ，ラララ，エンジェル，かあじ，か

表6-2-1.　空想の友達の出現に関する各カテゴリーの人数

|  | 男児（$n=39$） | 女児（$n=52$） | 合計（$n=91$） |
|---|---|---|---|
| 現在あり | 2 （ 5） | 5 （10） | 7 （ 8） |
| 過去あり | 3 （ 8） | 5 （10） | 8 （ 9） |
| なし | 34 （87） | 42 （81） | 76 （84） |

注：（　）内の数値は%を示す。

表6-2-2. 空想の友達の出現・消失時期に関する各カテゴリーの人数

|  | 1歳代 | 2歳代 | 3歳代 | 4歳代 | 5歳代 | 不明 |
|---|---|---|---|---|---|---|
| 出現 (n=15) | 1 ( 7) | 4 (27) | 7 (47) | 1 ( 7) | 0 ( 0) | 2 (13) |
| 消失 (n=8) | 0 ( 0) | 1 (13) | 3 (38) | 2 (25) | 1 (13) | 1 (13) |

注：（　）内の数値は％を示す。

なか，ホリキラバンなど様々な名前が付けられ，多くは人間であったが（11例），動物のケース（4例）やトイレ（1例）という珍しいケースも見られた（1名が人間と動物を併記）。関わりの特徴としては，それが記述された場合の多くは，一緒に遊んだり食事をしたりする存在であり（5例），子どもによって叱られる存在というケースも見られた（1例）。また，次のように2歳6か月の出現から5歳11か月の現在まで，長年にわたって空想の友達によるドラマを維持し続けた，興味深い女児のケースも確認された。「はじめに『かあじくん』（29歳）と『かなかちゃん』（20歳）が登場しました。そして，それぞれの家族の話を詳しく話すようになり，どこで2人と出会ったかも教えてくれました。紆余曲折あり，今では2人は結婚しています（長年話は変わりません）。かあじくんは，登場当時はA高校生。母親は猫を抱っこしている時に交通事故に遭い，父親と妹・弟・弟の5人家族で新聞配達をして家計を支えています。かなかちゃんは，両親と妹4人の大家族。娘と2人は虹で出会ったそうです。そこで，我が家を見つけて，地面におりてきたと言っています」。

## 2．空想の友達に対する親の態度

　親は子どもの空想の友達に対してどのような態度を示すのであろうか。子どもの空想の友達に対する親の態度に関して，子どもが幼児期の現在にそれを持った場合と児童期以降にも持ち続けた場合とで親自身が示すであろう態度について回答を求めた。なお，現在または過去に空想の友達を持った経験がある場合には，最初どのように感じたかについて回答を求めた。

表6-2-3は，我が子が空想の友達を持った経験がある親による回答結果のうちいくつかを例示したものである。

子どもの空想の友達に対する親の態度に関する回答は，①肯定的態度，②中間的態度，③否定的態度－一般型，④否定的態度－精神病理型，⑤否定的態度－超自然型，⑥その他，⑦無回答の７つのカテゴリーのいずれかに分類された。表6-2-4は，子どもの空想の友達に対する親の態度の各カテゴリーの人数を示したものである。

空想の友達に対する親の態度は，幼児期では肯定的態度（33％）が最も多く，次いで中間的態度（29％），否定的態度（27％）が多く見られたのに対して，児童期では否定的態度（63％）が大きく増加し，肯定的態度（13％）と中間的態度（11％）は大きく減少した。このことから，空想の友達に対する親の態度は幼児期から児童期にかけて，肯定的ないし中間的態度から否定的態度へと変化することが示唆された。また，否定的態度の中でも一般型は幼児期（15％）から児童期（48％）にかけて大きく増加しており，わずかな差ではあるが，精神病理型は幼児期（３％）よりも児童期（11％）に多く，超自然型は児童期（３％）よりも幼児期（９％）に多く見られた。

次に，子どもの空想の友達とそれに対する親の態度との関連について検討する。仮説的に，空想の友達と交渉する子どもの姿を見ることは，親において空想の友達に対する親和感情を高め，危険性の認識を低減させ，それにより空想の友達に対する否定的態度を低下させ，肯定的態度及び少なくとも否定的ではない中間的態度を高める効果をもたらすものと考えられる。つまり，子どもが空想の友達を作り出した経験を持つ親は，そうした経験を持たない親よりも，幼児期と児童期を通じて肯定的もしくは中間的態度を多く示し，否定的態度をあまり示さないであろう。

この点について検討するために，空想の友達の所有経験別に親を①肯定・中間型，②変動型，③否定型の３つのカテゴリーに分類した。肯定・中間型には，幼児期と児童期ともに親の態度は肯定的ないし中間的態度の間で変動

した場合が含まれた。変動型には，幼児期から児童期にかけて，親の態度が肯定的ないし中間的態度の領域を超えて，否定的態度を始めとする他の領域

### 表6-2-3. 子どもの空想の友達に対する親の態度についての事例

| No. | 年齢と性別 | 名前（属性） | 幼児期の態度 | 児童期の態度 |
|---|---|---|---|---|
| 1 | 3歳5か月，女児 | みやこちゃん（女の子） | 最初は何も思いませんでした。むしろ，「みやこちゃん」という名前がどこからきたのだろう？とおかしく思い，小さい子がお人形さんに名前をつけて遊ぶ感覚ぐらいにしか思わず，上の子が男の子だったので，「やっぱり女の子はかわいいなあ」なんて思っていました。ただ本人にも「お人形さんで遊んだら？」とは言っていました。（最初からお人形さんではなくカタカタのおもちゃだったからです。） | 最初は想像力が豊かだと思い，つい最近は「少しおかしいのかな」と心配になり，相談したこともありますが，最近は気にしなくなりました。昔ほど頻繁に登場しなくなってきたせいでしょうか。でもうちの子は指しゃぶりも続いているので，そちらの方が心配です。小学生以降も持ち続けたとしたら，心配になると思います。 |
| 2 | 3歳8か月，女児 | ラララちゃん，エンジェル（女の子） | 霊か何かが見えているのかと驚いた。 | 人間関係がうまくいってないのか，寂しい思いをさせているのかと悩むと思う。 |
| 3 | 3歳10か月，女児 | 不明（女の子） | おかしいとは思ったことはありません。逆に，空想の友達に興味を持ちました。 | さすがに小学生以降になってもそうであれば，少し心配すると思います。 |
| 4 | 4歳4か月，女児 | トイレちゃん，トイレくん（トイレ） | よく一人でしゃべっているなと思いました。子どもには大人には見えないものがあったりするものだと思っていたので，特に気にしていませんでした。 | 現実の友達がいなかったら考えると思いますが，現実の友達がちゃんといて友達と遊んでいるなら，低学年くらいまでは大丈夫かな。 |
| 5 | 5歳3か月，男児 | 不明（男の子） | なぜそういう空想の友達をつくるのか不思議に思う。 | 少し心配になる。 |
| 6 | 5歳11か月，女児 | 不明（女の子） | 気味が悪かった。霊感があって，小さい子は幽霊をよく見ると聞いていたので，誰かいると思っていた。 | 友達との関係が上手くいっていないのかと心配する。 |
| 7 | 5歳11か月，女児 | かあじくん（男の子），かなかちゃん（女の子） | 子どもの心の中には実際にいるので，肯定的に受けとめました。「虹の上から私たちを見ていた」という件には少し感動を覚えました。 | 現実社会にさしさわりがないなら，かまわないと思います。それに，自分たちには見えないだけで，本当にいるのかもしれないし…。 |
| 8 | 6歳0か月，女児 | 不明（男の子，女の子，動物） | 何か見えるのだなぁ，ずっとお話して不思議だなぁと思いました。 | 自分もそんな頃があったので，それが何か不都合なことがなければいいと思っている。怖い場所で怖くないように何かを考えるようにしていた。 |

（否定的，その他，無回答）にまで幅広く変動した場合が含まれた。否定型には，幼児期と児童期ともに親の態度は一貫して否定的態度であった場合が含まれた。前節と同様，空想の友達を持った経験がある者を IC 群，空想の友

**表6-2-4. 幼児期と児童期における空想の友達に対する親の態度に関する各カテゴリーの人数**

| カテゴリー | 分類基準と具体例 | 幼児期 | 児童期 |
|---|---|---|---|
| 肯定的態度 | 空想の友達に対して肯定的感情や態度を示した場合。（例：「楽しそうでいいなあと思う」「想像力が豊かなのかなと感じる」「小さいうちはいいと思う」） | 30 (33) | 12 (13) |
| 中間的態度 | 空想の友達に対して肯定的とも否定的ともどちらとも判断しかねる入り混じった感情や態度，もしくは両者の間の揺れ動きを示した場合。（例：「ちょっとびっくりする」「なぜそういう空想の友達を作るのか不思議に思う」「驚くかもしれないけれど，想像力豊かな子なのかと思うこともあろうし，寂しい思いをしているかと心配するかもしれない」） | 26 (29) | 10 (11) |
| 否定的態度 －一般型 | 空想の友達に対して否定的感情や態度を示しているが，精神病理学的な解釈や超自然的な解釈をしているわけではない場合。（例：「少し心配になる」「正直気味が悪い」「少し怖く感じると思います」「学校に友達がいないのか気になる」） | 14 (15) | 44 (48) |
| 否定的態度 －精神病理型 | 空想の友達に対して否定的感情や態度を示し，その原因の解釈として精神的な病気や異常に言及した場合。（例：「精神的に何かあるのかと不安に思う」「病院へ行ってみる」「恐い。どうしたらいいか分からない。たぶん精神カウンセラーに相談する」） | 3 ( 3) | 10 (11) |
| 否定的態度 －超自然型 | 空想の友達に対して否定的感情や態度を示し，その原因の解釈として死者の霊魂や異界との交流に言及した場合。（例：「霊がいるかも…と思う」「怖い。霊感があるのではないかと疑う」「見えないおばけが見えているのでは？？と思った」） | 8 ( 9) | 3 ( 3) |
| その他 | 上記のいずれにも該当しない場合。（例：「自分が経験した事がないので，どうしてよいか分からない」「その時になってみないと分からない」） | 3 ( 3) | 3 ( 3) |
| 無回答 | | 7 ( 8) | 9 (10) |

注：（　）内の数値は％を示す。

244

達を持った経験がない者を NIC 群と表記する。

**表6-2-5**は，各カテゴリーとその内訳の人数を空想の友達の有無別に示したものである。分類の結果，肯定・中間型（22%）と否定型（24%）は全体の約4分の1を占め，変動型（54%）は約半数を占めた。空想の友達の有無との関連について，2（空想の友達の有無）×3（肯定・中間型，変動型，否定型）の $\chi^2$ 検定を行った。その結果，有意差は見られなかった（ $\chi^2(2) = 1.93$, n.s.）。このことは，仮説に反して，空想の友達に対する親の態度は，子どもが空想の友達を持った経験がある場合でもそうした経験がない場合でも，異ならないことを示唆していると言えよう。

## 3．空想上の存在に対する子どもの信念及び親の奨励

空想の友達を持つことと，サンタクロースや妖精などの空想上の存在を信

表6-2-5. 空想の友達の有無別による空想の友達に対する親の態度に関する
各カテゴリーの人数

| | | IC 群（$n=15$） | NIC 群（$n=76$） |
|---|---|---|---|
| 肯定・中間型 | 肯定→肯定 | 3 (20) | 4 ( 5) |
| | 肯定→中間 | 1 ( 7) | 3 ( 4) |
| | 中間→中間 | 1 ( 7) | 5 ( 7) |
| | 中間→肯定 | 0 ( 0) | 3 ( 4) |
| | 小　計 | 5 (33) | 15 (20) |
| 変動型 | 肯定→否定 | 5 (33) | 14 (18) |
| | 中間→否定 | 2 (13) | 13 (17) |
| | 中間→無回答 | 0 ( 0) | 2 ( 3) |
| | 否定→肯定 | 0 ( 0) | 2 ( 3) |
| | 否定→その他 | 1 ( 7) | 1 ( 1) |
| | その他→その他 | 0 ( 0) | 1 ( 1) |
| | その他→否定 | 0 ( 0) | 2 ( 3) |
| | 無回答→無回答 | 0 ( 0) | 7 ( 9) |
| | 小　計 | 8 (53) | 41 (54) |
| 否定型 | 否定→否定 | 2 (13) | 19 (25) |

注：（　）内の数値は％を示す。

第6章　子どもの日常生活における空想とその役割　245

じること，及び，それらを信じるよう親が奨励することとの間には，何らか
の関連が見られるのだろうか。サンタクロース，妖精，妖怪，魔法使い，幽
霊という5種類の空想上の存在に対する子どもの信念と親の奨励について尋
ね，それらを信じている，または奨励していると回答するごとに1点を与
え，0～5点の範囲で得点化した。**表6-2-6**は，空想の友達の有無別による
空想上の存在に対する信念と親の奨励の程度の平均値を示したものである。

　子どもの信念と親の奨励の各得点を従属変数として，空想の友達の有無を
独立変数として一元配置の分散分析を行った。その結果，子どもの信念と親
の奨励ともに有意差は見られなかった（子どもの信念 $F(1, 89) = .47$, *n.s.*; 親の奨
励 $F(1, 89) = 2.20$, *n.s.*）。このことから，空想の友達を持つことと，サンタク
ロースや妖精などの空想上の存在を信じること，及び，それらを信じるよう
親が奨励することとの間には関連がないことが示唆された。

### 4．親の科学的／魔術的説明

　空想の友達を持つことと親の科学的／魔術的説明との間には何らかの関連
が見られるのであろうか。人工物（自動ドア）と自然現象（虹）に対する親の
説明の自由記述は**表6-2-7**に示すように，①科学的説明，②魔術的説明，③
回避的説明，④その他，⑤無回答のいずれかに分類できた。

　親の説明では，人工物と自然現象ともに科学的説明が最も多く見られた
（人工物 74％；自然現象 51％）。このことは子どもから説明を求められる対象
が人工物であれ自然現象であれ，親は基本的には科学的に説明しようとする

　**表6-2-6.　空想の友達の有無別による空想上の存在に対する子どもの信念及び
　　　　　　親の奨励の平均値**

|  | IC群（$n=15$） | NIC群（$n=76$） |
|---|---|---|
| 空想上の存在に対する子どもの信念 | 2.40（0.74） | 2.16（1.33） |
| 空想上の存在に対する親の奨励 | 1.93（1.62） | 1.39（1.21） |

注：（　）内の数値は標準偏差を示す。

246

傾向が強いことを示唆している。人工物と自然現象とを比較すると，人工物では科学的説明（74%）が多く，魔術的説明（15%）や回避的説明（6%）は少なかったのに対して，自然現象では科学的説明（51%）が比較的少なく，

表6-2-7. 空想の友達の有無別による人工物と自然現象に対する親の説明に関する
各カテゴリーの人数

| カテゴリー | 分類基準と具体例 | IC群<br>($n=15$) | NIC群<br>($n=76$) |
|---|---|---|---|
| **【人工物（自動ドア）に対する説明】** | | | |
| 科学的説明 | 現象の背景にあるセンサー，電気，機械の存在に言及した場合，あるいは科学的な説明や正しい説明をすると宣言した場合。（例：「人間を察知して，センサーで動くようになっているよと答える」「上の方に，人が来たかどうかが分かる機械が付いているからよ」「電気で動くようになっていると本当のことを教える」「自動ドアの仕組みを説明します」「原理を説明する」） | 11 (73) | 56 (74) |
| 魔術的説明 | 魔法使いや妖精，魔法や呪文など魔術的な存在や力に言及した場合，あるいはドアを擬人的存在に見立てた説明に言及した場合。（例：「いい子には妖精がドアを開けてくれるんじゃない？」「魔法使いが開けてくれたのよと答えます」「お母さんが魔法を使って開けたんだよ」「○○ちゃんを見て，ドアさんが開けてあげよ！と思って開けてくれたんだね」） | 4 (27) | 10 (13) |
| 回避的説明 | 直接的な回答を避ける，子どもに意見を求める，子どもに考えたり調べたりするよう促すなど，一時的に回答を保留にするような言葉がけを行った場合。（例：「どうしてかなあ。不思議だね」「お母さんも分からない。何でだろう？」「どうしてだろうね？　調べてみる？」） | 0 (0) | 5 (7) |
| その他 | 上記のいずれにも該当しない場合。（例：「年齢によって回答を変える」） | 0 (0) | 3 (4) |
| 無回答 | | 0 (0) | 2 (3) |
| **【自然現象（虹）に対する説明】** | | | |
| 科学的説明 | 雨や水と太陽の光との関係について言及した場合，もしくは科学的な説明や正しい説明をすると宣言した場合。（例：「雨上がりに空気中の水分が太陽の光であんな風に見えるのよと言う」「雨があがったら，光が当たって虹ができるんだよ」「虹がどのようにできるのか，科学的に教える」「自然現象で，できるだけ正しい説明をします」） | 7 (47) | 39 (51) |
| 魔術的説明 | 神様や妖精，魔法や呪文など魔術的な存在や力に言及した場合，あるいは自然物による物語世界を想定した説明に言及した場合。（例：「神様が大きな筆（絵の具）できれいな絵を描いてくれたんだよと答えたことがあります」「虹ができるおまじないを作って言う」「太陽さんと雲さんがお絵描きしているんよ，と伝えます」「雨が降った後にできて，お空で結婚式ができるんだよ！と答えています」） | 4 (27) | 16 (21) |
| 回避的説明 | 直接的な回答を避ける，子どもに意見を求める，子どもに考えたり調べたりするよう促すなど，一時的に回答を保留にするような言葉がけを行った場合。（例：「どうしてかなあ。不思議だね」「お母さんも分からない。何でだろう？」「どうしてだろうね？　調べてみる？」） | 1 (7) | 17 (22) |
| その他 | 上記のいずれにも該当しない場合。（例：「年齢によって回答を変える」） | 1 (7) | 0 (0) |
| 無回答 | | 2 (13) | 4 (5) |

注：（　）内の数値は%を示す。

第 6 章　子どもの日常生活における空想とその役割　　247

魔術的説明（22%）や回避的説明（20%）が多く見られた。この理由とし
て，自然現象では人工物よりも，その仕組みを説明するための親の知識が不
足している可能性や，科学的説明よりも先ず自然の神秘性を感じて欲しいと
いう親の願いが反映されている可能性が考えられる。つまり，知識不足に関
しては，人工物では「機械」「電気」「センサー」という単語を出すだけで容
易に説明し得るのに対して，自然現象では「光」「水」「雨」という単語だけ
では説明し難く，それらがどのように作用して虹の発生という結果へとつな
がるのかについて説明する必要があり，結果として，自然現象では人工物と
比較して科学的説明が生じ難かった可能性が考えられる。他方，親の願いに
関しては，自然現象は人工物とは異なり人間の制御の範囲外で，人智の及ば
ぬ性質を持っているため，親は子どもにそうした自然の不思議さや偉大さ，
畏敬の念を感じさせたいとより強く願い，故に科学的説明は避けられ，魔術
的説明や回避的説明が多くなった可能性が考えられる。

　空想の友達の有無との関連について検討するために，人工物と自然現象そ
れぞれで，2（空想の友達の有無）×3（科学的／魔術的・回避的／その他・無回
答）の $\chi^2$ 検定を行った。その結果，いずれにおいても有意差は見られな
かった（人工物　$\chi^2(2) = 1.28$, n.s.; 自然現象　$\chi^2(2) = 3.90$, n.s.）。このことから，
空想の友達を持つことと，人工物や自然現象に対する親の科学的／魔術的説
明との間には関連がないことが示唆された。

　次に，空想の友達を持つことと親の科学的／魔術的説明の頻度との関連に
ついてはどうであろうか。子どもが親に対して科学的説明を要するような質
問をする頻度と子どもの質問に対して親が魔術的説明をする頻度について尋
ね，「一度もない」を 0 点，「一度だけある」を 1 点，「たまにする」を 2
点，「よくする」を 3 点として得点化した。**表6-2-8**は，空想の友達の有無別
による親の科学的／魔術的説明の頻度の平均値を示したものである。

　空想の友達の有無を独立変数，科学的説明に関する得点及び魔術的説明に
関する得点を従属変数として一元配置の分散分析を行った。その結果，科学

248

**表6-2-8. 空想の友達の有無別による親の科学的／魔術的説明の頻度の平均値**

|  | IC 群 ($n = 15$) | NIC 群 ($n = 76$) |
|---|---|---|
| 親の科学的説明 | 2.40 (0.74) | 2.16 (1.33) |
| 親の魔術的説明 | 1.93 (1.62) | 1.39 (1.21) |

注：（　）内の数値は標準偏差を示す。

的説明，魔術的説明ともに有意差は見られなかった（科学的説明 $F_{(1, 89)} = 2.99, n.s.$; 魔術的説明 $F_{(1, 89)} = .39, n.s.$）。このことから，空想の友達を持つことと，親の科学的／魔術的説明との間には関連がないことが示唆された。

## Ⅳ．考察

　本節では，子どもの空想の友達とそれに対する親の態度との関連について調べるために，幼児の親91名を対象に質問紙調査を行った。質問紙では，①空想の友達の出現状況，②空想の友達に対する親の態度，③空想上の存在に対する子どもの信念及び親の奨励，④親の科学的／魔術的説明の４点について尋ねた。調査の結果は次の２点にまとめることができる。第１に，空想の友達に対する親の態度は幼児期から児童期にかけて，肯定的ないし中間的態度から否定的態度へと変化することが示された。第２に，子どもが空想の友達を持つことと，空想の友達に対する親の態度，空想上の存在に対する子どもの信念及び親の奨励，親の科学的／魔術的説明との間には関連が見られなかった。以下では，これらの点について順に考察を行う。

　先ず，子どもの空想の友達に対する親の態度に関して，子どもがそれを幼児期に持った場合には，肯定的ないし中間的態度を示すと予想する親が多く見られ，幼児期において親は空想の友達を子どもの想像や空想の表れとして解釈する傾向があることがうかがえた。このことは，空想の友達は子どもの想像や空想によって作られたものであり，発達的に良くない兆候を示すものではないとする近年の空想の友達に関する発達研究の見解（富田，2002）とも一致して，幼児期の想像や空想に対する肯定的な評価が世間一般に広く行

き渡っていることの表れとも言えよう。また，幼児期において否定的態度が示される場合には，神や霊魂など異界との交流を疑うような超自然的解釈が児童期と比べて多く見られた。このことは，自然物にも意識や魂が宿るとするアニミズム思想や超自然的な領域から人間に対して警告を与える存在と考えられている妖怪についての伝説が，我が国において古くから信じられてきたという文化的背景（宮田，2006, 2007a）も影響しているかもしれない。加えて，「7歳までは神のうち」という言葉にも見られるように，我が国では古くから七五三をはじめ儀礼上でも子どもは神霊に近く，神霊に保護される存在であると考えられており（宮田，2007b），故に幼児期では超自然的解釈が多く見られたと考えられる。

　他方，児童期にも空想の友達を持ち続けた場合には，否定的態度を示す親が多く見られ，肯定的ないし中間的態度を示す親は幼児期に比べて大きく減少した。こうした結果は，Taylor & Carlson（2000）が報告した子どもの前世の記憶に対するインドのヒンドゥー教徒の親の態度の変容とも一致するが，これらはヒンドゥー教特有の宗教的信念（輪廻を教義の根幹とし，信心と業（カルマ）によって次の輪廻（来世）の宿命が定まる）による影響を受けたものであり，我が国における空想の友達に対する幼児期から児童期にかけての親の態度の変容を理解する際には，異なる説明が必要であると考えられる。1つ考えられる説明としては，ごっこ遊びの沈潜化が挙げられる（Singer & Singer, 1990）。一般的に，児童期には明確なごっこ遊びが急速に消失し，その種の想像や空想は個々人の思考へと沈潜すると考えられており，そうした発達についての見方が，児童期以降も空想の友達を持ち続けることへの否定的態度へとつながった可能性が考えられる。つまり，児童期に空想の友達を持つことは，一般的に認知されている発達過程から逸脱する行為であり，子どもの中で何らかの不適応が生じているのではないかという懸念や心配が，空想の友達に対する親の否定的態度へとつながったものと考えられる。また，否定的態度の中でも，空想の友達の出現を子どもの精神的な病気や対人

関係上のストレスの表れとして解釈するような精神病理学的解釈が，児童期には比較的多く見られた。この点については，児童期における人間関係の変化が挙げられる（心理科学研究会，2009）。一般的に児童期に入ると子どもの友達関係はより深まり，親との関係よりも友達との関係を重視するようになり，学業成績を通して劣等感も強く感じるようになる。その結果，子どもはそれまで以上に対人関係上の葛藤を多く抱えるようになり，様々な不適応行動を示すようになる。こうした児童期特有の困難さは親も知るところであり，故に児童期では精神病理学的な解釈が多く見られたと考えられる。

次に，空想の友達と家庭環境との関連に関して，空想の友達を持つことと，空想の友達に対する親の態度，空想上の存在に対する子どもの信念及び親の奨励，親の科学的／魔術的説明との関連について検討した結果，いずれも有意な関連は見られなかった。空想上の存在に対する子どもの信念と親による奨励や支援との関連について検討した研究では，これまで異なる結果が示されている。例えば，サンタクロースや歯の妖精など行事関連の空想上の存在に対する子どもの信念と親の奨励との関連について調べた研究では，両者の間に有意な相関が見出されている（Prentice, Manosevitz, & Hubbs, 1978; Rosengren, Kalish, Hickling, & Gelman, 1994）。他方，両者の間には関連が見られないと報告する研究（Prentice & Gordon, 1986）も存在し，さらに近年では，「あめ玉の魔女」（Candy Witch）と呼ばれる研究用に新たに創造された空想上の存在に対する子どもの信念と親の支援（例えば，「あめ玉の魔女」についての親子間の会話の質と量，描画活動，ごっこ遊びなど）との関連について調べた研究（Woolley, Boerger, & Markman, 2004; Boerger, Tullos, & Woolley, 2009）において，両者の間に関連が見られなかったことが報告されている。

同様に，Taylor & Carlson（2000）では，空想の友達を持つことと親の態度や支援との間には関連がないことを示唆する事例がいくつか報告されている。例えば，「空想の友達は悪魔と結びついている」と話したあるキリスト教根本主義者の母親の子どもは，そうした母親の強い否定的態度にもかかわ

らず，別室で他の調査者に自らが作り出した空想の友達のことを嬉しそうに語っていたという。また，キリスト教根本主義者のコミュニティでは，親も教会もサンタクロースの存在に対して否定的であるにもかかわらず，Clark（1995）の研究に参加したそのコミュニティの子どもは，1名の例外を除いて全てがサンタクロースの存在を信じていたという。また近年の研究では，空想の友達を持つ子どもの親とそれを持たない子どもの親との間で，子どものふり遊びに対する評価に違いが見られなかったことが報告されている（Gleason, 2005）。こうした先行研究の結果と本節の結果とを振り返って言えることは，幼児期において子どもは親の態度や支援とは関係なしに，自らの空想世界を自由に楽しむということである。ただ，この点に関する実証的知見の蓄積はまだ十分とは言えず，今後さらなる研究の積み重ねが必要であると言えよう。

〈付記〉
本節の主要部分は，富田・本藤（2015）として公刊されている。

## 第3節　児童期以降の空想の友達

### Ⅰ．児童期に作り出される空想世界

　本節では，児童期以降における空想の友達の出現状況と特徴，及びそれを持つ子どもの個人的特徴について明らかにすることを目的とする。

　空想の友達に関するこれまでの研究では，幼児期を対象にした研究がほとんどであり，児童期を対象にした研究はあまり行われてこなかった。この理由の1つに，児童期におけるごっこ遊びの沈潜化が挙げられる。一般的に，児童期になると表面的なごっこ遊びは徐々に消失し，その種の想像や空想は個々人の内面へと沈潜するとされてきた（Singer & Singer, 1990）。空想の友

達に関しても同様に，客観的に目に見える形で空想の友達と関わる姿を示す子どもが減ってきたため，その表面的な減退傾向に基づいて，それらは多くの場合，児童期になると消失すると見做されてきたのであろう。

　しかし実際には，空想の友達は児童期以降も現れ続けることがいくつかの研究において確認されている。例えば，Seiffge-Krenke（1993）は，12～17歳の青年のうち約3分の1が日記を書く習慣を持っており，そのうち約半数の日記において空想の友達の出現が認められたことを報告している。また，Silvey & Mackeith（1988）は，調査に協力した57名の成人や子どものうち74％が，7歳から12歳の間に「準宇宙」と呼ばれる空想の王国や世界をきょうだいや友達同士で作り出した経験を持つことを報告している。

　我が国においても，児童期以降における空想の友達の出現は確認されている。犬塚・佐藤・和田（1991）の調査では，これまでに空想の友達を持ったことがあると回答した大学生のうち31％が，大学生になった現在でも持ち続けていたことを報告しており，麻生（1989, 1991）の調査でも，同様の回答をした大学生の全てが，児童期以降の体験について回答していたことを報告している。

　このように，児童期以降の空想の友達の出現は様々な形で確認されているものの，それらは空想の友達そのものに焦点を当てた研究ではなかったり，児童に直接訪ねた研究ではなかったりするなど，現在までのところ十分に検討されているとは言えない。

　そこで本節では，児童期の子どもを対象とした質問紙調査によって，児童期に空想の友達を持つ子どもはどの程度存在するのか，過去か現在に空想の友達を持った経験がある子どもは，そうした経験がない子どもと比較してどのような特徴を持つ傾向にあるのかについて明らかにする。また，空想の友達を持つ子どもの個人的特徴に関しては，先行研究においてしばしば関連性が指摘される移行対象，日記習慣，想像活動，創作活動，孤独志向，現代メディア接触，空想上の存在及び超常現象に対する信念などを取り上げ，検討

第6章　子どもの日常生活における空想とその役割　253

を加えることとする。

## Ⅱ．方法

### 1．対象児

　倉敷市の小学校に通う小学5，6年生334名（男子171名，女子163名）を対象とした。内訳は，小学5年生171名（男子84名，女子87名）と小学6年生163名（男子87名，女子76名）であった。

### 2．手続きと質問項目

　各学級で質問紙を配布し，その場で記入を求め，回収した。質問紙では対象児の学年，性別，きょうだい数，出生順位について回答を求めた後，①空想の友達，②移行対象及び日記習慣，③各種行動傾向（想像活動，創作活動，孤独志向，現代メディア接触），④空想上の存在及び超常現象に対する信念に関して，以下の質問を行った。

　なお，質問項目は先行研究（Singer & Singer, 1981; Taylor & Carlson, 1997; 富田，2007）を参考に設定した。

#### (1)　空想の友達

　質問1：あなたはまわりの人の目には見えないけれど，自分にだけは見える想像の友達を持っていますか。質問2：（「はい」の場合）いつ頃から持っていますか。質問3：（「いいえ」の場合）過去には持っていましたか。過去に持っていた場合はいつ頃からいつ頃まで持っていましたか。質問4：目に見えない空想の友達を持っている，または過去に持っていたと答えた人にお聞きします。それはどのようなもので，どのようなかかわりをしていましたか。ご自由にお書きください。

#### (2)　移行対象及び日記習慣

　質問1：あなたは寝るときやでかけるときに手放せないような，お気に入りの毛布やぬいぐるみを持っていますか。質問2：（「はい」の場合）いつ頃

から持っていますか。質問 3：（「いいえ」の場合）過去には持っていましたか。過去に持っていた場合はいつ頃からいつ頃まで持っていましたか。質問 4：お気に入りの毛布やぬいぐるみを持っている，または過去に持っていたと答えた人にお聞きします。それはどのようなもので，どのようなかかわりをしていましたか。ご自由にお書きください。質問 5：あなたは日記をつけていますか。質問 6：（「はい」の場合）いつ頃からつけていますか。質問 7：（「いいえ」の場合）過去にはつけていましたか。過去につけていた場合はいつ頃からいつ頃までつけていましたか。

### (3) 各種行動傾向

以下の質問について，「当てはまる（5点）」から「当てはまらない（1点）」までの5段階で評定するよう求めた。質問 1 ～ 4 は「想像活動」，質問 5 ～ 8 は「創作活動」，質問 9 ～10は「孤独志向」，質問11～13は「現代メディア接触」に関する項目である。質問 1：人形やぬいぐるみ，ロボットなどを使ってごっこ遊びをすることが好きですか。質問 2：誰かになりきって遊ぶことが好きですか。質問 3：自分自身に向かって話をすることが好きですか。質問 4：夜寝る前にあれこれと考えることが好きですか。質問 5：本を読むことが好きですか。質問 6：文章を書くことが好きですか。質問 7：絵を描くことが好きですか。質問 8：お話を作ることが好きですか。質問 9：一人で過ごすことが好きですか。質問10：家の中で過ごすことが好きですか。質問11：テレビゲームをすることが好きですか。質問12：テレビアニメを見ることが好きですか。質問13：マンガを読むことが好きですか。

### (4) 空想上の存在及び超常現象に対する信念

以下の存在や現象について，児童自身が現在信じているものの番号に○印をつけるよう求めた。項目 1 ～ 4 は「空想上の存在」，項目 5 ～ 8 は「超常現象」に関するものである。項目 1：サンタクロース，項目 2：妖精，項目 3：妖怪，項目 4：魔法使い，項目 5：幽霊，項目 6：超能力，項目 7：宇宙人，項目 8：ＵＦＯ。

## Ⅲ．結果

### 1．空想の友達の出現状況

　児童期に空想の友達を持つ子どもはどの程度いるのであろうか。現在または過去の空想の友達の所有経験の有無について尋ねたところ，表6-3-1に示す結果が得られた。現在持っていると回答した者の割合は13％（44名）であり，過去の所有者と合わせると18％（61名）確認された。男女差に注目すると，現在及び過去の所有者の割合は男子15％（26名），女子21％（35名）であり，空想の友達の所有経験者は男子よりも女子において多く見られた。

　次に，空想の友達の出現・消失時期について尋ねたところ，表6-3-2に示す結果が得られた。出現時期として幼児期（5歳代まで）を回答した者の割合は44％（27名），児童期（6歳代以降）を回答した者の割合は51％（31名）というように，おおよそ半々に分かれた。消失時期は児童期（59％，10名）が幼児期（30％，5名）を大きく上回った。全体的に，空想の友達を幼児期から現在まで持ち続けている者の割合は36％（22名），児童期以降から現在まで持ち続けている者は34％（21名），幼児期のみで消失した者の割合は8％（5名），幼児期から児童期まで持ち続けて現在は消失した者の割合は11％（7名），児童期のみで消失した者の割合は5％（3名）であった。

### 2．空想の友達の特徴

　現在または過去に空想の友達を持っていた61名の児童にその詳細に関する

表6-3-1．空想の友達の出現に関する各カテゴリーの人数

|  | 男児（$n=171$） | 女児（$n=163$） | 合計（$n=334$） |
|---|---|---|---|
| 現在あり | 20（12） | 24（15） | 44（13） |
| 過去あり | 6（ 4） | 11（ 7） | 17（ 5） |
| なし | 145（85） | 128（79） | 273（82） |

注：（　）内の数値は％を示す。

表6-3-2. 空想の友達の出現・消失時期に関する各カテゴリーの人数

|  | 1～2歳代 | 3～5歳代 | 6～8歳代 | 9～11歳代 | 不明 |
|---|---|---|---|---|---|
| 出現 ($n=61$) | 8 (13) | 19 (31) | 18 (30) | 13 (21) | 3 ( 5) |
| 消失 ($n=17$) | 2 (12) | 3 (18) | 7 (41) | 3 (18) | 2 (12) |

注：（　）内の数値は％を示す。

記述を求めたところ，36名（59％）から何らかの記述を得た。記述された文字数は最も多くて63文字，最も短くて2文字であり，平均文字数は22.5文字であった。**表6-3-3**は，児童によって報告された空想の友達に関する記述内容を示したものである。

表に示すように，36名の記述内容は，①信頼できる存在，②印象的な外観を持つ存在，③過去に実在した存在，④超自然的な力を持つ存在，⑤夢の中の存在，⑥その他の6つの類型に分けられた。このうち，「信頼できる存在」型では男女差が見られ，2（性別）×2（信頼できる存在，それ以外の型）のクロス表を作成して直接確率計算による検定を行った結果，「信頼できる存在」型ではそれ以外の型と比べて男子よりも女子の方が多いという有意傾向が示された（$p=.08$，両側検定）。

また，「信頼できる存在」型では16名中10名（63％）が児童期以降の出現を報告していたのに対し，相手の内面的特徴よりも外見的特徴により焦点が当てられた「印象的な外観を持つ存在」型や「超自然的な力を持つ存在」型では，9名全てが幼児期からの出現を報告していた。

## 3．移行対象及び日記習慣との関連

児童期に空想の友達を持つことと，移行対象及び日記習慣との間には，何らかの関連性があるのだろうか。**表6-3-4**は，現在または過去の移行対象及び日記習慣の有無について尋ねた結果を空想の友達の有無別に示したものである。前節と同様，空想の友達を持った経験がある者をIC群，空想の友達を持った経験がない者をNIC群と表記した。移行対象に関して，2（空想の

第 6 章　子どもの日常生活における空想とその役割　　257

## 表6-3-3.　空想の友達についての記述内容と各カテゴリーの人数

| 類型 | 定義 | 具体例 | 男児<br>(n = 13) | 女児<br>(n = 23) | 合計<br>(n = 36) |
|---|---|---|---|---|---|
| 信頼できる存在 | 相手との親密な関係性や信頼関係が中心的に記述される。 | 「息が合う，とっても仲の良い人」（8歳から現在）／「自分が悲しくなった時に現れてくれる。慰めてくれる」（7歳から現在）／「私ぐらいの年の女の子で辛いことや悲しいこと，または，嬉しいこと，楽しかったことを言える友達」（6歳から現在）／「私の性格と同じで，すごく仲が良くて，趣味も同じ人」（8歳から現在）／「いつも僕を見ていてくれて，ああしたらダメと教えてくれる」（10歳から現在）／「いつも自分の側にいてくれて，いつも味方してくれる人」（10歳から現在）／「自分のことを大切に思ってくれている人。もし自分が他の人に避けられていたらその避ける友達の方には行かない。」（11歳から現在）／「幼稚園の時友達と喧嘩したとき一緒に謝ってくれた。私よりちょっと大きい女の子。でも小学校に入ってから全然現れない」（4歳から6歳）／「自分が何をするのか分からない時に声でサポートみたいなのをしてくれた。姿とかはよく分からない」（4歳から6歳） | 3<br>(23) | 13<br>(56) | 16<br>(44) |
| 印象的な外観を持つ存在 | 相手の外見に関する情報が中心的に記述される。 | 「外国の黒ぶちのネコとリボンが可愛い女の子」（4歳から現在）／「髪が長くてうさぎ結び。遊んだり話したりする。かわいい服を着ている」（5歳から現在）／「凄く静かな男の子で，5歳くらい」（5歳から現在）／「いっちゃいそうな人。水をあげている」（5歳から現在） | 3<br>(23) | 3<br>(13) | 6<br>(17) |
| 過去に実在した存在 | かつてはそばにいたが今はいないという相手の情報が中心的に記述される。 | 「6歳の時に飼っていたハムスター（死んでいる）。寝る前に頭に浮かんできて喋る」（7歳から現在）／「僕が生まれる前から天国にいたおじいちゃん。心の中で話をしている」（3歳から現在）／「保育園の友達で，他の学校に行った友達」（3歳から7歳） | 1<br>(8) | 2<br>(9) | 3<br>(8) |
| 超自然的な力を持つ存在 | 超自然的な力を持つという相手の情報が中心的に記述される。 | 「妖精と魔法使いが混ざったような友達。大好きな親友です」（3歳から現在）／「僕の親友です。面白くて魔法が使えます」（5歳から現在）／「優しいお化け」（4歳から8歳） | 1<br>(8) | 2<br>(9) | 3<br>(8) |
| 夢の中の存在 | 夢の登場人物としての相手の情報が中心的に記述される。 | 「寝ている時に夢に出てくる。とても遊んでいる」（11歳から現在）／「夢で色んなことを教えてくれる」（7歳から現在） | 1<br>(8) | 1<br>(4) | 2<br>(6) |
| その他 | 上記6つのタイプのいずれにも当てはまらない場合。 | 「山田さん」（11歳から現在）／「友達」（6歳から現在）／「恋人？」（9歳から現在）／「怖いもの。逃げ回っている」（1歳から4歳） | 4<br>(31) | 2<br>(9) | 6<br>(17) |

注：（　）内の数値は％を示す。

表6-3-4. 空想の友達と移行対象及び日記習慣との関連に関する
各カテゴリーの人数

|  |  | IC 群 （$n=61$） | NIC 群 （$n=273$） |
|---|---|---|---|
| 移行対象 | あり | 36 （11） | 91 （27） |
|  | なし | 25 （ 8） | 182 （55） |
| 日記習慣 | あり | 31 （51） | 85 （31） |
|  | なし | 30 （49） | 188 （69） |

注：（　）内の数値は％を示す。

友達の有無）× 2 （移行対象の有無）の $\chi^2$ 検定を行ったところ，有意差が見ら
れ（$\chi^2(1) = 12.89$, $p < .01$），両者の間には関連性があることが示された。ま
た，日記習慣についても同様に，2 （空想の友達の有無）× 2 （日記習慣の有
無）の $\chi^2$ 検定を行ったところ，有意差が見られ（$\chi^2(1) = 7.68$, $p < .01$），両者
の間には関連性があることが示された。


## 4．各種行動傾向との関連

　児童期に空想の友達を持つ子どもはどのような行動傾向を持つのであろう
か。想像活動 4 項目，創作活動 4 項目，孤独志向 2 項目，現代メディア接触
3 項目について，「当てはまる（5 点）」から「当てはまらない（1 点）」の 5
段階評定を求めたところ，**表6-3-5**に示す結果が得られた。13の質問項目ご
とに空想の友達の有無を独立変数，各得点を従属変数とした一元配置の分散
分析を行ったところ，想像活動では 4 項目全てで有意差が見られ，空想の友
達を持つ子どもはそれを持たない子どもよりも，人形やぬいぐるみを使った
ごっこ遊び（$F(1, 326) = 32.75$, $p < .001$）や，誰かになりきる遊び（$F(1, 328) = 35.65$, $p < .001$），自分自身に語りかける自己内対話（$F(1, 327) = 34.76$, $p < .001$），睡眠前の空想（$F(1, 327) = 5.99$, $p < .05$）をよく行うことが示され
た。創作活動では 4 項目中 3 項目で有意差ないしは有意傾向が見られ，空想
の友達を持つ子どもはそれを持たない子どもよりも，お話を作ることを好み
（$F(1, 326) = 14.18$, $p < .001$），文章を書くことを好み（$F(1, 326) = 3.40$, $p < .10$），

絵を描くことを好む（$F(1, 329) = 2.74$, $p < .10$）ことが示された。孤独志向では2項目中1項目で有意差が見られ，空想の友達を持つ子どもはそれを持たない子どもよりも，一人で過ごすことを好む（$F(1, 329) = 4.94$, $p < .05$）ことが示された。現代メディア接触では3項目中1項目で有意差が見られ，ここでは逆に，空想の友達を持つ子どもはそれを持たない子どもよりも，漫画を読むことを好まない（$F(1, 327) = 10.11$, $p < .01$）ことが示された。

## 5．空想の友達と空想上の存在や超常現象に対する信念との関連

　児童期に空想の友達を持つ子どもは空想上の存在や超常現象をどの程度信じているのであろうか。4種類の空想上の存在（サンタクロース，妖精，妖怪，魔法使い）と4種類の超常現象（幽霊，超能力，UFO，宇宙人）について，それぞれ信じているかどうかを尋ねたところ，**表6-3-6**に示すような結果が得られた。

　「信じている」と回答した場合に1点，「信じていない」と回答した場合に

表6-3-5．空想の友達の所有別による各種行動傾向の平均値

| 区分 | 質問項目 | IC群（$n = 61$） | NIC群（$n = 273$） |
|---|---|---|---|
| 想像遊び | ごっこ遊びをすることが好き | 2.65（1.57） | 1.65（1.13） |
| | 誰かになりきって遊ぶことが好き | 2.77（1.59） | 1.71（1.14） |
| | 自分自身に向かって話をすることが好き | 2.65（1.52） | 1.66（1.09） |
| | 夜寝る前にあれこれと考えることが好き | 3.53（1.58） | 2.99（1.57） |
| 創作活動 | 本を読むことが好き | 3.72（1.46） | 3.63（1.37） |
| | 文章を書くことが好き | 2.86（1.54） | 2.49（1.35） |
| | 絵を描くことが好き | 3.78（1.40） | 3.44（1.49） |
| | お話を作ることが好き | 3.58（1.45） | 2.77（1.50） |
| 孤独志向 | 一人で過ごすことが好き | 3.48（1.50） | 3.04（1.39） |
| | 家の中で過ごすことが好き | 3.97（1.18） | 3.75（1.25） |
| 現代メディア接触 | テレビゲームをすることが好き | 3.73（1.44） | 3.86（1.33） |
| | テレビアニメを見ることが好き | 3.87（1.51） | 4.03（1.26） |
| | マンガを読むことが好き | 3.97（1.51） | 4.45（0.94） |

注：（　）内の数値は標準偏差を示す。

表6-3-6. 空想の友達の有無別による空想上の存在及び超常現象に対する
信念の平均値

|  | IC 群 ($n=61$) | NIC 群 ($n=273$) |
|---|---|---|
| 空想上の存在 | 1.13 (1.28) | 0.70 (1.02) |
| 超常現象 | 2.25 (1.39) | 1.91 (1.29) |

注：（　　）内の数値は標準偏差を示す。

0点を与えて，空想上の存在と超常現象のそれぞれに0～4点の範囲で得点化し，空想の友達の有無を独立変数，各得点を従属変数として一元配置の分散分析を行った。その結果，空想上の存在（$F(1, 332)=8.02, p<.01$）で有意差，超常現象（$F(1, 332)=3.26, p<.10$）で有意傾向が見られ，空想の友達を持つ子どもはそれを持たない子どもよりも，空想上の存在や超常現象をより信じていることが示された。

## Ⅳ．考察

本節では，児童期以降の空想の友達の出現状況と特徴，及びそれを持つ子どもの個人的特徴について明らかにするために，10～12歳の児童334名を対象に質問紙調査を行った。質問紙では，①空想の友達，②移行対象及び日記習慣，③各種行動傾向（想像活動，創作活動，孤独志向，現代メディア接触），④空想上の存在及び超常現象に対する信念の5点について尋ねた。調査の結果は次の5点にまとめることができる。第1に，児童期の終わりまでに空想の友達を持った経験がある子どもは18%確認され，そのうち39%が児童期以降に持った経験を報告した。第2に，児童期の空想の友達の特徴として最も多く見られたのは「信頼できる存在」タイプであり，遊んだり世話したりする相手という幼児期に特有の特徴とは異なっていた。第3に，空想の友達を持つことと移行対象及び日記習慣との間には関連があることが示された。第4に，児童期に空想の友達を持つ子どもはそれを持たない子どもよりも，想像活動や創作活動に好んで従事する傾向があった。他方，孤独志向や現代メ

ディア接触については平均的であった。第5に，児童期に空想の友達を持つ
子どもはそれを持たない子どもよりも，空想上の存在や超常現象をより信じ
る傾向があった。以下では，これらの結果について，児童期以降の空想の友
達の出現状況と特徴，幼児期・児童期に空想の友達を持った経験がある子ど
もの個人的特徴という2点を中心に考察する。

　先ず，児童期以降の空想の友達の出現状況と特徴に関して，本節で示され
た出現率18％という結果は，児童期以降の出現が数多く確認された犬塚ら
（1991）の10％や麻生（1989, 1992）の17％という結果と概ね一致していた。
現在持っていると回答した者に限定しても13％が確認され，空想の友達が幼
児期にとどまらず児童期以降も見られる現象であることが改めて示された。
一方で，児童期以降に作り出される空想の友達の特徴は，幼児期のそれとは
異なっていた。幼児期の空想の友達の特徴が，多くの場合，遊び相手や世話
をする相手であるのに対して，児童期以降の空想の友達は，自由記述におい
て相手との親密な関係性や信頼関係への言及が主になされるなど，子どもに
とって相談に乗ってくれたり話を聞いてくれたりする信頼できる存在であっ
た。このことは，児童後期から青年期において子ども（特に女子）は友達関
係に親密さや1対1での語り合い，情緒的関係をより求めるようになるとい
う先行研究の結果（Buhrmester & Furman, 1987; Sharabany, Gershoni, & Hofman,
1981）とも一致する。Seiffge-Krenke（1993）は，青年期における日記の記
載の70％は自分と他人との関係が主題であり，日記を書き始めた動機も人間
関係について話せる信頼できる友人がいないことが挙げられていたことを報
告している。児童後期から青年期にかけて，友達関係を築く相手に対してそ
れまで以上に親密さを求めるようになる中で，空想の友達はいわば必然とし
て子どもの前に現れるものと考えられる。

　次に，幼児期・児童期に空想の友達を持った経験がある子どもの個人的特
徴に関して，本節では，移行対象と日記習慣ともに空想の友達の出現との間
に関連が見出された。移行対象と空想の友達との関連性については従来の研

究（富田，2002）でも指摘されており，これは両者がしばしば愛着対象や遊び相手の不在による寂しさや孤独感を補償するために出現するという共通の動機を持つことに由来すると考えられる。日記習慣に関しては，先述したように，児童後期には親密さや1対1での語り合い，情緒的関係をより求めるようになり，その1つの表れとして空想の友達を持つようになるが，日記も同様の機能を持つことから関連が見られたものと思われる。

また，各種行動傾向との関連に関する本節の結果は，児童期以降に空想の友達を持つ子どもの個人的特徴を如実に表しているものと思われる。この種の子どもは元来想像活動に取り組むことを好み，日々そうした活動に従事する傾向にある。そして，自ら想像した内容を文章やお話，絵に表したりすることを好んでいる。そのため，一人で自由な時間を過ごすことも好きであるが，極度に家の中に閉じこもるというわけではない。テレビゲームやテレビアニメの視聴に関しては平均的で，漫画に関してはむしろ空想の友達を持たない子どもよりもあまり読まない傾向にある。それは自分で想像世界を作り出して楽しむことで満足しているためかもしれない。最近の研究では，幼児を対象とした研究であるが，空想の友達を持つ子どもの個人的特徴が次々と明らかにされている。例えば，空想の友達を持つ子どもはそれを持たない子どもよりも，想像遊びに従事することが上手く（Taylor, Cartwright, & Carlson, 1993），お話づくりに長けており（Trionfi & Reese, 2009），相手の立場に立って情報を伝えることが上手である（Roby & Kidd, 2008）と報告されている。また，古い研究の中には，空想の友達を持つ子どもはそれを持たない子どもよりも，両親から見てより幸せそうに見え，より肯定的な態度を示し，大人との会話が上手であるという報告（Manosevitz, Prentice, & Wilson, 1973）や，保育園で笑顔が多く，友達や大人と協調的で，たくさんの言葉を話し，家庭でテレビに夢中になることが少ないという報告（Singer & Singer, 1990）も見られる。これらは幼児を対象とした結果ではあるが，児童を対象とした本研究の結果でもいくつか共通点が見られ，空想の友達を持つことに

よってもたらされる肯定的影響は，幼児期でも児童期でも変わりがないことを示す結果であると言えよう。

さらに，本節では，空想の友達を持つことと空想上の存在及び超常現象に対する信念との間にも関連が見られた。Vyse（1997）は，「想像力が人一倍豊かな人は，別なところに現実があると思い，普通では考えられない因果関係を信じる可能性がある」（245頁）と述べており，本節の調査結果はそれを裏付けるものであると言えよう。想像することでリアルな空想の友達を作り出すことに成功した彼らは，想像が作り出す驚異の世界をより信じ，そうした驚異の世界が身近な現実世界においても起こり得るのではないかと考えるに至るのかもしれない。では，この結果をもって空想の友達を持つ子どもは想像や空想の世界と現実世界とをより混同する傾向にあると言い切ることはできるであろうか。この点に関しては，先行研究では異なる結果も多く示されている。例えば，Singer & Singer（1981）は，想像高群の子どもは想像低群の子どもよりもテレビ番組の中の現実と虚構をより高水準で区別したことを見出している。また，Sharon & Woolley（2004）は，空想高群の子どもは空想低群の子どもよりも多種多様な存在を現実的か空想的かで判断することに長けていたと報告している。こうした結果について，Woolley & Cornelius（2013）は，「数多くの空想に従事する子どもは，現実とは何か，非現実とは何かについてより洗練した感覚を持つ可能性が考えられる」（64頁）と述べている。以上のように，空想の友達を持つことと空想上の存在や超常現象を信じることとの関連性については一致した見解が示されておらず，今後も引き続き検討が必要であろう。

最後に，本節の調査は，従来ほとんど検討されてこなかった児童期の空想の友達に焦点を当て，大学生による回想報告に頼らず，今まさに空想の友達を持つ小学生本人に直接尋ねることで，今後の研究に向けての貴重な証拠を提供したという点で意義があると考えられる。しかし，これらは小学生本人に尋ねたものの質問紙調査であったため，彼や彼女たちが持つ空想の友達の

詳細な特徴について十分に明らかにすることができなかった。また，どのような子どもであるかについても十分に把握することができなかった。従って，今後は質問紙ではなく面接や観察を通して，児童期の子どもが持つ空想の友達の特徴の詳細や，そうした空想の友達を持つ子ども自身の特徴について，さらに詳細に検討していくことが必要であろう。

〈付記〉
本節の主要部分は，富田・高尾（2014）として公刊されている。

# 第7章　総合的考察

**概　要**

　本章では，第3章から第6章までの研究成果をまとめ，得られた知見を総括した。得られた知見を踏まえた上で，空想世界に対する認識の発達に関する仮説的モデルを提起した。さらに，幼児教育・保育実践への提言をまとめ，今後の研究課題及び展望を提起した。

　第1節では，空想と現実との区別の認識の発達，想像と現実との境界の揺れ動きの発生とその要因，空想世界を楽しむ心理の発達，そして，子どもの日常生活における空想とその役割についての本研究の成果をまとめ，実証的な知見を総括した。その上で，幼児期における空想世界に対する認識の発達に関する仮説的なモデルを提起した。中でも，4歳半から8歳頃にかけて生じる，現実世界からの空想世界の自立と多元的世界の形成が，子どもの遊びや空想の豊かさにおいて重要であることを論じた。

　第2節では，第1節で提起した発達の仮説的モデルに基づく発達的視点から，想像的探険遊びの意義について論じた。また，本研究の成果を踏まえた上で，想像的探険遊びの実践上の工夫と課題についても論じた。具体的には，①子どもの空想と現実との区別の実際と保育者の配慮，②想像と現実との境界の揺らぎを促す保育者の働きかけ，③子どもと保育者がともに空想世界を楽しむにあたって，④子どもにとっての空想世界の意味，という4点から論じた。

　第3節では，以上を踏まえ，今後の研究課題と展望について提起した。

## 第1節　本研究の知見の総括と発達モデルの提起

### I．本研究で得られた知見の総括

　本研究ではこれまで，幼児期における空想世界に対する認識の発達に関して，空想と現実との区別の認識の発達（第3章），想像と現実との境界の揺らぎの発生とその要因（第4章），空想世界を楽しむ心理の発達（第5章），子どもの日常生活における空想とその役割（第6章）という4つの観点から実証的な知見を得てきた。これらはいずれも，我が国の発達研究においてこれまで見られなかった新しい知見である。以下では，第3章から第6章で得られた知見を順に総括する。

### 1．空想と現実との区別の認識の発達

　第3章第1節では，幼児期における空想と現実との基本的な区別の認識の発達について検討した。具体的には，3〜5歳児を対象に絵本の中の様々な空想上の出来事と現実の出来事を提示し，その現実性についての判断を求める実験を行った。実験の結果，空想と現実との基本的な区別は幼児期において発達し，特に4歳から5歳にかけて，その認識は曖昧で不安定な状態から安定的な状態へと変化することが明らかにされた。また，いずれの年齢においても擬人的動物（例：言葉を話すクマ），架空生物（例：火を吹くドラゴン），魔術的人物（例：空飛ぶ車を運転する人間）の順に現実に起こり得ると誤って判断される傾向が確認された。このことは，幼児期における空想と現実との区別の認識の発達が，共通の判断基準に基づくまとまりを持ったものであることを示唆するものであった。

　第3章第2節では，幼児期の将来の夢に見られる空想的な夢に注目し，それを通して空想と現実との区別の認識の発達について検討した。具体的に

は，3，4，5歳児を対象に，将来の夢について尋ね，どうしたらその対象になれるか，それは他児でもなれるかなど，夢の実現に必要な条件や実現できる人物について尋ねる面接調査を行った。調査の結果，将来の夢として空想的な夢を挙げる者の割合は4歳から5歳にかけて減少し，現実的な夢が増加することが明らかにされた。また，夢の実現に必要な条件や実現できる人物についての回答の分析では，幼児期を通して，子どもは実現が不可能あるいは困難であると思われる夢を実現可能な夢へと変化させていくためにはどうしたらよいか，その条件や人物に関する考えを次第に持つようになり，洗練させていくことが明らかにされた。このことは，幼児期における空想と現実との区別に関する認識の発達には，空想と現実とを区別し，その境界をより強固で安定的なものにしていくという道筋と，空想と現実との境界を飛び越えることを可能にする条件についての認識を洗練させていくという道筋の2つが存在することを示唆するものであった。

　第3章第3節では，サンタクロース，お化け，セーラームーン，オーレンジャーという4種類の空想上の存在に対する認識について検討した。具体的には，4，6，8歳児とその親を対象に，各存在との直接的な出会い経験の有無，本物／偽物の判断，経験可能性などについて尋ねる面接調査や質問紙調査を行った。調査の結果，経験した空想上の存在に対する「本物」判断は4歳から6歳の間に減少し，代わりに「偽物」判断が増加することが示された。また，空想上の存在に対する「実在」という認識は，6歳から8歳の間で減少し，逆に「非実在」という認識が増加することが示された。このことは，空想上の存在に対する認識の発達は，2つの発達の層で構成されていることを示唆している。第1の層は「本物／偽物」の認識の層である。子どもは最初，日常生活において経験した空想上の存在をそのまま「本物」として認識するが，4歳から6歳にかけて「本物」と「偽物」とが認識的に分化することによって，それは「本物」ではなく「偽物」であると認識するようになる。第2の層は「実在／非実在」の認識の層である。子どもは「本物」と

「偽物」とが認識的に分化した後も，それらを「実在」する存在として認識し続けるが，6歳から8歳にかけて「実在」と「非実在」とが認識的に分化することによって，それは「実在」する存在ではなく「非実在」の存在であると認識するようになる。このように，幼児期・児童期における空想上の存在に対する認識は，「本物／偽物」と「実在／非実在」という2つの認識の発達によって説明できることが明らかにされた。

第3章第4節では，文化的な慣習や行事と深く関連した空想上の存在であるサンタクロースの実在世界に対する認識について検討した。具体的には，3，4，5歳児を対象に，サンタクロースに関する知識の詳細や直接的及び間接的な出会い経験の有無，本物／偽物の判断，経験可能性などについて尋ねる2つの面接調査と，多様なサンタクロースの実在世界を描いた物語を提示して，本物／偽物の判断とその根拠を求める実験とを行った。最初の2つの調査の結果，保育園でのクリスマス会や商店街などで出会うサンタクロースに対する認識は，3歳から5歳にかけて「本物」から「偽物」へと変化するという前節の結果が改めて確認された。また，実験の結果，4歳から5歳にかけて，サンタクロースの本物／偽物の判断の根拠は，子ども自身の経験と外見の類似に依拠したものから，文化的に伝承されている物語世界との整合性に依拠したものへと変化することが明らかにされた。このことは，サンタクロースの実在世界の多様性に対する認識がこの時期に発達することを示唆するものであった。

## 2．想像と現実との境界の揺らぎの発生とその要因

第4章第1節では，想像の現実性判断に見られる想像と現実との境界の揺らぎと，その発生に関連する要因について検討した。具体的には，4歳児を対象に，空箱の中に怪物がいると想像させた後，子どもを部屋に1人で残し，その間の箱に対する探索行動を観測するとともに，その後，想像した怪物の現実性判断や説明を求める実験を行った。また，関連すると考えられる

要因として，状況の迫真性（物語の読み聞かせ，非日常的な演出），実在性認識，感情喚起の３つを設定し，それぞれの関連性について検討した。実験の結果，事前の質問では大部分の子どもが，想像した事柄は虚構に過ぎず，箱の中は空っぽのままであると主張していたにもかかわらず，部屋に１人で残されると，約３分の１の子どもが箱に対して何らかの探索行動を示し始め，その後の質問においても想像した事柄が現実になる可能性を支持するような発言を示した。また，状況の迫真性に関しては，物語の読み聞かせについては効果が見られなかったものの，実験者が魔女の扮装をするという非日常的な演出については効果が見られた。非日常的な演出を施された子どもほど，箱の中に想像した怪物の実在性を怪しんで，箱の中に指を入れる行動を拒否した。この結果は，非日常的な演出によって，子どもはその状況を現実的に思考するよりも魔術的に思考した方がより確実に危険を回避できると考え，それにより魔術的思考が高まったと解釈できよう。実在性認識に関しても効果が見られた。怪物が現実世界に実在すると信じている子どもほど，想像した事柄が現実になる可能性を支持するような発言をした。さらに，感情喚起に関しては，想像上の怪物や実験状況に対して否定的な感情や曖昧な感情を喚起させた子どもほど，想像上の怪物が含まれる箱に対して慎重に関わるなどの行動を示した。このことは，実在性認識や感情喚起といった個人内要因が，想像と現実との境界の揺らぎの発生に関連することを示唆するものであった。

　第４章第２節では，想像の現実性判断に見られる想像と現実との境界の揺らぎにおける，空想と現実との区別の認識との関連について検討した。具体的には，４歳児を対象に，先ず，空想と現実との区別の認識について探る実験を行い，子どもを統合型，否定型，肯定型，混同型の４つの認識型に分類した。次に，空箱の中にネズミを想像させ，その後の箱に対する探索行動や言語的回答を求める実験を行い，４つの認識型と想像の現実性判断との関連について検討した。実験の結果，想像の現実性判断に見られる想像と現実と

の境界の揺らぎと空想と現実の区別の認識との間には関連性があることが明らかにされた。第1に，空想と現実のいずれも否定する傾向がある否定型の子どもほど，想像直後あるいは部屋に1人で残された間に箱の中身を探る行動を多く示した。第2に，空想と現実のいずれも肯定する傾向がある肯定型の子どもほど，想像した事柄が現実になるという魔術的可能性を支持する回答を多く示した。第3に，空想と現実とを正しく区別した統合型の子どもと空想と現実とを混同していた混同型の子どもは，ともに箱に対して何ら行動を示さず，想像した事柄が現実になるという魔術的可能性を支持する回答も示さなかった。しかし，心的な努力や魔法の力によって想像した事柄が現実になる可能性について尋ねた際の回答において両者は異なっており，統合型の方が混同型よりも多様な可能性を考慮することができていた。以上の結果は，幼児期において子どもは現実的認識と魔術的認識を同時に共存・維持しており，どちらに揺れ動くかは状況要因や個人内要因によって影響されることを示唆するものであった。

## 3．空想世界を楽しむ心理の発達

　第5章第1節では，不思議を楽しむ心理の発達について検討した。具体的には，3，4，5歳児を対象に，3つの手品を見せ，その時の顔の表情や探索行動を分析する実験を行った。また，空想／現実の区別課題も併せて行い，手品の不思議を楽しむ心理と空想と現実との区別の認識の発達との関連性について検討した。実験の結果，3歳児では手品を見せられても顔の表情にあまり変化がなく，手品の不思議の原理を探ろうとする探索行動も全く見られなかったのに対して，4歳児では軽く微笑んだり声を上げずに笑うなどの小さい喜び反応が増加し，探索行動も現れるようになり，さらに5歳児では声を上げて笑ったり嬉しそうに驚くなどの大きい喜び反応が増加し，探索行動も増加するといった一連の発達的変化が確認された。また，空想と現実との区別の認識との関連に関しては，空想と現実との区別を正しく認識して

いる子どもほど，手品を見た時に喜び反応をより多く示すことが明らかにされた。しかし，この結果は年齢の効果を制御した場合には見られず，慎重に扱う必要があろう。以上の結果は，出来事の不思議に気づき，それを楽しみ，探究するといった心の動きが幼児期において発達すること，そしてその発達の背景には空想と現実との区別の認識発達が関与している可能性を示唆するものであった。

　第5章第2節では，怖いもの見たさの心理の発達について検討した。具体的には，3，4，5歳児を対象に，動物やお化けが描かれた怖いカードと怖くないカードを1枚ずつ伏せた状態で提示し，いずれか1枚のみ見ることができるとしたらどちらを選ぶかを尋ねる実験を行った。また，見かけ／本当の区別課題，想像／現実の区別課題も併せて行い，怖いもの見たさの心理と虚構と現実との区別の認識の発達との関連性について検討した。実験の結果，怖くないカードよりも怖いカードを選択する傾向は加齢に伴い増加し，怖いもの見たさの心理は3歳から5歳にかけて発達することが示唆された。また，見かけ／本当の区別との間には関連は見られなかったものの，想像／現実の区別に関しては特に5歳児において関連が見られ，想像と現実を区別している子どもほど，怖いカードを多く選択する傾向にあることが示された。以上の結果は，怖いもの見たさの心理は幼児期において発達すること，そして，その発達の背景には虚構と現実との区別の認識発達が存在することを示唆するものであった。

## 4．子どもの日常生活における空想とその役割

　第6章第1節では，幼児期における空想の友達とその周辺現象について検討した。具体的には，2〜6歳児の親を対象に，空想の友達，事物の擬人化，なりきり遊びの出現状況と特徴，遊びや玩具の好み，子どもの質問及び親の科学的／魔術的説明について尋ねる質問紙調査を行った。調査の結果，空想の友達，事物の擬人化，なりきり遊びの出現率は，それぞれ10％，

55%，80%であり，空想の友達は「仲間型」で描かれることが多いのに対して，事物の擬人化は「世話型」，なりきり遊びは「憧れ型」で描かれることが多いことが示された。特に「憧れ型」は男児に多く，「世話型」は女児に多く見られた。また，遊びや玩具の好み，子どもの質問及び親の科学的／魔術的説明，きょうだい数及び出生順位との間にはほとんど関連が見られなかった。以上の結果は，幼児期において空想は日常的に見られる現象であること，そして，空想は子どもにとっての憧れや願いを充足させる機能を果たしていることを示唆するものであった。

第6章第2節では，子どもの空想の友達とそれに対する親の態度や支援との関連について検討した。具体的には，2～6歳児の親を対象に，空想の友達とそれに対する親の態度，空想上の存在に対する子どもの信念や親の奨励，子どもの質問及び親の科学的／魔術的説明について尋ねる質問紙調査を行った。調査の結果，空想の友達に対する親の態度は幼児期から児童期にかけて，肯定的ないし中間的態度から否定的態度へと変化することが示された。また，子どもが空想の友達を持つことと，空想の友達に対する親の態度，空想上の存在に対する子どもの信念及び親の奨励，親の科学的／魔術的説明との間には関連が見られなかった。以上の結果は，空想の友達は親の態度や支援とは関係なしに作り出されることを示唆するものであった。

第6章第3節では，児童期以降における空想の友達の実態について検討した。具体的には，10～12歳児を対象に，空想の友達の出現状況や特徴，移行対象及び日記習慣，各種行動傾向，空想上の存在及び超常現象に対する信念について尋ねる質問紙調査を行った。調査の結果，空想の友達を持った経験がある子どもは18%確認され，そのうち39%が児童期以降に持った経験があることが示された。児童期の空想の友達の特徴として最も多く見られたのは「信頼できる存在」タイプであり，遊んだり世話したりする相手という幼児期に特有の特徴とは異なっていた。また，空想の友達を持つことと移行対象及び日記習慣との間には関連があり，児童期に空想の友達を持つ子どもはそ

第7章　総合的考察　273

れを持たない子どもよりも，想像活動や創作活動に好んで従事する傾向が示
された。他方，孤独志向や現代メディア接触については平均的であった。さ
らに，児童期に空想の友達を持つ子どもはそれを持たない子どもよりも，空
想上の存在や超常現象をより信じる傾向があった。以上の結果は，空想の友
達は子どもにとって幼児期や児童期などその時期に相応しい発達の要求に応
える相手として存在しており，否定的な影響よりもむしろ肯定的な影響の方
が多いことを示唆するものであった。

　以上，幼児期における空想世界に対する認識の発達に関して，本研究で得
られた実証的な知見を総括した。これらの知見はいずれも，我が国のこれま
での発達研究において見られなかった新たな知見であることが改めて確認で
きたと言えよう。以下では，こうした本研究で得られた知見を土台に，先行
研究の知見も交えながら，幼児期における空想世界に対する認識の発達に関
する仮説的モデルを提起する。

## Ⅱ．幼児期における空想世界に対する認識の発達に関する仮説的モデル

　子どもは空想世界に対する認識をどのように発達させていくのであろう
か。ここまで第3章から第6章で得られた知見の総括を行ってきたが，以下
では，それら本研究の知見と先行研究の知見とを踏まえて，幼児期における
空想世界に対する認識の発達に関するモデルを仮説的に提起する。

### 1．現実世界における日常と非日常

　3歳以前の子どもは，現実に起こり得る出来事や実在する存在によって占
められる現実世界と，現実には起こり得ない出来事や実在しない存在によっ
て占められる空想世界との間の境界を，まだ十分に確立していない。しか
し，少なくとも比較的頻繁に起こり得る日常的な出来事とあまり頻繁には起
こり得ない非日常的な出来事との間の基本的な区別は，すでに有しているよ

うである。例えば，Bower（1971）は，生後4か月の乳児でも，幻の立方体を手でつかもうとして上手くいかない時，驚きの表情を示すことを報告している。Baillargeon（1987）もまた，生後3か月半の乳児でも，ある個体が別の個体によって占められた空間を衝突することなく通り抜けるのを目撃すると，驚きの表情を示すことを報告している。このように乳児期の子どもでも，すでに日常と非日常の区別が可能であることが示されているが，彼らが認識的水準で両者の違いに気づいているのかと言えば，恐らくそうではない。この段階での区別はあくまでも知覚的水準のものであり，認識的水準のものではないと考えられる。

　3歳以前の子どもが日常と非日常の違いに気づいていることを示す証拠は他にもある。例えば，加用（1990）は，金魚を指さして「ワンワン」と言ってみたり，ハサミを指さして「象」と言ってみたりすると，2歳以前の子どもはそのまま偽の命名を鵜呑みにして同じように「ワンワン」と言っていたのに対して，2歳以降になると次第に「イヤー」と体をよじらせて拒否の反応を示すようになったと報告している。このことは，2歳児は大人がとった現実からの逸脱行為（非日常）を理解していることを示しており，その意味で，日常と非日常との境界に対する気づきを有していると言えよう。

　しかし，この段階での境界は，まだ明確なものではないと考えられる。例えば，加用（1992）はごっこ遊びをしている子どもに近寄り，子どもが砂で作った「ハンバーグ」を実際に食べて見せるという非日常的な対応をして見せ，その時の子どもの反応を分析した。その結果，3歳以降の子どもは一様に驚きの表情を見せ，中には「食べたらあかん！」など抗議の言葉を口にする者も見られたのに対して，3歳以前の子どもの多くは驚きもせずにじっと見つめ，中には一緒になって食べようとした者もいたことを報告している。虚構上の意味は「ハンバーグ」であっても現実上の意味は「砂」であるということは，大人にとって自明の理である。しかし，3歳以前の子どもにとってはそうではないのであろう。彼らにとってハンバーグに見立てた砂が砂の

ままであることは「日常」であるが，その一方で，砂が砂のままではなくハンバーグに変化するという「非日常」も，時と場合によっては起こり得ると考えられているのかもしれない。その意味で，彼らにとって「非日常」は「日常」と同様に「現実世界」の一部として位置づけられており，その「非日常」には魔術的変化の可能性も含まれているものと思われる。

　他方，この時期に子どもはふり遊びに熱心に取り組み，その遊びの中で虚構的行為を繰り返すことで，次第に現実とは異なる世界を意識するようになる。そうした姿は，第6章第1節や第2節に示した幼児期の子どもが作り出す空想の友達においても確認することができる。しかし，この段階では，それらは空想世界として明確に位置づけられているわけではない。例えば，Woolley & Wellman (1990) は，「real」「not real」「really」などの単語を使用して現実とは異なる世界について言及することは3歳以前でも見られるものの，その数は極めてまれであり，3歳以降に頻繁に語られるようになることを報告している。このように，この段階では，現実とは異なる世界を描き出すことは可能であるものの，空想世界そのものの輪郭はまだ明確ではないと考えられる。

## 2．現実世界における魔法概念の位置づけ

　3歳を過ぎると，日常と非日常との区別は，より認識的水準に基づくものとなる。例えば，Johnson & Harris (1994) は，3〜5歳児に普通に起こり得る出来事（例：粘土を手でこねると形が変わる）と普通では起こり得ない出来事（例：粘土が手を触れずに勝手に形が変わる）の話を聞かせ，それぞれに対して普通に起こり得るか魔法の力がないと起こり得ないかを尋ねた。その結果，3歳児でさえも前者は普通に起こり得るが，後者は魔法の力がないと起こり得ないと認識していたことを報告している。また，Rosengren, Kalish, Hickling, & Gelman (1994) は，4，5歳児に可能な変化（例：子猫が成長して猫になる）と不可能な変化（例：稚魚が成長して猫になる）を写真カードを

使って提示し，それぞれに現実に可能かどうかを尋ねた。その結果，4歳児でも前者は可能であるが，後者は不可能であると回答した。

　これらの結果から，3，4歳児は空想と現実とを明確に区別できていると結論づけてもよさそうに思えるが，実際のところそうではない。Rosengrenら（1994）の実験では，興味深いことにその後，もしも魔法使いだったらどうかという質問を行っている。その結果，大部分の子どもが魔法使いであれば可能であると回答し，魔法使いはトリックやペテンではなく本物の魔法を使い，魔法の杖や薬を使って不可能な変化を可能にすると回答したことを報告している。さらに，Rosengren & Hickling（1994）は，4，5歳児に可能な出来事（例：色のない絵本にクレヨンを使って色を塗る）と不可能な出来事（例：色のない絵本に独りでに色が付く）を実際に見せ，それがなぜ起こったのかを説明させた。その結果，5歳児ではそうではなかったが，4歳児では「それは魔法によって起こった」と説明する者が多く見られた。そして，別の面接において魔法使いや魔法の力の実在性について尋ねたところ，4歳児の多くが魔法の実在性を肯定したことを報告している。つまり，4歳児は不可能な出来事を日常的には起こり得ない，非日常的な出来事であると認識し，それらは魔法の力がないと起こり得ないと考えているが，その一方で，魔法そのものは非日常的ではあるが現実世界に確かに実在すると捉えていることが分かった。

　3，4歳児が空想と現実との境界をまだ認識していないことは，本研究の結果でも示されている。第3章第1節では，3，4歳児は絵本の中の空想上の出来事と現実の出来事とを，起こり得ない出来事と起こり得る出来事とにうまく分類することができず，擬人化された動物や架空の生物，魔術的人物を普通の人間や動物と同様に現実世界の領域内に位置づける誤りを示した。また，第3章第2節では，3，4歳児は将来の夢を尋ねられた時，現実世界ではなり得ない空想的な夢を多く答え，「魔法使いになりたい」という他の子どもの夢を聞いた時も，「それは現実になり得る」と答えることが多かっ

た。こうした結果は，3，4歳児において空想世界はまだ現実世界から切り離され独立した世界として認識されていないことを示唆するものであると言えよう。

## 3．空想世界の自立と多元的世界の出現

　4歳を過ぎて5歳頃になると，空想と現実との境界は明確なものとなる。現実世界の一部としての非日常の中でも，現実世界では起こり得ない出来事や実在しない存在が現実世界から切り離され，空想世界を形成するようになる。例えば，Rosengren & Hickling（1994）は，4歳の時点では実在性を肯定されていた魔法使いや魔法の力も，5歳になると否定へと傾き始めることを明らかにしている。第3章第2節でも，将来の夢について尋ねられた時，テレビの中の空想上の存在を挙げる者は5歳児になると急激に減少し，「魔法使いになりたい」という他の子どもの夢に対して，「なれないと思う」と回答する者も大きく増加した。その理由として「本当はいないから」「テレビの中だけだから」というように，実在性を根本から否定する者も少しずつ見られるようになってくることも示されている。

　しかし，そのような子どもは，この段階ではまだ少数派に過ぎない。多くの子どもは「なれない」と言いながらもなれる条件を指定したり，「たぶんなれない」「なかなかなれない」というように，十分な確信を持っているわけではなかった。表面的には空想世界と現実世界とを区別し，現実的で科学的な態度を示し始める一方で，そのどちらの立場にも属さない第3の世界，すなわち，ある特定の条件さえ整えば，現実的に不可能と思えるような空想的な出来事や存在も現実になるという世界の存在を多様に想定するようになるのである。麻生（1996）も指摘するように，この時期に子どもは唯一の「本物」の「現実世界」だけを生きるのではなく，実在の多様な在り方に目を向け，複数の「現実世界」を同時に生きるようになると思われる。その意味で，その世界は「多元的」である。

こうした多元的世界の存在は，第3章第3節や第4節でも，「どうしたらサンタクロースに会うことができるか？」という質問に対する子どもの回答において確認された。彼らはクリスマス・イヴに幸せな贈り物を届けてくれるサンタクロースに，ぜひ会いたいと願っている。そうして，彼らは幼稚園・保育園でのクリスマス会やデパートの催し物などを通じてサンタクロースと出会うわけであるが，最初のうちは外見の類似性から紛れもない「本物」と見なされるその対象も，年齢を重ねるに従って，外見の非類似性や伝承されている物語世界との非整合性により注意が向けられるようになり，ついには，自分達が出会ったのは大人が扮装した「偽物」であり，「本物」ではないと気づき始める。これが3歳から5歳にかけての発達的変化である。しかし，こうした気づきを通じて，サンタクロースは彼らの現実世界から追放され，空想世界に位置づけられていくのかというと，そう単純ではない。サンタクロースは実在する人物として子どもの多元的世界に位置づけられ，残存していく。例えば，子どもに「サンタクロースにどうしたら会えるか？」と尋ねると，「雪が降ったら」「いい子にしていたら」「神様にお願いする」「サンタの国に行く」「北極に行く」「飛行機に乗ってお空に行ったら」「雲の上に行く」「山の方に行ったら」「外国に行ったら」「夜，外に出たら」「夜，寝ないで起きている」など，多様な答えが返ってくる。オーレンジャーやセーラームーンの場合でも，「悪者が来たら」「セーラームーンの世界に行く」「基地の近くに行く」「月にお願いする」「魔法を使う」「テレビの中に行く」「テレビを割る」「地球のどこか」「宇宙のどこか」「呼べば来てくれる」「テレビに出てくる場所に行けば」など，やはり多様な答えが返ってくる。子どもにとってそれらは空想世界に単純に位置づくものではなく，かと言って現実世界に位置づくものでもない，両者の中間にある多元的世界にそれは位置づいていくと考えられる。

　第4章第1節と第2節で検討した想像の現実性判断に見られる想像と現実との境界の揺らぎに関しても，従来の研究では想像と現実との間の境界が十

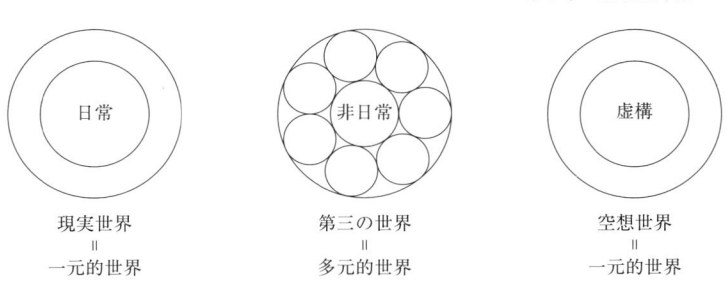

図7-1-1. 幼児後期から児童前期（４歳半〜８歳頃）における多元的世界の形成

分に形成されておらず，それ故に特定の状況に置かれると両者の境界が一時的に崩壊し，判断の揺らぎが生じると考えられてきた。しかし，この発達モデルに従えば，想像した事柄が現実になるのではないかという魔術的思考は，子どもがこの時期に多元的世界を形成していく中で，不確かな出来事や存在をある１つの世界に単純に当てはめて理解しようとするのではなく，魔術的可能性も含めた豊かで多様な可能性のある世界を子どもなりに追究していく中で生じるものと解釈することができる（図7-1-1参照）。実際，結果的に示された子どもの姿は実に多様なものであった。例えば，魔術的可能性に対して懐疑的で，想像した事柄が現実になるはずがないという自らの考えに確信を得るために箱を探索する者もいれば，魔術的可能性に対して寛容的で，そうした事象が生じることを信じて静かに待つ者，置かれた状況と自己との境界が曖昧であるが故に，ただ茫然とやり過ごした者，空想世界と現実世界とを俯瞰して捉えた上で，置かれた状況に対して現実原理に基づいて冷静に対処した者など様々である。こうした子どもによる多様な意識や態度は，まさに彼らが多元的世界形成の過渡期に生きているが故に生じていると考えることができよう。

## ４．多元的世界の潜在化と人間生活の豊かさ

　８歳を迎える頃になると，多元的世界の存在も子どもの意識の中で少しず

つ薄くなっていく。子どもは日々の生活経験の中で現実的認識を深め，たとえ特定の条件が整ったとしても，不可能なことは不可能なままであり，空想世界の出来事や存在が現実のものになるということは起こり得ないと明確に認識するようになる。

　例えば，大学生を対象に，子ども時代の大切なモノについての思い出を自由に記述するよう求めると，事例1と2に代表されるように，児童期におけるその種の事例が数多く確認される。

　【事例1】　私は小学校2年生くらいまで，家の近くの山のなかで友だちと遊ぶことが日課のようになっていました。学校から帰ると，ランドセルを投げるように玄関に置いて，友だちと山のなかで基地をつくったりしました。一番印象に残っているのは「水晶探し」で，山のなかに落ちている透明な石を探す遊びです。

　はじめはきれいだから集めようと，友だちと集めては基地に置く繰り返しでしたが，「きれいだし，願いごとが叶いそうじゃない？」という一言で，お守りにする遊びに変わりました。それからはその友だちとランドセルに1つずつ水晶を入れて，「いつも持っていたらテストの点がよくなる」など，自分たちのこうなったらいいなという願いを叶えてくれる神様のような存在にしていました。なんでもない，外で拾った透明な石なのに，友だちと私にはすごく大切なもので，お守り，困った時に助けてくれる存在だと信じていたのだと思います。

　大きくなるに従って，山での遊びはしなくなり，今ではあんなに大切だった水晶も，ただの透明の石にしか見えなくなっています。でもなんとなく捨てられなくて，今でもランドセルや机の引き出しに転がっています。

　【事例2】　私は小学生の頃，道に落ちている小判石をよく集めていました。その頃，私のクラスでそれがとても流行っていたのです。小判石は黄土色をしていて，その当時道端にたくさん落ちていたので，友だちと学校帰りに集めていました。なぜ集めていたかというと，小判石を100個集めると願い

ごとが1つ叶うという噂があったからです。私は友だちと一生懸命集めました。クラスの友だちが100個集めた時は、いいなーと思っていました。

　もうすぐ100個にたどり着くというある日、私はうっかりして小判石の入った袋を家の机の上に置き忘れてしまいました。学校が終わって家に帰ってみると、小判石がありませんでした。母に聞いてみると、「捨てたよ」と言われました。あと少しで100個だったのにすごく悲しかったです。次の日、学校に行くと、100個集めた友だちがまだ願いごとが叶っていないというのを聞き、それから集めなくなりました。願いごとが叶うということに半信半疑になったのだと思います。

　普段道端を歩いていて、小判石をよく見かけます。その時は当時のことを思い出します。最近、成人式で小学校の頃の友だちに久しぶりに会った時に、たまたまこの話題を話しました。


　現実的かつ科学的な認識の深まりに加えて、日々の生活における「思うようにならなかった」「願いが叶わなかった」という経験の積み重ねによって、多元的世界への期待や感情も、徐々に薄らいでいくようである。実際、この頃になると、第3章第3節でも示したように、多くの子どもがサンタクロースの存在を信じなくなる。「本当はいない」「人間が考えたもの」「実はお父さん・お母さん」などと語るようになるのである。

　そして、児童期も終わり頃になると、子どもの中で空想世界と現実世界との境界はすっかり明確になり、日々新たに出会う奇妙で不思議な出来事や存在も、それら2つのいずれかにすんなりと分類されるようになる。そうした発達の過程にあって、多元的世界も子どもの意識の中で徐々に薄らぎ、やがて消失していくのかと言えば、恐らくそうではない。Subbotsky（2010）は、顕在意識の水準では魔術的思考を駆逐した大人においてさえも、潜在意識の水準ではそれらは残存し続けていると指摘し、そのことを数多くの実証的な知見によって明らかにしている。子どもが心の中で作り出した多元的世界は、彼らの顕在意識からはほとんど消えてなくなるが、潜在意識の中では

残存し続け，時折顔をのぞかせてはその時々に子どもを励まし，勇気づけ，楽しませていくものと考えられる。実際，子どもは空想と現実とを明確に区別した後でも，奇妙で不思議な出来事や存在に胸を躍らせ，「何だか怖い」「けど楽しい」と感情を揺さぶられる経験を積み重ねていく。そのことは第5章第1節や第2節でも，部分的にではあるが示した通りである。空想と現実や，想像と現実とを明確に区別できるようになった子どもは，それらをまだ明確に区別できていない子どもよりも，手品の不思議を楽しんだり，怖いもの見たさを楽しんだりすることができたのである。また，第6章第3節で示したように，すでに顕在意識の上で空想世界と現実世界とを明確に区別することができている10〜12歳児においても，決して少なくない数の子どもが空想の友達を作り出し，それと対話できる世界に喜びや楽しさを見出していたことは，空想と現実とを区別できるようになった後でも，彼らの多くが空想世界に心魅かれていることを表す証左の1つであると言えよう。

　では，そのように空想世界に対して喜びや楽しさを感じる源泉となる思いは，いったいどこで作られていくのであろうか。本研究では，その鍵は幼児後期から児童前期（およそ4歳半〜8歳頃）の多元的世界の形成にあると指摘する。児童後期以降，人々は表面的には現実性の判断に基づいて，世界を空想か現実かのいずれかに分割して生きていくが，実際には，多元的世界を潜在意識の中に残存させ，それに大いに刺激を受け，支えられながら生きていくと考えられる。

　児童文学研究家の松岡（1978）は，これと似た事柄を「サンタクロースの部屋」という巧みな言葉で表現している。「心の中に，ひとたびサンタクロースを住まわせた子は，心の中に，サンタクロースを収容する空間をつくりあげている。サンタクロースその人は，いつかその子の心の外へ出ていってしまうだろう。だが，サンタクロースが占めていた心の空間は，その子の中に残る。この空間がある限り，人は成長に従って，サンタクロースに代わる新しい住人を，ここに迎えいれることができる」（4頁）。これとまさによ

表7-1-1. 空想世界に対する認識の発達に関する仮説的モデル

| ～3歳 | 3歳～4歳半 | 4歳半～8歳 | 8歳～ |
|---|---|---|---|
| 日常と非日常とを区別するが，それはまだ知覚的水準のものであり，非日常も現実世界の一部として捉えられている。 | 日常と非日常とを認識的水準で区別するようになるが，魔法の概念を想定することで，非日常もまだ現実世界の一部として捉えられている。 | 空想世界が現実世界から自立して形成される一方で，多様な実在の在り方を含み込んだ多元的世界も形成され，その形成過程において多様な意識や態度の揺らぎを経験するようになる。 | 多元的世界は表面的には消失するが，潜在意識の水準で残存し続け，時に表面化して喜びや楽しさ，満足の源泉となる。 |

く似たことが，多元的世界の形成にも当てはまるように思われる。「想像的探険遊び」も，まさにこれと共通の意味を持つと考えられる。幼児後期から児童前期にかけての多元的世界の形成こそが，その後，多様な価値を受け入れたり，新たな価値を作り出したり，新しいことに対して常に新鮮な気持ちで接していけたりする，そうした豊かな人間生活を私達に可能にさせてくれるのではなかろうか。

　以上，本研究で得られた知見と先行研究の知見を踏まえ，空想世界に対する認識の発達に関する仮説的モデルを提起した。それらを簡潔にまとめると**表7-1-1**のようになる。
　こうした発達モデルは，幼児教育・保育の現場において実践されている様々な想像的探険遊びの発達的意義や実践上の工夫及び課題について考察する上で，有効であると考えられる。従って，次節では，そうした視点から想像的探険遊びの発達的意義と実践上の工夫や課題について考察する。

## 第2節　幼児教育・保育実践への提言

　幼児期における空想世界に対する認識の発達に関して本研究で得られた知

見は，幼児教育・保育実践，とりわけ，想像的探険遊びにどのように貢献することが可能であろうか。本節では，本研究で得られた知見をもとに前節で提起された発達モデルを土台に，想像的探険遊びの発達的意義と実践上の工夫や課題について考察する。

## Ⅰ．発達的視点から見た想像的探険遊びの意義

前節で提起した発達モデルを発達的視点としながら，我が国の幼児教育・保育の中で行われてきた想像的探険遊びの意義についてまとめるとしたら，どのようになるであろうか。ここで，想像的探険遊びの定義と特徴について改めて述べておこう。

藤野（2008）によると，想像的探険遊びとは，「保育者が子どもに内緒で空想的存在の実在可能性を示唆するような仕掛けを用意して，探険に対する興味や推論の楽しさを喚起し，保育者自身も子どもと同じ立場でその過程を共有していくという形態をとる」（132頁）遊びと定義される。我が国では河崎（1994a，1997）や加用（1990，1994）を中心に，「探険遊び」あるいは「ほんと？遊び」として紹介されてきた遊びであり，代表的な実践報告に岩附・河崎（1987）による『エルマーになった子どもたち』や斎藤・河崎（1991）による『ボクらはへなそうる探険隊』などがある。藤野はこの遊びを「文化的共同遊び」の一種として取り上げている。文化的共同遊びとは，①文化的資源が意図的に用いられ，特定のテーマが共有される，②比較的長期にわたって継続される，③大人も遊びに参加する，④クラスや園の子ども達全員の参加が期待される，といった特徴を持つ遊びであるが，その中でも想像的探険遊びは「近辺の自然環境の探索」と「物語に代表されるナラティブ性の高い文化的資源の活用」という2つの特徴を併せ持つことで独特の地位を占めているとされる。

想像的探険遊びは4，5歳児クラスにおいて最も多く見られる実践であるが，この年齢は先述の発達モデルに従えば，空想世界と現実世界との境界が

より明確になる一方で，日常遭遇する出来事や存在を空想か現実かの二項対立的に認識しようとするのではなく，魔術的可能性も含めた多様な可能性のある多元的世界の中で認識しようとする年齢である。その点を考えると，近辺の自然環境という現実世界を探索の舞台に，絵本などの物語世界を活用して虚構的行為を展開していくという想像的探険遊びは，空想世界と現実世界の各領域の輪郭を明確にしていくというこの時期の発達に相応しい遊びであると考えられる。

　また，クラス集団が共通のイメージのもとに豊かな感情を経験しながら，空想世界と現実世界の狭間において自分達なりに提起した仮説を検証していくという一連の探究的行為が含まれる点は，彼らの多元的世界をより一層豊かにしていく上で極めて有効であると考えられよう。

　さらに，子ども達が現実世界とは異なる空想世界や多元的世界を自由に想像して楽しむことに関しては，退行や逃避という意味で彼らの望ましい人格発達を妨げたり，現実的・科学的認識や態度の形成を阻害したりするのではないかという心配が付きまとうが，この点については，保育者が子ども達と対等な立場で遊びに参加することで，空想世界と現実世界，そして多元的世界を行き来する彼らの良き道先案内人となるであろうし，局面によってはより高い知識と技術を持った人生の先輩として接することで，望ましい人格発達や現実的・科学的認識や態度の形成へと促し導いていくと考えられる。

　以上から，想像的探険遊びは，幼児期の空想世界に対する認識の発達において大いに貢献し得る遊びであると結論づけることができよう。

## Ⅱ．想像的探険遊びの実践上の工夫と課題

　本研究で得られた実証的な知見，及び前節で提起された発達モデルは，想像的探険遊びの今後に向けて，どのような実践上の工夫や課題を提言し得るであろうか。以下では，その貢献可能性について，主に4点にまとめて考察する。第1に，子どもの空想と現実との区別の実際と保育者の配慮の問題，

第2に，想像と現実との境界の揺らぎを促す保育者の働きかけの問題，第3に，子どもと保育者がともに空想世界を楽しむにあたっての問題，第4に，子どもにとっての空想世界の意味の問題である。

## 1. 子どもの空想と現実との区別の実際と保育者の配慮

　想像的探険遊びにおいて，子ども達はりゅうや忍者，河童など空想上の存在を想像し，その実在可能性について揺れ動きながら探索を繰り広げる。この時，そもそも彼らはりゅうや忍者，河童などの存在が現実世界に位置づく存在ではなく，空想世界に位置づく存在であることを認識しているのであろうか。本研究の知見から，少なくとも5歳児は，空想上の存在の実在可能性を想像し始めた最初の時点では，それを現実世界ではなく空想世界の存在として位置づけるであろうことが示唆された。具体的には，第3章第1節で示されたように，5歳児の大部分は，絵本の中の空想上の出来事の現実性について判断を求められた時，その現実性を否定し，また，第3章第2節で示されたように，将来なりたい存在について尋ねられた時，大部分が現実の存在を報告し，仮に空想上の存在を報告した場合でも，実現は不可能であると答える者が多く確認された。これらの結果から，少なくとも5歳児は，空想と現実とを混同することなく，両者を明確に分けて認識することができていると考えられる。

　他方，3，4歳児では，その認識はまだ安定的に形成されていないようであった。絵本の中の空想上の出来事の現実性について判断を求められた時，3歳児の大部分は，空想と現実との明確な区別の基礎を持ち得ていないことを示唆する，極めて不規則な反応を示した。4歳児では若干の進歩が見られ，過渡期に位置づけられると考えられるが，やはり安定的な認識の形成には至っていなかった。将来なりたい存在に関しても，3，4歳児はテレビの登場人物や動植物など，現実には実現不可能であるような存在を挙げる場合が多く，空想と現実についての明確な基礎を持ち得ていないようであった。

第7章　総合的考察　　287

　以上から，想像的探険遊びを3，4歳児に導入する場合，保育者には特別な配慮が求められると考えられる。3，4歳児は，保育者が提示したりゅうや忍者，河童など空想上の存在を現実の一部として捉え，認識する可能性がある。その場合，想像上で作り出した脅威を現実であるかのように感じ，日常的な行動に負の影響を及ぼす可能性も考えられる。保育者は，3，4歳児においてはこうした可能性が考え得ることを理解し，導入にあたっては格別の配慮を行う必要があろう。

　具体的な配慮の1つとして，ふり遊び文脈の強化が考えられる。相手からのふりのメッセージを受け止め，そのふり遊び文脈に相応しい反応を相手に返すことは1歳半頃から次第に可能になり，3歳頃には日常の同年齢の子ども同士による遊び場面で，少なくとも受信という点では，高水準でその能力を発揮することができるようになる。つまり，相手の顔の表情，声の調子・大きさ・抑揚，外見，姿勢，行為などからふりのメッセージを読み取ることが可能となる。従って，空想と現実との区別についての明確な基礎を持ち得ていない3，4歳の段階では，保育者は子どもに発信するふりのメッセージを分かり易い内容や方法で伝える努力をし，より明確なふり遊び文脈を作り上げることが，空想と現実という2つの世界を自由に行き来しながら多元的世界を構築していくことへとつながるものと考えられる。

　また，多元的世界の構築においてもう1つ重要なこととして，空想上の存在の概念化が挙げられる。子どもは新奇な存在に対しては恐怖や不安を示し警戒心を露わにするが，馴染みのある存在に対してはそうではない。つまり，想像的探険遊びで出会う空想上の存在が子どもにとって新奇な存在ではなく馴染みのある存在であればあるほど，子どもは自らの好奇心や探究心を存分に発揮して，空想世界に含まれる魔術的可能性により挑戦し易くなると考えられる。従って，空想上の存在が馴染みのあるものとして認識されるために，保育者は空想上の存在が登場する物語を子どもに繰り返し読み聞かせ，空想上の存在の概念化を促す必要があろう。また，空想上の存在の概念

を明確にしていく中で，子どもはそれらが生きる世界の多様性に目を向け，それらを自らの具体性の中で描出していくようになると考えられる。実際，第3章第4節で示されたように，5歳児は4歳児よりもサンタクロースが実在する世界を多様に思い描き，どのようなサンタクロースが本物で，どのようなサンタクロースが偽物であるかを判断することができていた。このことは，彼らが物語世界に親しみ，その空想上の存在の概念をより明確に確立していた証左であると考えられる。従って，保育者は想像的探険遊びにおいて空想上の存在の実在性を示唆する仕掛けを施すに際して，事前に日常の絵本の読み聞かせ場面や描画活動場面などにおいて，それらの概念化を推進していくことが重要であると考えられる。

## 2．想像と現実との境界の揺らぎを促す保育者の働きかけ

加用（1994）は想像的探険遊びにおける子どもの心理の特徴として，「迫真性」と「探険性」という2点を挙げている。加用によると，「迫真性」とは，本来虚構であるはずの想像及び空想上の存在が，想像するうちにあたかも実在するかのように思えて，外的に迫ってくるように感じられる，その感覚そのものを指す。また，「探険性」とは，想像上でしか存在しないと思えるような事柄が，現実に存在するものとして提起された時，それを現実のものとして確証しようと行動を起こす，その背景にある動機を指す。実際，想像的探険遊びは，これら2つの性質がクラス集団や個人の心理状態を揺さぶりつつ展開していく遊びであると考えられるが，そうした2つの性質の背景となる想像と現実との境界の揺らぎは，どのような状況要因や個人内要因によって生じるのかという点については，実証的にほとんど検討されてこなかった。

本研究の第4章第1節と第2節では，4歳児を対象に空箱課題を実施してこれを検討したが，その結果，約3分の1の子どもにおいて箱に対する探索行動や魔術的可能性に同意する発言が確認され，想像と現実との境界の揺ら

第7章　総合的考察　　289

ぎが生じ易いことが示された。このことは，先行研究の知見も踏まえて考えると，4歳児に限らず，5歳児においても共通して見られる傾向であると考えられる。想像した事柄は虚構であり，現実ではないという現実的認識をすでに獲得しているにもかかわらず，何かを想像すると，想像した事柄の利用可能性が心の中で相対的に高まり，そこに部屋に1人で残されるなどの条件が加わると，想像した事柄が現実になるのではないかという魔術的思考が高まるのである。同様の姿は想像的探険遊びにおいてもしばしば確認される。特定の場所に何らかの存在がいるのではないかと想像すると，想像した存在が現実にそこにいるのではないかという考えが心の中で高まるのである。そうして，その場所に近づくことを避けたり，あるいは真実を確かめようとして探索したりする。想像的探険遊びにおいて見られる子どものこうした振る舞いは，彼らが現実的認識を獲得する一方で，空想的認識も同時に共存・維持しており，局面に応じてそのいずれかが姿を現すことを意味していると解釈することができよう。

　想像と現実との境界の揺らぎを促す要因に関しては，状況の迫真性（非日常的な演出，物語の読み聞かせ），実在性認識，感情喚起，空想と現実との区別の認識との関連について検討した。まず，状況の迫真性との関連に関しては，物語の読み聞かせについては特に効果が見られなかったが，非日常的な演出に関しては部分的にではあるが効果が見られた。魔女の扮装をした人物によって教示を受けた子どもは，そうでない子どもよりも，想像した怪物が現実になるのではないかという魔術的思考を生じさせ，想像した怪物が含まれる箱をより避けようとした。このことは，例えば，想像的探険遊びにおいても，魔女やオオカミ，ねずみばあさんの扮装をした人物が子どもの目の前に現れるという迫真性を高める操作はよく活用されるが，こうした操作が効果的であることが実証的にも確認されたと言えよう。

　他方，特に効果が見られなかった物語の読み聞かせに関しては，実験状況での物語教示の1回性が影響した可能性が考えられる。つまり，通常，幼児

教育・保育の現場で想像的探険遊びを行う際には，同一の物語が複数回繰り返し教示され，効果を発揮しているが，実験では1度のみであったため，子どもの中でイメージが十分に形成されなかった可能性が考えられる。従って，この結果については慎重に扱う必要があろう。

個人内要因に関しては，実在性認識と感情喚起ともに部分的にではあるが効果が確認された。元来怪物の実在性を信じている子どもほど，想像した怪物が現実に現れるのではないかという魔術的可能性に同意する発言が多く見られた。また，恐怖感情を喚起させ易く，想像対象に注意を焦点化させ易い子どもほど，箱に対して慎重な探索行動を示す傾向が見られた。さらには，空想と現実との区別において否定的な判断や態度を示す子どもほど，箱に対して探索行動を多く示し，肯定的な判断や態度を示す子どもほど，箱に対して探索行動を示さず，代わりに想像した事柄が現実になるのではないかという魔術的可能性に同意する発言を多く示した。加用（2010）は，自らの想像遊びの実践を引用しながら，想像的なものに対する子どもの反応には，そのときその場において同じ体験をし，それを源泉としながらも，視点的にも態度的にも多様な受け止め方，関わり方，振る舞い方があり，その揺れ動きは多岐にわたるのではないかと主張し，子どもの多視点態度性に焦点を当てた研究の必要性について論じている。また，河崎（2011）も同様に，「多重の意味を持つ対象世界の種類と量の膨大さ，その行為可能性と流動性が，ごっこ遊びの多様性の巨大な根拠となっているのである。ある場において対象に働きかけ交渉するとき，子どもにとってその対象世界の何がどのように問題となるのかということは，子どもによって多様である」（155頁）と指摘している。こうした加用や河崎の指摘にあるように，想像的探険遊びにおいても，現実的認識と空想的認識とを共存・維持し，両者の間を揺れ動く子どもにあって，そこで示される姿は，想像する対象やそれについての信念，想像に伴って引き起こされる感情内容，空想世界と現実世界との境界に対する認識によって様々であり，そのように多様な視点や態度を持つ主体としての子

第7章　総合的考察　291

どもが，その時々に対象世界とどのようにかかわるかによって，揺れ動き方も多岐にわたると考えられる。従って，想像的探険遊びの実践においては，保育者は子ども1人1人が示す多様な姿にきちんと目を向け，その多様性を受け止めつつ，そこで示される姿をクラス集団全体で丁寧に共有しながら展開していくことが重要であると言えよう。

### 3．子どもと保育者がともに空想世界を楽しむために

　想像的探険遊びの実践の1つである岩附・河崎（1987）による著書『エルマーになった子どもたち』には，次のような子どもの姿が紹介されている。「通常お話の世界，あるいは想像の世界にしか現れそうにない存在や出来事が，身近な現実の世界に存在したり起こりうることのように描写されると，子どもはまずびっくりしてその後それをそのまま信じたり，確認しようとする活動を起こす」（189-190頁）。こうした幼児による驚きの姿は，エルマーの実践に限らず，他の多くの実践報告において確認されている。5歳の子ども達にとって，身の回りの世界の多くはすでに未知ではなく既知の経験的事実の世界であり，彼らの認識の中ではすでに一定の安定した意味づけがなされている世界であろう。そこに突然，保育者による全く新しい思いもよらぬ意味づけが飛び込んでくる（例：「みんなのそばにひょっとするとエルマーとりゅうは隠れているかもしれませんね」）わけであるから，子ども達の驚きも想像に難くない。彼らの驚きは，自らの安定した意味づけの体系に異質な意味づけが飛び込んできたことに対するものであり，故に，彼らの口からついて出た最初の言葉は「えーっ！」「ほんとーっ！」なのである。ここで，彼らが経験した驚きの本性は，物理的法則に反する出来事を目撃した時の不思議さや奇妙さに対する気づきに基づくものであり，その後生じる仮説の生成と検証を求めての探索は，それらの不思議で奇妙な現象に対する興味・関心を端緒とした好奇心や探究心に由来するものとまとめることができよう。そして，そこには確かに彼らの喜びや満足といった幸福な感情を見出すことができるの

である。

　このように物理的法則に反する出来事や存在に遭遇した時，人はそこにある不思議さや奇妙さに気づき，その気づきに基づいて驚き，その出来事や存在に対して興味・関心を寄せ，その対象についてもっと知りたいという好奇心や探究心から探索行動を生じさせると予想されるが，こうした一連の行為に潜む心理に焦点を当て，発達的視点から実証的な知見を提供した研究はほとんど見当たらなかった。第5章第1節では，3，4，5歳児を対象にこの問題について検討した結果，手品のような不思議で奇妙な出来事を目の当たりにした時，その不思議に気づき，驚きとともに喜びを感じ，その不思議の源泉となる原理に好奇心や探究心を働かせ探索行動を生じさせた子どもは，3歳児ではほとんど確認されず，4，5歳児になって見られるようになることが示された。また，そうした発達には空想と現実とを区別する認識能力の発達が関与していることが示唆された。想像的探険遊びの実践において報告されてきたような子どもの不思議を楽しむ心理が，実証的研究によっても初めて裏付けられたのである。

　ところで，子どもが不思議で奇妙な出来事に遭遇した時，そこで生じさせる感情は常に喜びや満足など肯定的感情ばかりかと言えば，そうではない。彼らは時にそれら不思議で奇妙な出来事の奥底に想像上の恐怖対象の姿を感じ取り，それに対して本物の恐怖を感じたりする。しかし一方で，そうした想像上の恐怖に打ち勝つ方法も幼児期の発達過程の中で徐々に身に着けていき，想像上の恐怖対象の姿を想像の力によって修正したり，あるいはそれらは想像であって現実ではないと強く思い込んだりすることによって克服していく。克服した後には，彼らは想像上の恐怖対象をあえて見ようとしたり，近づこうとしたりすることで，恐怖そのものを楽しむようになる。こうした，言わば怖いもの見たさの心理もまた，幼児教育・保育実践においてしばしば確認されることであるが，実証的研究はほとんど見当たらなかった。第5章第2節では，3，4，5歳児を対象にこの問題について検討した結果，

怖いもの見たさの心理もまた不思議を楽しむ心理と同様に，3歳から5歳にかけて発達し，その発達の背景には想像と現実とを区別する認識能力が関与していることが示唆された。

　これらの実証的な知見から明らかにされたことは，幼児期に子どもは確かに次第に魔術的可能性を否定し，現実的可能性を強く肯定するようになるが，一方で，魔術的で空想的な世界についての概念を明確にしていくに従って，その世界に対する興味・関心を強め，自ら仮説を生成して，仮説が本当であるかどうかを確かめようとする探索行動を，魔術的可能性を示唆する出来事や存在に対してより多く行うようになるということである。従って，想像的探険遊びに結び付けて考察すると，子どもはそもそも非現実的で非科学的な出来事や存在に対してどうしようもなく惹かれる心性を備えており，恐怖や不安などの否定的感情を虚構の安全性の枠の中であえて味わいたいとする心性を備えているのであり，そうした心性は彼らが空想と現実あるいは想像と現実とを正しく区別することができるようになるに従って，弱まるどころかむしろ強まるという事実を保育者は受け止め，魔術的可能性や想像上の恐怖を単に「非現実的」「非科学的」という理由で押し退けるのではなく，そこから得られる喜びや満足に目を向けて実践を計画していく必要があろう。

## 4．子どもにとっての空想世界の意味

　想像的探険遊びに限らず，子どもは日常生活において自ら空想世界を作り出し，それを楽しむことを盛んに行う。そのことは，第6章の第1〜3節で示した空想の友達に関する一連の調査結果から明らかである。幼児期において空想世界に浸り込むことは一部の想像的で現実離れした子どもだけの特権ではなく，むしろどの子どもにも見られる極めて日常的な現象であることが改めて確認された。こうした想像や空想は彼らの現在の憧れや願いと強く結び付いており，その憧れや願いを想像や空想の世界で実現することによっ

て，子ども達は日々の現実生活の中で喜びや満足などの幸福な感情を充足させていることも，数多くの事例からうかがうことができた。

　空想の友達を持つ子どもは，親が極度に子どもの空想に対して寛大であったり，日々の生活の中で魔術的説明を多く用いていたり，サンタクロースやお化けなどの空想上の存在の実在性を強く奨励したりする傾向があるのではないかとの直観を，我々はつい持ってしまいがちであるが，それは誤りである。調査の結果では，空想の友達を持つ子どももそれを持たない子どもも，想像や空想に対する親の態度や支援という点で違いがないことを示していた。つまり，親の態度や支援とは関係なく，まさに想像や空想を必要とする子ども達がそうした世界を作り出すに過ぎないのである。その意味においては，仮に保育者が想像的探険遊びにおいて子どもに対して虚構的で非現実的な言明をして，そのことの影響について極度に不安や心配を感じたとしたら，それこそ行き過ぎた不安や心配であると指摘することができる。なぜなら，彼らの空想的信念や思考は，大人の態度や支援からは切り離されて独立して形作られていく性質を持っているからである。

　また，幼児期に形作られる空想世界は幼児期だけのものであるかと言えば，そのようなことはない。児童期の空想の友達に関する調査の結果，10〜12歳の子どもは，2〜6歳の子どもと変わらぬ出現率の水準で空想の友達を持っていたことが明らかにされた。一般的に，児童期は想像や空想が沈潜する時期と言われているが，そのように密やかではあれど，子どもは空想の友達を持ち続けていた。児童期に作り出される空想の友達は，もはや幼児期のように単なる遊び相手ではなく，信頼できる相談相手であり，よき理解者であった。彼らは児童期なりの仕方で想像や空想を必要としているのである。その点を考えると，児童期ですらそうであるのだから，5歳児にとって想像的探険遊びが幼稚で子どもじみた遊びであるかと言えば，全くそのようなことはない。空想世界は幼児期も児童期も，彼らにとっての意味や役割は変われども，絶えず必要なものとして存在しているのである。遊びを通して子ど

もの想像や空想を豊かにしたいと願うならば，保育者はそうした子どもにとっての空想の位置づけや意味を十分に理解しておく必要があろう。

　以上，前節で提起した発達モデルに基づいて，想像的探険遊びの発達的意義と実践上の工夫と課題について考察した。想像的探険遊びは幼児後期から児童前期にかけての発達において極めて適した遊びであり，その時期の発達を後押しする可能性を持つ遊びであることがこれらの考察によって確認された。また，今後，想像的探険遊びを実践していく上で工夫し配慮すべき点や課題についても具体的に明らかにすることができた。

## 第3節　今後の研究課題と展望

　これまでの知見を踏まえて，今後の研究課題と展望について提起する。

　第1に，空想と現実との区別の認識に関して，本研究では子どもの自由な回答を引き出すことを意図した面接調査を行ったものの，結果に対する分析や考察の多くは，空想か現実か，本物か偽物か，実在か非実在かといった二項対立的な判断を求める方法に頼って行われており，幼児後期から児童前期にかけて見られるとされる多元的世界について詳細な知見を得るに十分なものとは言えなかった。今後は子どもの自由な回答をより引き出すことのできる調査方法を工夫し，その得られた内容に対する質的な分析を通して，多元的世界をより詳細に描出していくことが課題となろう。併せて，子どもに対して何らかの判断を求める場合には，確信度評定も求めるなど，二項対立の図式を超えた方法を模索していくことも課題であろう。

　第2に，想像と現実との境界の揺らぎの発生とその要因に関して，本研究では想像の現実性判断に着目して検討を行ったが，先行研究では他に物理的法則に反する現象に対する判断など，様々な現象が検討の対象とされている。それにより，数多くの知見が蓄積されつつあるものの，想像的探険遊び

など幼児教育・保育の現場での遊び実践との関連から検討を進めているものはほとんど見当たらない。子どもの空想世界を豊かにする場が幼児教育・保育の現場にあることを考えると，今後は実践現場との連携をより深め，そこから研究の着想や工夫を得ながら，実験・調査的手法による実証的な知見と事例的手法による実践報告との両方を用いながら検討していくことが課題であると言えよう。

　第3に，空想世界を楽しむ心理に関して，本研究では手品の不思議と怖いもの見たさに着目して，実証的な知見を得てきた。この分野は先行研究がほとんどなく，未開拓の分野であるが，従来のような認知的側面だけでなく，想像や空想から得られる喜びや楽しさ，恐れや不安，好奇心や探究心などの感情的側面に焦点を当てた点は意義深いと言える。今後は，空想世界を楽しむという点での子どもの日常的な行動や心理を引き続き観察し，その観察から得た発見や気づきに基づいて，手品の不思議や怖いもの見たさに限らず，幅広い題材で検討を進めていくことが課題となろう。

　第4に，子どもの日常生活における空想とその役割に関して，本研究では空想の友達に着目して，実証的な知見を得ることができた。しかし，方法としては質問紙調査に限定しており，今後は実験や面接，観察など多様な調査手法を用いながら，各発達時期における様相をさらに追究していくことが課題であろう。また，空想の友達以外の子どもの日常的な空想にも着目し，検討を進めていくことが課題であろう。

　第5に，本研究で提起した空想世界に対する認識の発達に関するモデルは，中心的な対象とした3歳から6歳にかけての幼児期に限らず，3歳未満や児童期以降も含めたより広い視野に立った発達モデルであった。故に，3歳未満の時期や児童期以降の発達に関するモデルの詳述に関しては慎重に扱う必要がある。今後はそれらの発達の時期も含めて検討を加え，実証的な知見を得ていくことも課題であると言えよう。

# 引 用 文 献

Alcock, J. E. (1995). The belief engine. *Skeptical Inquirer, May/June,* **19**, 14-18.

Ames, L. B., & Learned, J. (1946). Imaginary companions and related phenomena. *Journal of Genetic Psychology,* **69**, 147-167.

麻生　武. (1989). 想像の遊び友達：その多様性と現実性. *相愛女子短期大学研究論集,* **34**, 87-135.

麻生　武. (1991). 内なる他者との対話. 無藤　隆 (編). *ことばが誕生するとき* (pp.1-33). 東京：新曜社.

麻生　武. (1996). *ファンタジーと現実.* 東京：金子書房.

Astington, J. W. (1995). *子供はどのように心を発見するか* (松村暢隆, 訳). 東京：新曜社. (Astington, J. W. (1993). *The child's discovery of the mind.* Cambridge, MA: Harvard University Press.)

安曇幸子・吉田裕子・伊野　緑. (2003). *でた！かっぱおやじの舞台裏.* 東京：サンパティック・カフェ.

馬場宏二. (1988). *教育危機の経済学.* 東京：御茶の水書房.

Baillargeon, R. (1987). Object permanence in 3 1/2- and 4 1/2-month-old infants. *Developmental Psychology,* **23**, 655-664.

Bennett, M. (1993). *子どもは心理学者* (二宮克美・子安増生・渡辺弥生・首藤敏元, 訳). 東京：福村出版. (Bennett, M. (1993). *The child as psychologist: An introduction to the development of social cognition.* New Jersey: Prentice-Hall / Harvester Wheatsheaf.)

Bettelheim, B. (1978). *昔話の魔力* (波多野完治・乾　侑美子, 訳). 東京：評論社. (Bettelheim, B. (1976). *The uses of enchantment: Meaning and importance of fairy tales.* New York: Raines & Raines.)

Blair, J. R., McKee, J. S., & Jernigan, L. F. (1980). Children's belief in Santa Claus, Easter Bunny, and Tooth Fairy. *Psychological Reports,* **46**, 691-694.

Bloom, P. (2012). *喜びはどれほど深い？* (小松淳子, 訳). 東京：インターシフト. (Bloom, P. (2010). *How pleasure works: The new science of why we like what we like.* London: Vintage Books.)

Boerger, E. A., Tullos, A., & Woolley, J. D. (2009). Return of the Candy Witch:

Individual differences in acceptance and stability of belief in a novel fantastical being. *British Journal of Developmental Psychology*, **27**, 953-970.

Bouldin, P., & Pratt, C. (2001). The ability of children with imaginary companions to differentiate between fantasy and reality. *British Journal of Developmental Psychology*, **19**, 99-114.

Bourchier, A., & Davis, A. (2000a). The influence of availability and affect on children's pretence. *British Journal of Developmental Psychology*, **18**, 137-156.

Bourchier, A., & Davis, A. (2000b). Individual and developmental differences in children's understanding of the fantasy-reality distinction. *British Journal of Developmental Psychology*, **18**, 353-368.

Bower, T. G. R. (1971). The object in the world of an infant. *Scientific American*, **225**, 30-38.

Brooks, M., & Knowles, D. (1982). Parents' views of children's imaginary companions. *Child Welfare*, **61**, 25-33.

Buhrmester, D., & Furman, W. (1987). The development of companionship and intimacy. *Child Development*, **58**, 1101-1113.

Caillois, R. (1970). 遊びと人間（清水幾太郎・霧生和夫，訳）．東京：岩波書店. (Caillois, R. (1958). *Les jeux et les homes*. Paris: Gallimard.)

Carrick, N., & Quas, J. A. (2006). Effects of discrete emotions on young children's ability to discern fantasy and reality. *Developmental Psychology*, **42**, 1278-1288.

Chandler, M. J., & Lalonde, C. E. (1994). Surprising, magical, and miraculous turns of events: Children's reactions to violations of their early theories of mind and matter. *British Journal of Developmental Psychology*, **12**, 83-95.

Clark, C. D. (1982). *Flights of fancy, leaps of faith: Children's myths in contemporary America*. Chicago: University of Chicago Press.

Corriveau, K. H., Kim, A. L., Schwalen, C. E., & Harris, P. L. (2009). Abraham Lincoln and Harry Potter: Children's differentiation between historical and fantasy characters. *Cognition*, **113**, 213-225.

第一生命保険相互会社. (1994). 大人になったらなりたいもの：未就学児及び小学生. *教育アンケート調査年間1994年版*（pp.949-955）．東京：創育社.

DiLalla, L. F., & Watson, M. W. (1988). Differentiation of fantasy and reality: Preschooler's reactions to interruptions in their play. *Developmental Psychology*, **24**, 286-291.

Dozier, Jr., R. W.（1999）.*恐怖*（桃井緑美子，訳）. 東京：角川春樹事務所.（Dozier, Jr., R. W.（1998）.*Fear itself: The origin and nature of the powerful emotion that shapes our lives and our world.* New York: St. Martin's Press.）

Estes, D., Wellman, H. M., & Woolley, J.（1989）. Children's understanding of mental phenomena. In H. Reese（Ed.）,*Advances in child development and behavior*（pp.41-86）. New York: Academic Press.

Ellis, M. J.（1977）.*人間はなぜ遊ぶか*（森　楙・大塚忠剛・田中享胤，訳）. 東京：黎明書房.（Ellis, M. J.（1973）.*Why people play.* New Jersey: Prentice-Hall.）

Erickson, E. H.（1977）.*幼児期と社会1*（仁科弥生，訳）. 東京：みすず書房.（Erickson, E. H.（1950）.*Childhood and society.* New York: W. W. Norton.）

Flavell, J. H., Flavell, E. R., & Green, F. L.（1983）. Development of the appearance-reality distinction.*Cognitive Psychology,***15**, 95-120.

Fraiberg, S.（1992）.*小さな魔術師（新装版）*（詫摩武俊・高辻礼子，訳）. 東京：金子書房.（Fraiberg, S.（1959）.*The magic years.* New York: Scribner and Sons.）

藤野友紀.（2008）. 遊びの心理学：幼児期の保育課題. 石黒広昭（編）.*保育心理学の基底*（pp.116-148）. 東京：萌文書林.

藤﨑眞知代・村田保太郎.（1998）. 子どもの遊び. 藤﨑眞知代・野田幸江・村田保太郎・中村美津子.*保育のための発達心理学*（125-148頁）. 東京：新曜社.

藤田英典.（1991）. 子ども・学校・社会：「豊かさ」のアイロニーのなかで. 東京：東京大学出版会.

Gleason, T. R.（2005）. Mothers' and fathers' attitudes regarding pretend play in the context of imaginary companions and of child gender.*Merrill Palmer Quarterly,***51**, 412-436.

Gleason, T. R., Sebanc, A. M., & Hartup, W. W.（2000）. Imaginary companions of preschool children.*Developmental Psychology,***36**, 419-428.

Golomb, C., & Galasso, L.（1995）. Make believe and reality: Explorations of imaginary realm.*Developmental Psychology,***31**, 800-810.

Gopnik, A.（2010）.*哲学する赤ちゃん*（青木　玲，訳）. 東京：亜紀書房.（Gopnik, A.（2009）.*The philosophical baby.* New York: Farrar, Straus and Giroux.）

Harris, P. L.（2000a）.*The work of the imagination.* Malden, MA: Blackwell.

Harris, P. L.（2000b）. On not falling down to earth: Children's metaphysical questions. In K. S. Rosengren, C. N. Johnson, & P. L. Harris（Eds.）,*Imagining the impossible: Magical, scientific, and religious thinking in children*（pp.157-

178). New York: Cambridge University Press.

Harris, P. L., Brown, E., Marriott, C., Whittall, S., & Harmer, S. (1991). Monsters, ghosts, and witches: Testing the limits of the fantasy-reality distinction in young children. *British Journal of Developmental Psychology*, **9**, 105-123.

Harris, P. L., & Koenig, M. A. (2006). Trust in testimony: How children learn about science and religion. *Child Development*, **77**, 505-524.

Harris, P. L., Pasquini, E. S., Duke, S., Asscher, J. J., & Pons, F. (2006). Germ and angels: The role of testimony in young children's ontology. *Developmental Science*, **9**, 76-96.

Harter, S., & Chao, C. (1992). The role of competence in children's creation of imaginary friends. *Merrill-Palmer Quarterly,* **38**, 350-363.

Henriot, J. (1986). 遊び（佐藤信夫, 訳）. 東京：白水社.（Henriot, J. (1973). *Le jeu*. Paris: Presses Universitaires de France.）

Huizinga, J. (1971). *ホモ・ルーデンス*（里見元一郎, 訳）. 東京：河出書房新社.（Huizinga, J. (1938). *Homo ludens*. MA: The Beacon Press.）

Hurlock, E. B. (1972). *児童の発達心理学（上・下）*（小林芳郎・相田貞夫・加賀秀夫, 訳）. 東京：誠信書房.（Hurlock, E. B. (1964). *Child development*. New York: McGraw Hill Book.）

Hurlock, E. B., & Burnstein, M. (1932). The imaginary playmate: A questionnaire study. *Journal of Genetic Psychology*, **41**, 380-392.

池村一平・河崎道夫. (1998). *学童保育所北畠事件始末記*. 三重：三重民間教育研究所.

池谷隆子. (1998).「この箱の中に鬼はいる？」：幼児における想像と現実. *京都国際社会福祉センター紀要*, **14**, 41-53.

犬塚峰子・佐藤至子・和田香誉. (1991). 想像上の仲間に関する調査研究. *児童青年精神医学とその近接領域*, **32**, 32-48.

岩田純一・河野美知代. (1994). 幼児におけるイメージと実在について. *京都教育大学紀要*, **85**, 57-68.

岩附啓子. (1999). やまんば探検. *現代と保育*, **49**, 120-147.

岩附啓子・河崎道夫. (1987). エルマーになった子どもたち. 東京：ひとなる書房.

Izard, C. E. (1996). *感情心理学*（荘厳舜哉, 監訳／比較発達研究会, 訳）. 京都：ナカニシヤ出版.（Izard, C. E. (1991). *The psychology of emotions*. New York: Plenum Press.）

引 用 文 献　301

Jahoda, G.（1979）.*迷信の心理学*（塚本利明・秋山庵然，訳）．東京：法政大学出版局．（Jahoda, G.（1969）.*The psychology of superstition.* New York: Penguin Books.）

Jersild, A. T.（1951）.*児童心理学*（小見山栄一・品川不二郎・永沢幸七，訳）．東京：金子書房．（Jersild, A. T.（1947）.*Child psychology*（*3rd ed.*）. New York: Prentice Hall.）

Jersild, A. T.（1974）.*ジャーシルドの児童心理学*（大場幸夫・斎藤　謙・沢　文治・服部広子・深津時治，訳）．東京：家政教育社．（Jersild, A. T.（1968）.*Child Development*（*5th ed.*）. New Jersey: Prentice-Hall.）

Johnson, C. N., & Harris, P. L.（1994）. Magic: Special but not excluded. *British Journal of Developmental Psychology*, **12**, 35-51.

加藤繁美.（2005）.*5歳児の協同的学びと対話的保育*．東京：ひとなる書房.

加藤繁美.（2008）. 21世紀にふさわしい保育法制と実践創造のあり方とは.*現代と保育*, **70**, 6-50.

河崎道夫.（1983）.*子どものあそびと発達*．東京：ひとなる書房.

河崎道夫.（1987）. 仲間と眺め，心躍る世界に：探険遊びの実践を読む. 岩附啓子・河崎道夫.*エルマーになった子どもたち*（pp.185-212）．東京：ひとなる書房.

河崎道夫.（1993）. 子どもの遊び世界の探究.*発達*, **55**, 16-23.

河崎道夫.（1994a）.*あそびのひみつ*．東京：ひとなる書房.

河崎道夫.（1994b）. ファンタスティックなものの発達,*発達*, **60**, 32-39.

河崎道夫.（1997）.*発達を見る目を豊かに*．東京：ひとなる書房.

河崎道夫.（2008）.*あそびのちから*．東京：ひとなる書房.

河崎道夫.（2011）. 多様なごっこを貫く現実的土台.*現代と保育*, **79**, 142-155.

加用文男.（1981）. 子どもの遊びにおける「現実」と「虚構」の認識的分化：理論と予備調査.*東京大学教育学部紀要*, **20**, 343-351.

加用文男.（1990）.*子ども心と秋の空*．東京：ひとなる書房.

加用文男.（1992）. ごっこ遊びの矛盾に関する研究：心理状態主義へのアプローチ.*心理科学*, **14**, 1-19.

加用文男.（1994a）.*忍者にであった子どもたち*．京都：ミネルヴァ書房.

加用文男.（1994b）. ファンタジーへの挑戦：迫ってくる想像としてのファンタジー.*発達*, **60**, 24-31.

加用文男.（2010）. 幼児の想像遊びにおける多視点態度性.*心理科学*, **30**, 43-56.

厚生労働省.（2008）.*保育所保育指針（平成20年3月）*．東京：フレーベル館.

Kubler-Ross, E. (1982). 死ぬ瞬間の子供たち（川口正吉，訳）. 東京：読売新聞社. (Kubler-Ross, E. (1981). *Living with death and dying*. London: Souvenir Press.)

久賀谷　洋. (1994). ねずみばあさんのおくりもの. 発達, **60**, 9-16.

Lee, K., Cameron, C. A., Doucette, J., & Talwar, V. (2002). Phantoms and fabrications: Young children's detection of implausible lies. *Child Development*, **73**, 1688-1702.

Lynn, S. J., & Rhue, J. W. (1988). Fantasy proneness: Hypnosis, developmental antecedents, and psychopathology. *American Psychologist*, **43**, 35-44.

Manosevitz, M., Fling, S., & Prentice, N. M. (1977). Imaginary companions in young children: Relationships with intelligence, creativity and waiting ability. *Journal of Child Psychology and Psychiatry*, **18**, 73-78.

Manosevitz, M., Prentice, N. M., & Wilson, F. (1973). Individual and family correlates of imaginary companions in preschool children. *Developmental Psychology*, **8**, 72-79.

丸山良平. (2003). 遊び理解のための基礎知識. 丸山良平・横山文樹・富田昌平. 保育内容としての遊びと指導 (pp.1-36). 東京：建帛社.

松岡亨子. (1978). サンタクロースの部屋. 東京：こぐま社.

McLewin, L. A., & Muller, R. T. (2006). Childhood trauma, imaginary companions, and the development of pathological dissociation. *Aggression and Violent Behavior*, **11**(5), 531-545.

Meerum Terwogt, M. M., Schene, J., & Harris, P. L. (1986). Self-control of emotional reactions by young children. *Journal of Child Psychology and Psychiatry*, **27**, 357-366.

宮田　登. (2006). 俗信の世界. 東京：吉川弘文館.

宮田　登. (2007a). 妖怪と伝説. 東京：吉川弘文館.

宮田　登. (2007b). 子ども・老人と性. 東京：吉川弘文館.

宮里和則・北島尚志. (1986). ファンタジーを遊ぶ子どもたち：南大井大作戦ミスターXを探せ. 東京：いかだ社.

文部科学省. (2008). 幼稚園教育要領（平成20年3月）. 東京：フレーベル館.

Morison, P., & Gardner, H. (1978). Dragons and dinosaurs: The child's capacity to differentiate fantasy from reality. *Child Development*, **49**, 642-648.

森　加代子. (1994). 幼児にとっての「大人になる」という現実. 奈良女子大学人間

文化研究科年報, **10**, 31-39.

森　楙. （1996）. 遊び. 森　楙（監修）. *ちょっと変わった幼児学用語集*（pp.1-13）. 京都：北大路書房.

森長由美子・黒田百代. （1994）. 吉田山にはなぞがいっぱい. *発達*, **60**, 17-23.

村田孝次. （1990）. *児童心理学入門（三訂版）*. 東京：培風館.

無藤　隆. （2001）. 子どもの生活・遊び・学び. 無藤　隆（編）. *幼児の心理と保育*（pp.1-16）. 京都：ミネルヴァ書房.

中井孝章. （1995）. 高度経済成長期の子ども. 高橋　勝・下山田裕彦（編）. *子どもの〈暮らし〉の社会史：子どもの戦後五十年*. 東京：川島書店.

中根絵美. （2003）. TV キャラクターの実在性に対する幼児の認識. *京都国際社会福祉センター紀要「発達・療育研究」*, **19**, 25-39.

西村清和. （1989）. *遊びの現象学*. 東京：勁草書房.

日本子どもを守る会（編）. （1978）. *子ども白書1978年版*. 東京：草土文化.

Newman, B. M., & Newman, P. R. （1980）. *生涯発達心理学：エリクソンによる人間の一生とその可能性*（福富　護・伊藤恭子，訳）. 東京：川島書店.（Newman, B. M., & Newman, P. R. （1975）. *Personality development through the life span*. New York: Dorsey.）

ニューズウィーク. （2005）. *0歳からの教育：ニューズウィーク日本版*. 東京：阪急コミュニケーションズ.

Newson, J., & Newson, E. （1968）. *Four-years-old in an Urban Community*. London: George Allen and Unwin.

大井晴策. （1994）. 夢の出発点：幼児・母親・保育者を対象にした夢アンケート. *教育アンケート調査年間1994年版*（pp.927-944）. 東京：創育社.

Parten, M. B. （1932）. Social participant among pre-school children. *Journal of Abnormal and Psychology*, **27**, 243-269.

Partington, J., & Grant, C. （1984）. Imaginary playmates and other useful fantasies. In Smith（Ed.）, *Play in animals and humans*（pp.217-240）. New York: Basil Blackwell.

Person, E. S. （1997）. *人はなぜ空想するのか*（岡　昌之・浅尾　秦，訳）. 東京：翔泳社.（Person, E. S. （1995）. *By force of fantasy: How we make our lives*. London: Faber and Faber Ltd.）

Phelps, K. E., & Woolley, J. D. （1994）. The form and function of young children's magical beliefs. *Developmental Psychology*, **30**, 385-394.

Piaget, J. (1955). *臨床児童心理学 II　児童の世界観*（大伴　茂，訳）. 東京：同文書院. (Piaget, J. (1926). *La representation du monde chez l'enfant.* Geneve: Institut J. J. Rousseau.)

Piaget, J. (1967). *遊びの心理学*（大伴　茂，訳）. 東京：黎明書房.

Prentice, N. M., & Gordon, D. A. (1986). Santa Claus and the Tooth Fairy for the Jewish child and parent. *Journal of Genetic Psychology,* **148**, 139-151.

Prentice, N. M., Manosevitz, M., & Hubbs, L. (1978). Imaginary figures of early childhood: Santa Claus, Easter Bunny, and the Tooth Fairy. *American Journal of Orthopsychiatry,* **48**, 618-628.

Prentice, N. M., Schmechel, L. K., & Manosevitz, M. (1979). Children's belief in Santa Claus: A developmental study of fantasy and causality. *Journal of the American Academy of Child Psychiatry,* **18**, 658-667.

Roby, A. C., & Kidd, E. (2008). The referential communication skills of children with imaginary companions. *Developmental Science,* **11**, 531-540.

Rosengren, K. S., & Hickling, A. K. (1994). Seeing is believing: Children's explorations of commonplace, magical, and extraordinary transformations. *Child Development,* **65**, 1605-1626.

Rosengren, K. S., Johnson, C. N., & Harris, P. L. (2000). *Imagining the impossible: Magical, scientific, and religious thinking in children.* Cambridge: Cambridge University Press.

Rosengren, K. S., Kalish, C. W., Hickling, A. K., & Gelman, S. A. (1994). Exploring the relation between preschool children's magical beliefs and causal thinking. *British Journal of Developmental Psychology,* **12**, 69-82.

Rozin, P., Millman, L., & Nemeroff, C. (1986). Operation of the laws sympathetic magic in disgust and other domains. *Journal of Personality and Social Psychology,* **50**, 703-712.

斎藤桂子・河崎道夫. (1991). *ボクらはへなそうる探険隊*. 東京：ひとなる書房.

斉藤こずゑ. (1989). 遊びが培うもの. 無藤　隆・柴崎正行（編）. *児童心理学*. 京都：ミネルヴァ書房.

Samuels, A., & Taylor, M. (1994). Children's ability to distinguish fantasy events from real-life events. *British Journal of Developmental Psychology,* **12**, 417-427.

Sayfan, L., & Lagattuta, K. H. (2009). Scaring the monster away: What children know about managing fears of real and imaginary creatures. *Child*

引 用 文 献　　305

*Development, 80*, 1756-1774.

Schaefer, C. E.（1969）. Imaginary companions and creative adolescents. *Developmental Psychology, 1*, 747-749.

Seiffge-Krenke, I.（1993）. Close friendship and imaginary companions in adolescence. *New Directions for Child Development, 60*, 73-87.

仙田　満.（1984）. こどもの遊び環境. 東京：筑摩書房.

仙田　満.（1992）. 子どもとあそび. 東京：岩波新書.

Sharabany, R., Gershoni, R., & Hofman, J. E.（1981）. Girlfriend, boyfriend: Age and sex differences in intimate friendship. *Developmental Psychology, 17*, 800-808.

Sharon, T., & Woolley, J. D.（2004）. Do monsters dream? Young children's understanding of the fantasy/reality distinction. *British Journal of Developmental Psychology, 22*, 293-310.

Shtulman, A., & Carey, S.（2007）. Improbable or impossible? How children reason about the possibility of extraordinary events. *Child Development, 78*, 1015-1032.

Silvey, R., & Mackeith, S.（1988）. The paracosm: A special form of fantasy. In D. C. Morrison（Ed.）, *Organizing early experience imagination and cognition in childhood*（pp.173-197）. Amityville, New York: Baywood.

Singer, J. L.（1961）. Imagination and waiting ability in young children. *Journal of Personality, 29*, 396-413.

Singer, D. G., & Lenahan, M. L.（1976）. Imagination content in the dreams of deaf children. *American Annals of the Deaf*, February, 44-48.

Singer, J. L., & Singer, D. G.（1981）. *Television, imagination, and aggression: A study of preschoolers*. Hillsdale, N.J.: Erlbaum.

Singer, D. G., & Singer, J. L.（1997）. *遊びがひらく想像力*（高橋たまき・無藤　隆・戸田須恵子・新谷和代, 訳）. 東京：新曜社.（Singer, D. G., & Singer, J. L.（1990）. *The house of make-believe: Children's play and developing imagination*. Cambridge, MA: Harvard University Press.）

Singer, J. L., & Streiner, B. F.（1966）. Imaginative content in the dreams and fantasy play of blind and sighted children. *Perceptual and Motor Skills, 22*, 475-482.

心理科学研究会（編）.（2009）. *小学生の生活とこころの発達*. 東京：福村出版.

白井淳子.（1992）. ウヒアハと天王山のねこたち. *現代と保育, 30*, 65-77.

Subbotsky, E.（1985）. Preschool children's perception of unusual phenomena. *Soviet*

*Psychology*, **23**, 91-114.

Subbotsky, E. (1993). *Foundations of the mind: Children's understanding of reality.* Cambridge, MA: Harvard University Press.

Subbotsky, E. (1994). Early rationality and magical thinking in preschoolers: Space and time. *British Journal of Developmental Psychology*, **12**, 97-108.

Subbotsky, E. (2004). Magical thinking in judgments of causation: Can anomalous phenomena affect ontological causal beliefs in children and adults? *British Journal of Developmental Psychology*, **22**, 123-152.

Subbotsky, E. (2009). Curiosity and exploratory behavior toward possible and impossible events in children and adults. *British Journal of Psychology*, **101**, 481-501.

Subbotsky, E. (2010). *Magic and the mind: Mechanisms, Functions, and development of the magical thinking and behavior.* New York: Oxford University Press.

杉村智子．(1996)．文化的な想像物に対する幼児の認識：サンタクロースは本物か偽物か？　日本心理学会第60回大会発表論文集，268.

杉村智子・原野明子・吉本　史・北川宇子．(1994)．日常的な想像物に対する幼児の認識：サンタクロースは本当にいるのか？　発達心理学研究，**5**，145-153.

Svendsen, M. (1934). Children's imaginary companions. *Archives of Neurology and Psychiatry*, **2**, 985-999.

瀧川光治．(2005)．幼児教育・保育の歴史．石垣恵美子・北川　明（編）．*はじめて学ぶ幼児教育Q&A＋アドバイス*（pp.13-26）．京都：ミネルヴァ書房.

田代康子．(2001)．*もっかい読んで！* 東京：ひとなる書房.

Taylor, B., & Howell, R. J. (1973). The ability of three-, four- and five-year-old children to distinguish fantasy from reality. *Journal of Genetic Psychology*, **122**, 315-318.

Taylor, M. (1999). *Imaginary companions and the children who create them.* New York: Oxford University Press.

Taylor, M., & Carlson, S. (1997). The relation between individual differences in fantasy and theory of mind. *Child Development*, **68**, 436-455.

Taylor, M., & Carlson, S. A. (2000). The influence of religious beliefs on parental attitudes about children's fantasy behavior. In K. S. Rosengren, C. N. Johnson, & P. L. Harris (Eds.), *Imaging the impossible: Magical, scientific, and religious thinking in children* (pp.247-268). New York: Cambridge University Press.

Taylor, M., Carlson, S. M., Maring, B. L., Gerow, L., & Charley, C. M. (2004). The characteristics and correlates of fantasy in school-age children: Imaginary companions, impersonation, and social understanding. *Developmental Psychology*, **40**, 1173-1187.

Taylor, M., Cartwright, B. S., & Carlson, S. M. (1993). A developmental investigation of children's imaginary companions. *Developmental Psychology*, **29**, 276-285.

Taylor, M., Hulette, A. C., & Dishion, T. J. (2010). Longitudinal outcomes of young high-risk adolescents with imaginary companions. *Developmental Psychology*, **46**, 1632-1636.

寺本　潔. (1998). *子ども世界の地図*. 名古屋：黎明書房.

寺本　潔. (1990). *子ども世界の原風景*. 名古屋：黎明書房.

富田昌平. (2002). 子どもの空想の友達に関する文献展望. *山口芸術短期大学研究紀要*, **34**, 19-36.

富田昌平. (2007). 乳幼児期の移行対象と指しゃぶりに関する調査研究. *中国学園紀要*, **6**, 127-138.

Trionfi, G., & Reese, E. (2009). A good story: Children with imaginary companions create richer narratives. *Child Development*, **80**, 1301-1313.

Tversky, A., & Kahneman, D. (1973). Availability: A heuristic for judging frequency and probability. *Cognitive Psychology*, **5**, 207-232.

内田伸子. (1989). *幼児心理学への招待*. 東京：サイエンス社.

上原　泉. (2002). 幼児における「怖い」という言葉の理解：内面を表す言葉の理解とは？　*専修人文論集（専修大学学会）*, **71**, 339-353.

Vygotsky, L. S. (1974). *子どもの想像力と創造*（福田研介，訳）. 東京：新読書社. (1930).

Vygotsky, L. S. (1989). 子どもの心理発達における遊びとその役割. 神谷栄司（訳／編）. *ごっこ遊びの世界*（pp.2-34）. 京都：法政出版.

Vyse, S. A. (1999). *人はなぜ迷信を信じるのか*（藤井留美，訳）. 東京：朝日新聞社. (Vyse, S. A. (1997). *Believing in magic: The psychology of superstition*. New York: Oxford University Press.)

渡部尚美. (2002). *子どもの「夢中世界」のヒミツ*. 東京：雲母書房.

Watson, J. K., Gelman, S. A., & Wellman, H. M. (1998). Young children's understanding of the non-physical nature of thoughts and the physical nature of the brain. *British Journal of Developmental Psychology*, **16**, 321-335.

Wellman, H. M., & Estes, D. (1986). Early understanding of mental entities: A reexamination of childhood realism. *Child Development*, **57**, 910-923.

Woolley, J. D. (1997). Thinking about fantasy: Are children fundamentally different thinkers and believers from adults? *Child Development*, **68**, 991-1011.

Woolley, J. D., Boerger, E. A., & Markman, A. B., (2004). A visit from the Candy Witch: Factors influencing young children's belief in a novel fantastical being. *Developmental Science*, **7**, 456-468.

Woolley, J. D., & Cornelius, C. A. (2012). Beliefs in magical beings and cultural myths. In M. Taylor (Eds.), *The Oxford handbook of the development of imagination* (pp.61-74). New York: Oxford University Press.

Woolley, J. D., & Phelps, K. E. (1994). Young children's practical reasoning about imagination. *British Journal of Developmental Psychology*, **12**, 53-67.

Woolley, J. D., Phelps, K. E., Davis, D. L., & Mandell, D. J. (1999). Where theories of mind meet magic: The development of children's beliefs about wishing. *Child Development*, **70**, 571-587.

Woolley, J. D., & Van Reet, J. (2006). Effects of context on judgments concerning the reality status of novel entities. *Child Development*, **77**, 1778-1793.

Woolley, J. D., & Wellman, H. M. (1990). Young children's understanding of realities, non-realities, and appearance. *Child Development*, **61**, 946-961.

Woolley, J. D., & Wellman, H. M. (1993). Origin and truth: Young children's understanding of imaginary mental representations. *Child Development*, **64**, 1-17.

山田　敏. (1999). *遊びを基盤とした保育*. 東京：明治図書.

吉田直美. (1997). *みんな大人にだまされた！：ガリバーと21人の子どもたち*. 東京：ひとなる書房.

Zisenwine, T., Kaplan, M., Kushnir, J., & Sadeh, A. (2013). Nighttime Fears and Fantasy-Reality Differentiation in Preschool Children. *Child Psychiatry and Human Development*, **44**, 186-199.

# 初 出 一 覧

　このもとになった研究は，以下の雑誌等に掲載発表されたものである。ただし，執筆に際して加筆修正を加えた（各節の末尾も参照）。


第3章第1節　富田昌平・原　充代．（2006）．幼児における空想／現実の区別の認識．*幼年教育研究年報*，**28**，51-59.

第3章第2節　富田昌平．（2004）．幼児期における「将来の夢」と空想／現実の区別認識．*幼年教育研究年報*，**26**，105-113.

第3章第3節　富田昌平．（2002）．実在か非実在か：空想の存在に対する幼児・児童の認識．*発達心理学研究*，**13**，122-135.

第3章第4節　富田昌平．（2009b）．幼児におけるサンタクロースのリアリティに対する認識．*発達心理学研究*，**20**，177-188.

第4章第1節　富田昌平・小坂圭子・古賀美幸・清水聡子．（2003）．幼児による想像の現実性判断における状況の迫真性，実在性認識，感情喚起の影響．*発達心理学研究*，**14**，124-135.

第4章第2節　富田昌平．（2004）．幼児における想像の現実性判断と空想／現実の区別認識との関連．*発達心理学研究*，**15**，230-240.

第5章第1節　富田昌平．（2009a）．幼児期における不思議を楽しむ心の発達：手品に対する反応の分析から．*発達心理学研究*，**20**，86-95.

第5章第2節　富田昌平・野山佳那美．（2014）．幼児期における怖いもの見たさの心理の発達：怖いカード選択課題による検討．*発達心理学研究*，**25**，291-301.

第6章第1節　富田昌平・山崎　晃．（2002）．幼児期における空想の友達とその周辺現象に関する調査研究（1）．*幼年教育研究年報*，**24**，31-39. ／富田昌平．（2003）．幼児期における空想の友達とその周辺現象に関する調査研究（2）．*幼年教育研究年報*，**25**，79-86.

第6章第2節　富田昌平・本藤沙也香．（2015）．子どもの空想の友達に対する親の態度．*心理科学*，**36**，40-53.

第6章第3節　富田昌平・高尾昌代．（2014）．児童期に空想の友達を持つ子どもの特徴．*心理科学*，**35**，52-62.

# あ と が き

　本書は，筆者がこれまでに行ってきた研究を1つの論としてまとめ直し，兵庫教育大学大学院連合学校教育学研究科に提出して2015年3月に博士（学校教育学）の学位を授与された学位論文「幼児期における空想世界に対する認識の発達」に，若干の加筆・修正を加えたものである。本書の刊行に際しては，独立行政法人日本学術振興会2017年度科学研究費助成事業（科学研究費補助金）（研究成果公開促進費）（JP17HP5192）の助成を受けた。

　子どもの頃から，現実とは異なる「もしも…」の世界を想像するのが好きな子どもだった。架空の生き物や人物の存在もずいぶん長く信じていたし，疑問を持つようになってからも，「いると信じたほうが絶対に楽しい」と開き直って，くだらないと思いながらもいつまでも実在する世界を思い描いては，探索・探究に励んでいた。

　本書で取り上げた「想像的探険遊び」の実践には，学部時代に出会った。実践記録を読み進めながら，一人ひとりの子どもの生き生きとした姿が目に浮かぶようでワクワクした。実践の中で展開される子どもと大人との関係に強い憧れを感じ，自分自身の子ども時代の記憶もふつふつとよみがえってきた。実践の中での子どもの姿と自分自身のそれとを重ね合わせる中で，次第にいくつか疑問がわいてきた。本書はそうしてわき起こった疑問に対して実証的に検討を積み重ねてきた成果をまとめたものである。幼児教育・保育現場の実践記録の魅力には遠く及ばないが，子どもの目から見えている世界，子どもなりの仕方でつくり出された世界について，私達大人が共感と理解を持って接していく上で，何かしらヒントになればと思うし，それなりの成果を残せたのではないかと考えている。不十分な点や検討課題も数多い。今後もさらなる検討を積み重ねていきたい。

本書を作成するにあたって，多くの先生方のご支援を受けた。岡山大学教授の高橋敏之先生には，完成に至るまで厳しくも暖かい，心のこもったご指導をいただいた。岡山大学教授の西山修先生には，様々な段階で常に励ましの言葉をいただいた。大学院時代にご指導いただいた広島文化学園大学教授の山崎晃先生（指導を受けた当時は広島大学）には，研究の厳しさや継続の大切さを教えていただいた。学部時代にご指導いただいた元・上越教育大学教授の丸山良平先生には，研究の楽しさに気づかせていただいた。ここに記して，以上の皆様に心より感謝申し上げる。

研究にご協力いただいた幼稚園・保育園・小学校の先生方と子ども達，保護者の皆様にお礼申し上げる。現場で生の声を聞かせてもらい，生の姿を見させてもらう中で，たくさんの貴重な学びを得ることができた。また，子どもの世界の面白さを改めて教えてくれた娘と息子，そして妻に感謝したい。いつも見守り気遣ってくれた私の両親と姉達，そして妻の両親にも感謝の言葉を述べたい。ありがとうございました。

2017年 6 月

富 田 昌 平

**著者略歴**

富田　昌平（とみた　しょうへい）

三重大学教育学部准教授。広島県出身。1974 年 2 月生まれ。広島大学大学院教育学研究科を単位取得退学後，山口芸術短期大学保育学科講師，中国学園大学子ども学部准教授を経て，2013 年 4 月より現職。博士（学校教育学）。専門は幼児心理学，保育学。研究テーマは，子どもの想像力とファンタジーの発達，子どもの遊びと指導・援助。

幼児期における空想世界に対する認識の発達

2017 年 11 月 15 日　　初版第 1 刷発行

著　者　　富　田　昌　平

発行者　　風　間　敬　子

発行所　　株式会社　風　間　書　房

〒 101-0051　東京都千代田区神田神保町 1-34
電話 03（3291）5729　FAX 03（3291）5757
振替 00110-5-1853

印刷　藤原印刷　　製本　高地製本所

©2017　Shohei Tomita　　　　　　　　　NDC 分類：143

ISBN978-4-7599-2196-0　　Printed in Japan

[JCOPY]〈（社）出版者著作権管理機構　委託出版物〉

本書の無断複製は，著作権法上での例外を除き禁じられています。複製される場合はそのつど事前に(社)出版者著作権管理機構（電話 03-3513-6969，FAX 03-3513-6979，e-mail: info@jcopy.or.jp）の許諾を得て下さい。